本书获广东省宣传文化人才专项资金、岭南师范学院学术著作出版基金出版资助

新中国城市社区建设：
回顾、反思与前瞻

张 勇◎著

中国社会科学出版社

图书在版编目(CIP)数据

新中国城市社区建设：回顾、反思与前瞻 / 张勇著 .—北京：中国社会科学出版社，2014.12

ISBN 978-7-5161-5335-2

Ⅰ.①新… Ⅱ.①张… Ⅲ.①社区—城市建设—研究—中国 Ⅳ.①D669.3

中国版本图书馆 CIP 数据核字(2014)第 304041 号

出 版 人	赵剑英
责任编辑	冯春凤
责任校对	闫　萃
责任印制	张雪娇

出　　版	中国社会科学出版社
社　　址	北京鼓楼西大街甲 158 号
邮　　编	100720
网　　址	http：//www.csspw.cn
发 行 部	010-84083685
门 市 部	010-84029450
经　　销	新华书店及其他书店
印　　刷	北京君升印刷有限公司
装　　订	廊坊市广阳区广增装订厂
版　　次	2014 年 12 月第 1 版
印　　次	2014 年 12 月第 1 次印刷
开　　本	710×1000　1/16
印　　张	16.5
插　　页	2
字　　数	266 千字
定　　价	55.00 元

凡购买中国社会科学出版社图书，如有质量问题请与本社联系调换
电话：010-84083683
版权所有　侵权必究

目　录

序言 …………………………………………………………………（1）
 一　研究缘由 ……………………………………………………（1）
 二　研究意义 ……………………………………………………（5）

第一章　概念内涵：社区与社区建设 …………………………………（1）
 第一节　社区 ……………………………………………………（1）
  一　社区概念 …………………………………………………（1）
  二　社区要素 …………………………………………………（2）
  三　社区功能 …………………………………………………（3）
  四　社区特征 …………………………………………………（3）
  五　社区分类 …………………………………………………（4）
 第二节　社区建设 ………………………………………………（7）
  一　社区建设内涵 ……………………………………………（7）
  二　社区建设内容 ……………………………………………（10）
  三　社区建设的对象 …………………………………………（11）
  四　社区建设与社区服务 ……………………………………（13）
  五　社区建设与社区发展 ……………………………………（15）

第二章　历史回顾：新中国成立以来我国城市社区建设的历程
  　与脉络 …………………………………………………（20）
 第一节　我国城市社区建设的背景 ……………………………（20）
  一　我国城市社区建设的宏观背景 …………………………（20）
  二　我国城市社区建设的微观背景 …………………………（27）
 第二节　新中国成立以来我国城市社区建设的历程 …………（34）
  一　新中国成立初期（1949—1953年）的城市社区建设 ……（35）

二　"单位—街居"制时期（1953—1976年）的城市社区
　　　　建设 ………………………………………………………（37）
　　三　社区服务时期（1976—1991年）的城市社区建设 ………（40）
　　四　探索初期（1991—1998年）的城市社区建设 ……………（42）
　　五　实验阶段（1998—2001年）的城市社区建设 ……………（43）
　　六　示范全面推进阶段（2001—2009年）的城市社区建设 …（45）
　　七　深化提升阶段（2010年至今）的城市社区建设 …………（46）
第三节　新中国成立以来我国城市社区建设的基本脉络 ………（47）
　　一　地位提高：从拾遗补阙到发展战略 …………………………（48）
　　二　内容完善：从社区服务到社区建设 …………………………（50）
　　三　主体多元：从政府行动到社会参与 …………………………（53）
　　四　关系理顺：从"垂直控制"到"横向协作" ………………（55）
　　五　重点转换：从社区设施到社区管理 …………………………（57）
　　六　决策自觉：从被动回应到主动筹划 …………………………（59）
　　七　建设策略：从实验示范到全面推进 …………………………（60）

第三章　现实解剖：我国城市社区建设模式的属性特征 ………（64）
第一节　概念内涵及引入 ……………………………………………（64）
　　一　同构性概念内涵及引入 ………………………………………（64）
　　二　非平衡性概念内涵及引入 ……………………………………（65）
第二节　同构性与非平衡性体现 ……………………………………（66）
　　一　城市社区管理体制 ……………………………………………（66）
　　二　社区公共服务与设施 …………………………………………（79）
　　三　社区组织人员配备 ……………………………………………（95）
　　四　社区社会组织 …………………………………………………（99）
　　五　社区经费保障 …………………………………………………（111）
　　六　社区参与和民主自治 …………………………………………（120）
第三节　悖论解析与溯源 ……………………………………………（130）
　　一　悖论与社区禀赋 ………………………………………………（130）
　　二　悖论与地区经济发展水平 ……………………………………（138）
　　三　悖论与政府行为 ………………………………………………（140）
　　四　悖论与社会行动 ………………………………………………（153）

五　悖论与宏观制度环境 …………………………………… (156)
第四章　模式反思：外生型城市社区建设模式的逻辑与现实 …… (159)
第一节　外生型城市社区建设模式内涵 ………………………… (159)
一　模式与社区建设模式 …………………………………… (159)
二　外生型社区建设模式 …………………………………… (163)
第二节　外生型城市社区建设模式的逻辑 ……………………… (165)
一　外生型城市社区建设模式的逻辑起点：秩序 ………… (167)
二　外生型城市社区建设目标：基层治理单元与生活共同体的纠葛 …………………………………………… (169)
三　外生型城市社区建设动力：政府需要与居民需求的交织 …………………………………………………… (173)
四　外生型城市社区建设主体：政府、市场、社会、居民的合作与错位 ……………………………………… (178)
五　外生型城市社区建设内容："硬件建设"与"软件建设"的失衡 ……………………………………………… (181)
六　外生型城市社区建设路径：国家建构与社会演进的博弈 …………………………………………………… (183)
第三节　外生型城市社区建设模式的现实合理性 ……………… (188)
一　强国家—弱社会的传统与宏观背景 …………………… (188)
二　政治经济社会发展水平与制度环境 …………………… (192)
三　国家宏观发展战略的现实需要 ………………………… (195)
四　社区建设资源的分配现实 ……………………………… (197)
五　城市社区建设的阶段性规律 …………………………… (199)
第四节　外生型城市社区建设模式的实践困境 ………………… (201)
一　刚性社区管理消解政权建设目标实现 ………………… (201)
二　社区参与不足引发社区治理困难 ……………………… (202)
三　社区公共服务供给主体与方式单一导致供给不足与失衡 …………………………………………………… (206)
四　社区精神培育不足导致社区本质流失 ………………… (208)
第五章　未来展望：内生型城市社区建设模式的理论架构 ……… (210)
第一节　模式选择：内生型城市社区建设模式 ………………… (210)

一　城市社区建设模式的比较与选择 …………………… (210)
　　二　内生型城市社区建设模式内涵 …………………… (213)
第二节　合作主义：内生型城市社区建设模式的理论基础 …… (214)
　　一　合作主义的内涵 …………………………………… (214)
　　二　合作主义的选择与适用 …………………………… (216)
第三节　主体界定：功能分化理论与内生型城市社区建设
　　　　主体 ……………………………………………………… (221)
　　一　功能分化理论 ……………………………………… (221)
　　二　内生型城市社区建设主体界定 …………………… (223)
第四节　功能回归：内生型城市社区建设主体的功能与定位 … (226)
　　一　党的领导 …………………………………………… (226)
　　二　政府主导 …………………………………………… (228)
　　三　社会行动 …………………………………………… (230)
　　四　市场辅助 …………………………………………… (232)
　　五　居民参与 …………………………………………… (233)
第五节　合作互动：内生型城市社区建设模式的主体行动
　　　　机制 ……………………………………………………… (237)
　　一　利益整合：合作互动机制的基础 ………………… (238)
　　二　平衡与协商：政府与社区 ………………………… (241)
　　三　伙伴与共赢：政府与社会组织 …………………… (243)
　　四　互补与互限：政府管理与居民自治 ……………… (246)

后记 ……………………………………………………………… (250)

序　言

社区，我"生于斯，长于斯"的地方，每天我都能感触到社区发展的脉搏在跳动，每天都能聆听到社区建设的音符在飞舞，思绪也不得不随之而旋转，生活中感触到的点点滴滴促使我对其进行反思性研究，特别是自中办〔2000〕23号文件为标志以来的我国城市社区建设全面铺开，全国社区建设如火如荼，而至今正好历经10年历程，在建设时间阶段上进入"节点"转折时期，这增加了我对社区建设进行反思性研究的兴趣。

一　研究缘由

对我国社区建设实践的历程与模式回顾并进行反思性研究，不仅是笔者主观的愿望与诉求，从根本上说是我国社区建设的历程与实践，特别是近30余年我国社区建设的历程与实践强烈地震撼和触动着笔者思维与心灵的结果。几十年的城市社区建设，其成败得失时刻敲击着笔者愚钝的脑子：我国社区建设走的是何种道路？或者我国社区建设是何种模式？为什么我们会选择（或形成）如此社区建设的路径与模式？当前城市社区建设模式存在哪些深层次问题？这一连串的问题将笔者的思绪带入此课题的研究领域当中。具体来说：

首先，生活在社区的切身体会启发和诱导着笔者的研究思绪。自从滕尼斯在《社区与共同体》这一经典名著中将"社区"引入理论视野，并以此来表达一种特定的社会单元之后，社区就成为研究人类生活的基本"群"之单位。作为生于斯（社区）、长于斯（社区）的我们，每时每刻都生活在其中，甚至由于长时间、习以为常地、不能除却地沉浸在其中，或许因过于熟悉或而产生了自然而然之感，导致"审美疲劳"般失去洞察敏锐性，结果对社区的存在出现感知麻木，对其研究的欲望与冲动也随之消失。但这种沉浸与麻木不代表着社区的不存在或对于我们生活的无足轻重，更无法将我们的存在或生活与社区分割。或许正是因为此种麻木、"审美疲劳"的存在，我们曾经一度将其冷落，才有了后来"补课式"的、轰轰烈烈的社区建设运动；或许正是因为此种麻木与沉浸，才更有必要对其进行"自我"反思性研究。我们生活在社区中，体味着社区的每一丝气息，感触着社区的点点滴滴的新变化，社区的变化与每个人切身利益息息相关，随着社会的发展也享受着日益倍增的社区服务；同时，也曾因社区环境糟糕而懊恼，因社区服务短缺而郁闷。尽管有时我们没有用话语直接或间接地来表达着社区的存在与价值，但我们的行为与思维在很多时候总是与社区纠结在一起，因为它太重要了，其每一次的改革与变化，都关乎着每个人切身利益的增减；同时，其存在与发展，也是每一个个人共同参与和作用的结果，尽管有时候我们并非有着明确意识去刻意与社区发生某种联系。我们的脉搏无时不在感知着社区每一点变化，我们没有理由不给予我们每天生活于此的"社区"以足够的关注与研究。

其次，新中国成立以来城市社区建设历程与实践激发着笔者强烈的兴趣。尽管"社区建设"这一词语出现在正式的官方文件中和成为理论论题话语的时间不是很长，但其实，伴随着我国政权重建和经济社会建设重建的那一刻起，城市社区建设就以不同的形式、不同的面目出现并延续下来，且不同时期、不同地区的城市社区建设有着一定的具体内容和目标，只不过有时"社区建设"这一话语被其话语所代替或包含。在实践中，城市社区建设往往贯穿、渗透在其他诸如社会建设等实践活动中进行，社区建设的内容也分散在社会建设、国家建设等各个不同领域。社区建设是社会建设的重要内容，影响和制约着人民生活水平的提高，关乎着国家权力在基层的延伸和国家政权的稳固，关系着基层社会的稳定和人民福祉。新中国成立以来，实际上城市社区建设一直贯穿于我国社会主义现代化建设的始终，对这多种形式、多种面目、多种路径而展开的城市社区建设，产生的千差万别的实践效果，激发着笔者一直在思考：我国的城市社区建设到底应该如何开展？我国到底需要什么样的城市社区建设？我国城市社区建设的历程与实践经验不仅是笔者研究的对象，也是笔者解开疑惑的基础。近年来，社区建设日渐获得在理论界和实践中的话语权，党和国家的工作中心明显下移，但城市社区基层的发展与稳定、管理与服务问题让我们感觉不到丝毫的轻松，这种社区建设的实践困境也强烈地鞭策着笔者将这种"一粒"绵薄之力置于"无止境"式的探索当中。

再次，当前我国城市社区建设进入"阶段节点"时期，内在地迫切需要对其进行总结与反思性研究。之所以说社区建设进入"阶段节点"时期，一是从时间线谱上而言，若从新中国成立以来算起，我国的社会建设（内在地包含着城市社区建设内容）在社会主义的大道上也迈过了60余年的历程；若从改革开放开始算起，我国城市社区建设也经历了30余年的实践探索；特别是从2000年中办、国办关于转发《民政部关于在全国推进城市社区建设的意见》[①]至今，恰好10年，不论是60年、30年的历程，还是最近10年的"显性"城市社区建设，不仅其实践历程足够满足进行反思性研究的需要，这些实践内在地迫切需要对其总结与研究，而且我国学界研究对这样"整十年"性的关键时间点做总结性的研究似乎情有独钟，每当一个研究对象发展历程发展到某一整十整百的时间点时，往往伴随着总结性研究高潮的来临。二是从已有城市社区建设实践内容上而言，其"规律性"或"模式化"雏形日益显现。在前一时期城市社区建设探索实践过程中，积累了丰富的实践经验，特别是中办〔2000〕23号文件颁布实施以来，不仅社区建设成果丰硕纷呈，社区面貌得以大大改善，社区服务水平快速提高，而且具有代表性的社区建设模式如沈阳模式、江汉模式、盐田模式等，在理论上也有了相当理论提升及其成果。这些实践素材从本质上来说，已经包含大部分社区建设的基本因子，并且这些经验经过积累已经或正在升华，形成一个又一个具体的实践模式，社区建设的基本轮廓与规律日渐清晰，但这种成果在很大程度上是探索性的，迫切需要对前一时期社区建设进行进一步理论整理与总结，才能对社区建设有更全面和更深入的认识，才能洞悉中国城市社区建设的特点与规律。三是从未来城市社区建设趋势来看，城市社区建设将充当更为重要的角色，具有新的内容与特点，阶段性特征明显。城市社区，必将成为城市社会建设和管理的基础平台，承担的社会管理事务越来越多，需要提供的服

[①] 政界和学界通常将其称为中办〔2000〕23号文件，后文没有特别说明，中办〔2000〕23号文件均指此"意见"。理论界一般认为该文件颁布实施标志着我国城市社区建设作为一项基本政策在全国铺开，该文件的颁布对于社区建设具有标志性意义。

务越来越多，自然而然，社区必将成为城市各种社会矛盾的交汇点，因而，社区对化解基层社会矛盾、维护社会稳定的作用也越来越重要；社区组织在调节利益关系、融合人际关系、维护社会稳定中处于"前沿"地位。这些都将意味着未来的城市社区建设将迎来一个新的局面。总之，在"阶段节点"时期对其反思性研究不仅是可能、可欲的，而且是必要的，有必要对前一时期社区建设实践进行理论反思与梳理，为下一步社区建设提供借鉴。

最后，笔者在所在单位三年学习具备的条件和已有研究基础为本项研究提供了基础和便利。笔者所在湖北城市社区建设研究中心，从2000年正式成立以来，一直致力于我国城市社区建设领域的问题研究；2004年先后成为民政部重点研究基地和湖北省人文社会科学重点研究基地。该中心遵循"社会调查——理论提升——社会实验"的研究策略和路径，在10余年的建设发展过程中，其研究对象的地域范围早已超出了湖北省（尽管该中心名称上还有"湖北"二字），参与了多项国家、省部级重要课题的研究任务，进行了多次全国性和地方性的普查和社会调查工作，积累了大量反映近年我国社区建设实况的第一手的实证素材，这些用汗水和智慧换来的来之不易的成果，极大地震撼和启蒙着我，也为我的研究提供了巨大的支持和方便；更为重要的是该中心在长期的研究中所积淀形成，并秉承坚持科学的研究思路与方法，将我的研究视野和心境带入了另外一片广阔的天地，对我的研究方法与研究领域带来巨大的影响，将我的研究进路引入一条我自认为更加"务实"与"实用"的路径上来。自从笔者进入该中心以来，我从"殿堂"逐步走入"田野"[①]（对于我而言，更多走入的是城市社区），从"上天"开始"入地"[②]，先后进入湖北、四川等多地社区的实地调研。在研究领域上渐渐从"形而上"开始更加注重"形而下"的问题了，从"田野"（社区）获取的原汁原味的知识将我的思维带入了另外一个崭新的世界，不但激起我强烈的好奇心，也考问着一个知识分子的使命感与责任心，我发现自己已经沉迷于此不能自拔了，有

[①] 徐勇、邓大才：《政治学研究：从殿堂到田野》，载邓正来、郝雨凡主编《中国人文社会科学三十年：回顾与前瞻》，复旦大学出版社2008年版，第86页。

[②] 笔者在刚入校不久的一次讨论会上，导师颇似玩笑地说："你以前做的都是上天的，从现在开始，你要下地了。"这听似笑侃，但准确地说，其蕴含着对我研究方法与领域转型的要求。

太多的东西需要进一步地研讨与解答。总之，该中心的已有储备和我研究视野和方法的转变，促使我对本项研究具有了某种程度上的"自信"，当然，或许也是我"自负"愿望吧！

二 研究意义

科学研究的意义总体上说包括三个方面：一是研究者的研究对研究对象或问题而言所具有的价值与意义，它回答的是研究者的研究对研究对象问题的解决及解决程度；二是研究者的研究成果对人类、社会，包括自然界所具有的价值与意义，它回答的是研究对外界有何"用"的问题；三是某研究对于研究者本人而言所具有的价值与意义，它回答的是研究对研究者有何"用"的问题，如训练思维、陶冶情操等。这里所言的研究意义，主要是前两个方面意义上的，当然这种研究意义既有宏观的，也有具体的。总体来说，笔者认为该项研究主要有以下理论意义、实践意义和学术意义：

1. 对我国城市社区建设进行反思性研究，力图发掘、构筑和完善我国城市社区建设的理论，为我国社区建设实践提供更坚实的理论基础。理论来源于实践，但一旦理论形成和确立起来，就肩负着对实践的论证、阐释与指导功能。我国城市社区建设也是一个理论与实践互动的过程，而且，实践探索的成分更突出明显一些，甚至可以说我国的城市社区建设是在探索实践中推进的[①]，这种实践探索极为重要，也是必不可少的，探索性的城市社区建设路径的形成有其现实客观条件和解决现实问题急切需要等因素的影响，但或许就是因为我们忙于甚至沉浸在实践探索的世界里，使我们无暇，或还没有来得及甚至不愿意详细、全面、充分地剖析其背后的理论与规律，导致在一定程度上我国城市社区建设出现理论"局限"，更为重要的是这种理论的"局限"将影响到社区建设实践本身的存在、运行及其生命力。没有理论支撑的实践是"海市蜃楼"，终将是短命的。当前我国的城市社区建设实践迫切需要进行深入的理论发掘与提升，笔者

---

① 当然，笔者并非是说我国城市社区建设没有理论指导，而是认为在我国社区建设过程中，理论"自觉"意识不明显，这与我国社区建设是在现实需要的"逼迫"产生的，加上我国长期以来"致用"实践思维与行为方式的传统影响有关，使我国城市社区建设很大程度上是在回应社会现实需求，其"逼迫—回应"特征十分明显。

就是力图通过对我国社区建设历程与实践的反思性分析，透视我国城市社区建设实践所蕴含的理论，探索我国城市社区建设的规律与特点，使社区建设实践的过程与路径在理论上更加明晰。

2. 对我国城市社区建设实践的正反经验进行理论探索与评析，构建适合中国国情的社区建设理论，指导我国城市社区建设实践向纵深发展。没有理论指导的实践是"蛮干"[①]，也是可怕的；理论的价值关键在于指导实践，不能指导和应用于实践的理论是"莫须有的"。笔者力图通过对我国城市社区建设实践和历程进行分析，探索其背后的原因与规律，在此基础上透视和凝练出我国城市社区建设理论，既是对现有理论的反思与完善，更在于指导我国未来社区建设实践。我国城市社区建设在很大程度上呈现理论"自觉不足"现象，这就更需要在实践的基础上进行理论凝练与提升。当然，由于笔者主题所限，加上研究视角的选择，对城市社区建设理论的透视与提升只能是局部的、具体的某一方面，并非是发掘和构筑绝对完善、包罗万象的城市社区建设理论，笔者所力图努力的理论成果也并非解决当前我国社区建设所有问题的"一剂良药"，这是笔者无法做到的，也不是笔者的企图，而仅仅是选定一个具体对象，采用具体研究视角而进行的"一斑"性研究，这种"一斑"性研究结果能推动城市社区建设的发展。

3. 适应国家发展战略的需要。国家发展战略是一个国家在相当长的历史时期内相对稳定的发展策略与宏观布局，将决定和影响着国家政治、经济和社会各个具体领域的决策。当前，随着我国现代化建设的推进，在经济领域取得了巨大成就，但相对而言，我国社会建设滞后于经济建设至少有15年，下一阶段，我国必将也必须进入以社会建设为重点的时期[②]。而民生建设是社会建设的重点和根本，于是，民生问题因其关系着国家的繁荣发展和长治久安而具有重大意义，上升到国家战略地位，成为党和国家的重要战略发展目标，并将成为今后相当长一个时期内的重心工作。而"西方社会发展的一条根本经验是社会建设经由社区建设，社会发展经由

[①] 当然，有些时候我们实践的过程中是遵循了一定的理论指导，甚至我们是在实践的过程中形成或丰富发展了某些理论，但只是我们没有意识到或没有进行理论提炼升华而已。

[②] 陆学艺：《当代中国社会结构与社会建设》，《学习时报》2010年8月30日。

社区发展"①，社区作为社会民生建设的一个基本落脚点，是微观具体领域的一个可操作性平台，其在民生建设中的地位是可想而知的，社区建设也被党和国家领导多次强调和重视，其地位也被提高到了前所未有的高度。社区建设已融入国家战略之中，并成为非常重要的组成部分。作为一种战略性的发展策略，必须有着充分、坚实的理论准备才能谋篇全局，才能使发展少走弯路。笔者对该问题的研究，适应当前国家的宏观战略发展策略的需要，为国家宏观战略发展策略提供理论的论证与参考。

4. 满足政府决策参考需要。当前，我国正处在"建设社区"② 阶段，政府在其中发挥着不仅是主导，甚至是主体的角色和功能。甚至一定程度上来说，我国的城市社区建设是在国家和政府的推动下而开展的，国家和政府是城市社区建设的主角，因其掌握着重要而又巨大的资源，包括强势的行政强制执行力，社区建设呈现"建设社区"的现实合理性决定了在一段时期内还可能继续存在。而政府推动和实施社区建设而制定决策，不仅要有实践为基础，也要有理论为支撑，特别是需要应用性的、对策性的理论应对策略。同时，社会的繁荣发展与安定团结的落脚点在基层、社区，而基层发展与稳定的主导维护性力量是地方政府，地方政府的城市社区建设地方探索更需要可操作性的实践方案，特别是在地方政府"创新"政绩的冲动下，可行性的理论研究对其创新性的决策有着重要意义。笔者对该课题的研究，力图为政府在社区建设领域的决策提供参考，或在实践方案的采纳过程中以供借鉴。

5. 在研究方法上的反思性研究，既有利于知识增长，扩充城市社区建设研究的具体内容，也有利于研究方法的完善和学术自主性的弥补。一方面，反思和批判是知识增长的一种方式。对城市社区建设的实践进行总结与归纳，进而进行反思研究，更能深入研究对象的具体内容，将会展现新的内容，甚至可以说，归纳与反思性的研究是进一步研究的前提。另一方面，反思性研究在方法上有利于学术自主性和研究方法的完善。"任何科学理论都只是试探性的、暂时的、猜测的；都是试探性假说，而且永远

---

① 李雪萍、陈伟东：《论社会建设经由社区建设》，《社会科学研究》2008年第1期。
② 笔者这里采用"建设社区"这一概念主要是为了表达我国当前社区建设的主要直接推动力来源于政府，主要靠外在力量将社区建设作为一个行动目标而进行的现实状况，与依靠社区内部力量进行的"社区建设"有着重大区别。

都是这样的试探性假说。"① 既然是试探性的，那么就存在对其反思的必要。采取反思性的研究，在学术上有利于使研究本身向更加科学更加自主的方向发展，在当今有人呼吁"学术自主性匮乏"的时代，反思性研究的学术努力是显而易见的。

---

① ［英］卡尔·R. 波普尔：《科学知识进化论》，纪树立编译，生活·读书·新知三联书店1987年版，前言，第2页。

第一章 概念内涵:社区与社区建设

第一节 社 区

一 社区概念

社区是随着社会发展和社会实践逐步跃入研究者的视野中的,滕尼斯于1887年在《社区与社会》(又译《共同体与社会》、《礼俗社会与法理社会》)(德语翻译为 *Gemeinschaft and Gesellschaft*,英文版译为 *Community and Society*)一书首次提出"社区"的概念。1933年,以费孝通为首的燕京大学的一批青年学生在翻译美国社会学家帕克的论文集时,第一次将"community"这个词译为"社区",之前多翻译为地方社会、地方共同体社会或共同区域社会等。由于研究领域和研究目的取舍等多种因素的影响,理论界对社区的理解也随着社会发展而不断变化,也因研究者的主观选择而千差万别。美国学者桑德斯认为,即使是同一学科内,不同学者对社区的理解存在差异。如社会体系论者往往倾向于把社区当作是以某一地方为中心的比较持久的社会互动系统;社会冲突论者则认为社区是由于资源、财富、权利和声望等分配不公平而产生的一种阶层形态;社会场论者又把社区视为一种社会互动的场域。根据不同学科对社区的理解将社区概念分为四种类型:①定性的理解,把社区视为一个居住的地方。②人类生态学的理解,把社区视为一个空间单位。③人类学的理解,把社区视为一种生活方式。④社会学的理解,把社区视为一种社会互动。[①] 1981年,居住在美国的华人社会学家杨庆垄通过统计发现,有关

[①] [美]桑德斯:《社区论》,徐震译,台湾"国立编译馆",黎明文化事业发展有限公司1982年版。

社区的定义达140多种①。

对社区的定义或理解的差异主要是由于研究视角和定义方法不一所致，总体来看，其定义方法和视角主要包括以下几个方面：一是从社区包含的要素和特点进行定义，这种定义方式被中外大多数学者采用，一般多采取描述性的方式，能够比较直观地体现社区的内涵；二是从社区的本质进行定义，特别是从社区的应然本质，如共同体、社会实体等本质属性对社区进行理想性的阐述；三是从社区的功能进行定义，如认为社区是城市管理单位等观点；四是综合性的定义，综合以上要素、本质和功能各个方面，进行综合性的归纳性定义。因对社区要素的不同理解，在一定程度上直接影响到社区本质（如精神共同体和地域共同体的差别）和功能的确立，然而学界主流传统恰恰多是从社区要素进行描述性的理解和定义的，从根本上说，对社区要素的不同理解，直接决定了对社区内涵与外延的理解与界定。因此，笔者首先有必要对社区要素的国内外学界理解进行归纳。

二　社区要素

有学者认为社区的要素可以分为基本要素和一般要素。基本要素包括"人口"和"地域"两个方面；一般要素主要有经济、共同的文化与制度、居民的凝聚力与归属感、专业分工和互相依赖关系、社区服务的公共设施等②。著名社会学者费孝通先生认为社区至少应包含以下四个方面要素：①以一定的生产关系、社会关系为基础组成的人群；②有一定的区域界线；③具有一定特点的行为规范和生活方式；④居民在情感上和心理的乡土概念。③ 郑杭生认为社区要素应包括：地域环境因素（包括地理环境、资源环境和人工环境）、人的因素（包括人口、社会群体和个人体系）、文化要素（包括社区物质生活方式和精神生活方式）、社会活动和时间的分配等④。唐忠新认为社区要素包括三大类别：一是人群，包括社

---

① 王明美、程宇航：《社区建设——中国和江西的实践》，江西人民出版社2008年版，第8页。
② 同上书，第11—12页。
③ 参见费孝通《社会学的探索》，天津人民出版社1984年版。
④ 郑杭生：《社会学概论新修》，中国人民大学出版社1994年版，第357—364页。

区人口的自然构成和社会构成,社区人口的结群形式等;二是自然物质要素,主要是地域和生产生活设施;三是社会文化要素,包括行为规范和管理机构,精神文化和社区意识等①。

三 社区功能

在对社区概念的理解过程当中,也多涉及社区功能,因为一方面社区要素决定了社区功能,但对社区功能的理解也体现着研究者的主体性理解和对社区建设重点的选择;另一方面对社区功能理解也受制于研究者的视角与方法。有学者认为社区主要功能包括经济功能、社会化功能、控制功能、福利保障功能、社会参与功能和心理归属感功能②。唐忠新教授认为社区功能包括社会管理和协调功能、社区教育和培训功能、社区互助和服务功能以及社区文化的社会化功能等③。徐永祥教授认为社区具有社会服务功能、人的社会化功能、社会参与和社会民主功能、社会控制和社会稳定功能④。有学者根据对社区内涵及其构成要素的分析,将社区功能分为一般功能与本质功能。一般功能主要包括经济功能、政治功能、文化教育功能、服务功能、社会管理与整合功能等;本质的功能主要包括:①社会化功能;②社会控制功能;③社会参与功能;④社会互助功能⑤。

四 社区特征

在对社区要素和功能把握的基础上,学界对社区特征也有着多样的理解:唐忠新认为社区主要具有以下特征:①社区是一个社会实体。即由一定的人群、一定的地域、一定的生产和生活设施、一定的管理机构、一定的特色文化和社区意识等要素所构成的;②社区具有多重功能,具备经

---

① 唐忠新:《中国城市社区建设概论》,天津人民出版社2000年版,第13页。
② 王明美、程宇航:《社区建设——中国和江西的实践》,江西人民出版社2008年版,第11—12页。
③ 唐忠新:《城市社会整合与社区建设》,言实出版社2000年版,第19—20页。
④ 徐永祥:《社区发展论》,华东理工大学出版社2001年版,第95—105页。
⑤ 董欢:《和谐社会视野中的我国城市社区建设研究》,博士学位论文,中共中央党校,2009年。

济、政治、文化和社会管理和社会整合的功能；③社区是人们参与社会生活的基本场所；④社区是以聚落作为自己的依托或物质载体的；⑤社区是发展变化的。同时，它在城乡社区比较的基础上认为城市社区的主要特征有：①经济上：居民以工商服务业为主要职业和主要谋生方式；②人口上：人口密度高，人口聚集规模大，异质化程度高；③社会组织上：科层制组织普遍，社会组织复杂；④生活方式上：城市居民生活质量和生活水平相对较高[1]。有学者认为社区至少具备以下几个基本特征：①共同性，主要指共同利益、共同文化、共同意识或价值观等；②非正式组织性；③社区内居民相互之间互动较多，对社区内的日常生活比较熟悉；④具有一些基本社会功能和一定规模；⑤地域性因素，但非地域性将会越来越重要[2]。

五 社区分类

在社区定义、要素、功能、特征把握的基础上，根据社区的社会关系特征、地理范围、主要生活方式、功能及各种综合指标或参数作为分类标准，学界有着多样的分类，这种分类在一定程度上有利于进一步对社区本质与内涵的理解：滕尼斯根据社区内社会关系特征，认为社区可分为三类：地区社区、精神社区（主要指宗教团体）和血缘社区（比如家族）。唐忠新根据社区形成的不同方式，将社区分为自然社区和法定社区（又称为自然社区与行政社区）[3]。有学者根据社区的功能，主张将社区分为乡村社区、都市社区两大类。乡村社区又可以分为聚落社区、乡镇社区、农村社区、游牧社区、林业社区、渔业社区、矿村社区、工业社区、军事型社区等。都市社区可分为都会社区、都市社区、政治性社区、商业性社区、工业性社区、文化性社区、混合性社区等[4]。除此之外，还有学者根据社区发展的历史阶段，分为：一是旧石器时代

---

[1] 唐忠新：《城市社会整合与社区建设》，言实出版社2000年版，第3—11页。
[2] 夏建中：《现代西方城市社区研究的主要理论与方法》，《燕山大学学报》（哲学社会科学版）2000年第2期。
[3] 唐忠新：《城市社会整合与社区建设》，言实出版社2000年版，第13页。
[4] 孙桂华：《社区建设》，中国劳动社会保障出版社2006年版，第15—20页。此几种分类均出自该书。

形成的流动性社区；二是新石器时代出现的半永久性的村合式的社区；三是文明时代以来形成的农村社区；四是工业革命以来形成的以二、三产业为基础的新型城市社区[①]。

可见，以上不论是对社区要素的理解，还是对社区功能以及社区特征的归纳，学者的理解具有很大的相似或重合成分，其差异的原因主要是由于社会历史发展不同阶段的实践环境的限制和研究者因研究需要而采取不同视角和取舍的原因造成的。有学者根据以上众多定义，认为总体来看，人文区位说、地理和社会实体说、同质说等理论学派关于社区的界定具有一定的代表性。"人文区位说"学派以人文区位学理论为基础，认为社区是人类的各种聚落，是一群居民与其特殊环境所形成的关系，赋予社区一地域意义，强调了两个关键性概念——区位和聚集点，注重空间对人类组织方式和行为方式的影响；"地理和社会实体说"强调地理与社会因素在社区中处于同等重要的地位，强调社区不仅是一个人群地域单位，而且是一个包括各种主要的社会制度、社会职位和社会利益的相对完整的社会，社区的性质有相互联系的两个方面：一是地理的，二是心理的。"同质说"强调社区成员间的互动行为，认为社区是社会生活同质性较强的地区。

值得注意的是，即使有学者对社区所包含的要素和本质持相同的看法，但对要素的外延或内涵的理解却有着很大的差别，特别突出在两个方面：一是社区的地域性要素。学界一般多认为地域性是社区重要要素之一，然而对地域范围却有着千差万别的、不同层次的理解，如麦基文、米歇尔等认为教区、村镇、县市、城市和国家在不同层面上都可以称为社区。二是社区的共同体本质。共同体属性多认为是社区的本质属性，但对共同体也存在文化或价值共同体与地域共同体的差别，西方的社区多是对西方教区世界、自治市镇、移民聚居区现实特征的抽象，多侧重于社区内的主体关系特征及文化认同因素的表征，其非地域性特征十分明显；而在我国学界，特别是官方，社区在相当大程度上是作为国家对基层社会的控制和治理单位来使用的，其地域共同体意旨是显而易见的，而且这种地域

[①] 《社会学概论》编写组：《社会学概论（试讲本）》，天津人民出版社1984年版，第215页。

还是行政性地域。就是关于地域共同体的范围，也存在很多不同观点，最为流行的第一种观点认为社区是街道办事处所辖区域；第二种观点认为是在市辖区或其派出机关街道办事处之下、居委会之上的街区层面①；第三种观点是官方在中办〔2000〕23号文件中将社区定位于"经过社区体制改革作了规模调整的居民委员会辖区"。这种理解差异不仅仅是理论上差异，直接关系着对社区建设实践路径的选择和对社区建设未来的定位。

  本书研究的对象为社区建设，而此"社区建设"是在中国现实国情下的语境表达，这个话语表达本身包含着将社区"对象化"处理——作为"建设"的对象的意境，或者说，在我国，社区建设这一概念，具有很强地将其作为社会基层治理单元味道，而非单纯是自然社会细胞的内容，在后文笔者将深入探讨我国社区建设所具有的政府发动和主导型的特征，也印证了社区在"中国化"的实践和语境中被赋予了基层社会治理单元的意义，特别是我国当前城市社区建设处在特定的"建设社区"历史阶段。在很大程度上，我国社区建设中的"社区"不是一种自然性社区（靠成员的某种共同性如共同的血缘关系、共同的风俗习惯、共同的生活方式等来维系的共同体），而是一种制度性社区或行政性社区（靠成员认同某种规则体系来维系的共同体）②。因而本文所讨论的社区建设中的社区的地域边界，因要满足基层治理单元意义的需要，基本上也是在行政性社区（或制度性社区）基础上进行的，但近年来我国社区体制改革与创新，社区边界在实践中也有不同的表现，因此，有的讨论会超出行政划定的社区居委会地域范围的限定。但好在笔者的研究是一种宏观的反思研究，核心在于回答社区建设动力、目标等问题，这种社区地域范围的偶尔游离并不会影响本文论证及论证结果的说服力，或许偶尔游离也是为了更好地说明问题。但笔者清醒意识到并坚信，社区的本质和未来，还是可能会，或应该回归"滕尼斯"所言的"共同体"的本质上来。英国学者齐格蒙特·鲍曼曾说："共同体是一个'温馨'的地方，一个温暖而又舒

---

  ① 将社区定位于街道办事处或居委会之上——街区的理由，详见何艳玲《都市街区中的国家与社会——乐街调查》，社会科学文献出版社2007年版，第3页。

  ② 陈伟东等：《中国和谐社区——江汉模式》，中国社会出版社2010年版。一般多将它称为"行政性社区"，陈伟东教授认为将此称为"制度性社区"比"行政性社区"更有解释力和说服力。

适的场所。它就像是一个家（roof），在它的下面，可以遮风避雨；在共同体中，我们能够相互依赖对方。如果我们跌倒了，其他人会帮助我们重新站立起来。"① 因此，笔者在本文中讨论的社区（建设）是在"行政性社区"基础上展开，但其包含的内容，甚至主要理想关切点则是包含社区多种要素的综合体，是被注入强烈"社会性"的"共同体"情怀和关照的社区，因为正如社会学家伯赛尔认为："社区是用来描述一个小的传统社会的概念，在那里人们彼此之间具有面对面的个人关系，他们重视这种关系本身并且把它们当作目的。"②

第二节　社区建设

一　社区建设内涵

1991年，民政部在社区服务的基础上，提出"在城市调动社会各方面的力量，共同开展社区建设"的工作思路，正式推出了"社区建设"这一概念，按照民政部的解释，社区建设的提出是从我国国情出发并借鉴了国外先进经验的③。当时提出这一概念的目的很明确：在城市中构建基层自治的管理和服务体系，以替代过去由企业承担的公共管理和社会服务的职能。但这一概念在20世纪90年代前期和中期都没有引起政府总体上的重视，一直到20世纪90年代后期，当城市中贫困、社会秩序等社会问题日益增多，政府希望社区在解决社会问题方面发挥更多作用的时候，社区建设的概念才受到政府主要领导和社会的高度重视。1998年7月，在国家政治体制改革与政府机构调整的过程中，国家将民政部基层政权司改为基层政权和社区建设司，赋予该司承担"指导社区管理工作，推动社区建设"的职能，"社区建设"概念正式被国务院认可。但社区建设是个充满争议和具有中国特色的概念，对其内涵与外延依然充满争议。总体来看，社区建设概念界定取向主要有"范围说"、"活动说"、"功能说"和

---

① ［英］齐格蒙特·鲍曼：《共同体》，欧阳景根译，江苏人民出版社2007年版，第2—3页。

② C. H. B, *Understanding Society*: *Introduction to Sociology*, Haper & Row Publisher, New York, 1984, p. 66.

③ 李宝库：《关于社区建设的几个问题》，《城市街居通讯》1999年第12期。

"过程说"①，不同界定取向既反映人们对社区建设概念、价值理念、工作重点和优先领域的理解与期盼不同，也反映了社区建设在不同国家的实践中所具有的不同内容。具体情况见表1-1。

表1-1　　　　　　　　　　社区建设概念

类别	代表者	内容	特点
范围说	崔乃夫②	社区建设是一个社区内的整体建设，包括社区服务、社区文化、社区卫生、社区道德等。社区建设与社区服务是局部与整体的关系。	从社区建设涵盖内容与工作范围角度界定。表征了社区服务与社区建设关系；比较表面与直观，容易把握和理解；但缺乏对社区建设本质属性探究。
活动说	马学理等③	认为社区建设就是依靠社区力量，利用社区的资源来强化社区的功能，发展社区的事业。	从社区建设活动与发展社区事业角度界定。将关注焦点由社区的外部关系转向社区的内部活动；但界定过于空泛笼统，侧重于社区建设形式，对社区建设目的重视不够。
功能说	王明美等④	社区建设是城市辖区政府或街道办事处以下的基层社区在党和政府的支持领导下，通过调整和强化社区自治组织和其他社区组织，依靠社区力量，利用社区资源，整合社区功能，发展社区事业，改善社区经济、社会和文化环境，把社区与整个国家的社会生活融为一体，通过社区建设促进整个社会进步。	优胜之处是由表及里深入社区建设的社会功能，触及社区建设目标与主要作用等核心问题；但社区建设的主体仍然含糊不清。

---

① 王青山、刘继同编：《中国社区建设模式研究》，中国社会科学出版社2004年版，第35页。
② 崔乃夫：《民政工作的实践》，中国社会出版社1992年版，第179页。
③ 马学理、张秀兰编：《中国社区建设发展之路》，红旗出版社2001年版，第23页。
④ 王明美、程宇航：《社区建设——中国和江西的实践》，江西人民出版社2008年版，第15页。

续表

类别	代表者	内容	特点
过程说	民政部[①]	社区建设是指在党和政府的领导下，依靠社区力量，利用社区资源，强化社区功能，解决社区问题，促进社区政治、经济、文化、环境和健康发展，不断提高社区成员生活水平和生活质量的过程。	从社区建设过程和过程目标角度界定。优越之处是发展的过程充分吸收和综合以往定义优点，且独辟蹊径，角度新颖，明确提出社区建设界定的过程学说。过程说往往包含着一定社区建设功能表述。
	唐忠新[②]	社区建设是对社区工作的总体概括，是指在党和政府的主导下，依靠社区力量，利用社区资源，强化社区功能，促进社区经济、政治、文化、环境协调、健康发展，解决社区问题，提高社区成员的生活质量的过程。也是社区资源和社区力量的整合过程。	
	王思斌[③]	社区建设都表现为强化社区要素、增进社区机能的过程和活动，它是人们有意识地建设社区的过程。	

实际上，按照滕尼斯的理解，社区是缓慢进化、自然生长的产物，并不是理性规划和建设的结果，一旦进入理性规划和建设的阶段，社区就不是社区而变成社会了。"社区建设"在一定意义上可以说是按照话语学的"类比"原理创造出来的[④]。纵观社区建设概念的变化轨迹，我们可以清楚看到人们思想认识逐渐深化，由侧重社区建设外部关系转为注重内部关系；由关注社区建设活动转为关注建设活动主体；由关注社

[①] 民政部基层政权和社区建设司：《中国社区建设年鉴2003》，中国社会出版社2003年版，第135页。
[②] 唐忠新：《中国城市社区建设概论》，天津人民出版社2000年版，第73—74页。
[③] 王思斌：《体制改革中的城市社区建设的理论分析》，《北京大学学报》（哲学社会科学版）2000年第5期。
[④] 夏学銮：《中国社区建设的理论架构探讨》，《北京大学学报》（哲学社会科学版）2002年第1期。

区建设功能转向社区建设过程；由单方面界定社区建设转向综合性理解社区建设；由关注社区环境、建设活动质量转为关注社区中个人与个人需要的满足程度；由以社区建设活动为主转变为以人的需要满足和改善生活质量为主。这说明社区建设内涵外延是不断变化的。其中，不论在理论上还是在实践中，当前主要的分歧在于社区建设所包含的具体内容的不同。

二　社区建设内容

对于社区建设内容，学界也存在着多样化认识，孙桂华认为社区建设的主要内容包括社区组织建设和社区事业建设两部分。社区组织建设包括：①社区党组织的建设；②社区自治组织建设；③社区中介组织的建设。社区事业建设包括：①拓展社区服务；②发展社区卫生；③繁荣社区文化；④美化社区环境；⑤加强社区治安。[①] 李学举认为，社区建设实际上是把狭义社会发展的指标体系社区化，并进而提出社区建设包括14个方面的内容：社区家庭工作、社区服务的开展、社区人口素质的提高、社区资源的开发和利用、社区劳动就业的程度和水平、社区生态环境保护、社区民主机制的发育、社区科技水平的提高、社区社会保障体系的构建、社区文化教育的普及、社区社会安全的形成、社区住宅建设、社区体育卫生事业的发展、社区道德规范的形成。[②] 在社区建设的实践中，民政部曾在有关的政策文件中，将社区建设概括为：健全社区组织、拓展社区服务、发展社区卫生、美化社区环境、繁荣社区文化和加强社区治安六个方面。沈阳市认为社区建设主要任务包括：①社区服务；②社区教育；③社区卫生；④社区管理；⑤社区文化；⑥社区治安。[③] 20世纪70年代，香港"社区建设计划"把"社区建设"具体化为三方面的工作：社区发展、社区参与和提高居民的地区意识。[④]

---

① 孙桂华：《社区建设》，中国劳动出版社2006年版，第39—46页。
② 李学举：《实践与思考——中国基层政权建设研究会1992年年会论文集》，万国学术出版社1993年版，第13—14页。
③ 参见沈阳市沈河区1999年4月制定的《社区建设实施方案（试行）》文件。
④ 香港社区工作教育工作者联席会议：《社区工作理论与实践》，香港中文大学出版社1994年版，第121—123页。

从以上理论界和实践中对社区建设的内容界定上来看，社区建设内容是极其广泛的，其内容是一个整体，各部分之间是有机联系的。并且其内容是随着经济、社会的发展而不断发展变化的，特别是社区建设的重点是不断变化的。为了能动地指导社区建设实践，必须明确社区建设的重点内容和主要内容，从社区实际情况出发，既要考虑社区主体尤其是广大居民群众的迫切需求，又要与党和政府的工作重点相结合，同时应与宏观社会发展主要目标相一致。我国有学者认为，社区建设具有综合性、社会性、地域性、协调性、群众性的特点。[1]

三　社区建设的对象

不论是从以上对社区建设内涵的理解，还是从社区建设实践需要来看，社区建设首先要解决社区建设的对象问题，也就是说要有明确的建设对象实体。当然，对此对象实体的界定也与上述有关社区地域范围的理解息息相关。第一种观点认为：将社区建设的区域界定在街道办事处所辖范围比较适宜[2]。主要理由是：①街道办事处权威和能力满足。②街道办事处辖区面积范围适宜。③便于社区建设街道和居委会工作统筹安排。④使城市基层政权建设工作有了抓手和重点。第二种观点认为：将社区建设的区域定位在居民委员会所辖范围比较适宜[3]。主要理由：一是认为经过调整的居委会辖区面积一定程度上具备了社区的几个基本要素，因而适宜作为社区建设的操作对象。二是认为社区建设的宗旨是社区自治，社区建设就只能定位在居委会层面。第三种观点认为：应该把社区建设的区域确定在街道办事处之下居民委员会之上层次。其主要理由：一是因为从社会学角度来看，居委会和街道行政区域都不是社区。前者太小，缺乏必要的公共联系纽带；后者则太大，缺乏归属感和成员间的亲密关系。二是因为社区建设是一项系统工程，只有在较大的区域内才能完成的事业；但若扩大到街道办事处层次，则有可能把社区建设变成完全的政府行为，有可能降

---

[1] 孙桂华：《社区建设》，中国劳动出版社2006年版，第40—41页。

[2] 李秀琴、王金华：《当代中国基层政权建设》，中国社会出版社1995年版，第265—266页。

[3] 《实践与思考——中国基层政权建设研究会1992年年会论文集》，万国学术出版社1993年版，第4页。

低居民群众的参与积极性，导致政府包办代替而又包不起来的现象。[①] 第四种观点认为：社区建设是有不同层次的，从地域范围来看，有大、中、小型和微型社区建设之分。其中，大型社区建设相当于地方行政系统中的省、自治区、直辖市一级。中型社区建设相当于地方行政系统中的省辖市、直辖市的区。小型社区建设指大城市的街道这一层次，它是城市社区建设的基础建设。微型社区建设指城市中的居委会所辖范围。城市社区建设的重点主要是中、小、微型社区（尤其是小型和微型基层社区）[②]。有学者认为社区域界厘定应遵循以下原则：一是要素齐全原则；二是功能完备原则；三是管理便捷原则。[③] 至于社区域界厘定的标准，从已有的研究和实践来看，集中在两个方面：一是地域空间的大小；二是区域人口数量与服务设施的配置。在地域空间距离方面，安德雷斯·杜安伊与伊丽莎白·普安特－兹伊贝克夫妇倡导"传统邻里社区开发"（TND）模式和彼得·卡尔罗普倡导"使用公交的邻里社区开发"（TOD）模式影响深远[④]。欧洲规划设计师克里尔提出了"十分钟步行区"的设想在一定程度上直接影响到当今社区实践[⑤]。唐忠新认为，要确定和选择社区建设的实体对象，必须使该对象实体同时具备以下四个主要特征：①具备社区的基本要素和基本含义。②具有明确的社区边界。③具有权威的社区组织和管理机构。④既便于组织、联系广大市民群众，又便于社区服务设施的合理配置和利用率的提高。在此基础上他认为中国城市社区建设的操作对象或对象实体只能是基层法定社区。并认为基层法定社区具有三层含义：第一，它具备社区基本要素和基本条件，是现实中的社区；第二，它是一种法定社区，往往是出于社会管理的需要而设置的社区，具有明确的社区边界和法定的社区组织管理机构；第三，它是一种基层社区，是基层政权组织和基层群众性自治组织辖区共同体。这样的基层法定社区，在我国城市现阶段

[①] 《实践与思考——中国基层政权建设研究会 1992 年年会论文集》，万国学术出版社 1993 年版，第 12—13 页。

[②] 同上书，第 43—44 页。

[③] 曹绪飞：《社区制基本问题再研究》，博士学位论文，上海大学，2007 年。

[④] 马光红、胡晓龙、师华：《新都市主义与房地产郊区化——以上海市为例》，《城市问题》2006 年第 8 期。

[⑤] 张俊芳：《中国城市社区的组织与管理》，东南大学出版社 2004 年版，第 25—28 页。

主要是指由区、街、居委会三个层次的辖区共同体所构成的社区体系。并认为居委会辖区共同体是社区建设的最基础的操作对象，是社区建设总体系中的"前沿阵地"。街道办事处辖区共同体是社区建设的关键性操作对象和操作层次。区政府辖区共同体作为社区建设操作对象之一，可以在全区范围内整合条块力量和人力、物力、财力资源，尤其能够在硬件建设方面克服街道社区的局限性，也与现行政治体制相吻合，并且符合现代城市经济、社会活动都比较集中的基本特点。① 很明显，唐忠新教授的这种理解是一种直观的、可操作的社区建设对象的理解，也切合当前阶段社区建设的实际，这一观点对学界影响深远。但笔者认为，随着社会发展和城市社区建设推进，当我们从"建设社区"阶段进入"社区建设"阶段以后，城市社区建设的对象实体的地域边界性可能会日益弱化，而对精神共同体塑造因素则日益增强。

四 社区建设与社区服务

由于我国城市社区建设是在社区服务基础上发展而来，同时，社区服务本身也是社区建设的重要内容，因此笔者这里有必要对社区服务作必要的说明。社区服务是社区建设的基础和前身，为社区建设奠定思想、组织、人员和设施等方面的基础。1985年崔乃夫部长提出社区与社区服务的概念，1987年民政部在武汉召开全国社区服务座谈会，集中讨论了社区服务问题，社区服务由此迅速在全国推开。1989年《居民委员会组织法》正式提出"居民委员会应该向居民提供社区服务"。按照崔乃夫部长1987年的理解，社区服务是在政府的倡导下，发动社区成员通过互助性的社会服务，就地解决本社区的社会问题②。张德江副部长认为，社区服务是指在社区内为人们的物质生活和精神生活提供的各种社会福利与社会服务③。1993年民政部等14部委《关于加快发展社区服务业的意见》中给社区服务下了定义：社区服务业是在改革开放中发展起来的新兴社会服务业，社区服务是在政府倡导下，为满足社会成员多种需求，以街道、镇

---

① 唐忠新：《中国城市社区建设概论》，天津人民出版社2000年版，第94—95页。
② 民政部政策法规司：《民政工作文件选编（1993）》，中国社会出版社1994年版，第143页。
③ 同上书，第21页。

和居委会的社区组织为依托，具有社会福利性的居民服务业。社区服务业由社区福利服务业、便民利民服务业和职工社会保险服务业组成，是社会保障体系和社会化服务体系中的一个重要行业。社区服务业具有福利性、群众性、服务性、区域性四大特点[①]。这个定义含义广泛，对社区服务性质、目标、组织体系、服务范围与内容，以及基本特征做了全面说明，成为官方权威定义。

对于社区服务的内涵，学界持有不同的观点。唐忠新认为，社区服务就是在政府的指导和扶植下，发动和组织社区成员，利用和开发社区资源，开展各种福利服务和便民生活服务，以不断满足社区成员的生活需求的过程[②]。有学者把学界对社区服务内涵的理解归纳为三个层次：首先，从最广泛的意义上看，"社区服务"常常被理解为以社区为基础的服务，即以一个社区为基础而设立的，为社区居民服务的所有社会服务机构和活动的总和，其内容包括面向社区居民的日常生活服务、卫生服务、教育、公共治安、就业服务及文化娱乐服务等；其次，在很多情况下，社区服务的概念只是指为社区居民提供的日常生活服务，包括福利性服务、半福利性服务和商业化服务。最后，在一些政府文件和学者的研究中，社区服务是指以社区为背景的福利性社会服务，即由政府机构、非营利机构和社区组织向居民提供的不以营利为目的的服务，以满足居民无法通过市场而获得的服务需要[③]。

其实，学界的主要分歧在于社区服务所包含的内容差异。唐忠新认为，社区服务主要就是社区开展福利服务和便民利民的生活服务的过程，主要内容是：①面向各类弱势人群和优抚对象的福利服务。包括：第一，为老年人提供的福利性服务；第二，为残疾人提供的福利性服务；第三，为优抚对象提供的福利性服务；第四，为少年儿童提供的服务；第五，为贫困者提供的福利性服务。②面向普通居民群众的便民利民日常生活服

---

① 民政部政策法规司：《民政工作文件选编（1993）》，中国社会出版社1994年版，第194页。
② 唐忠新：《城市社会整合与社区建设》，言实出版社2000年版，第88页。
③ 关信平：《我国城市社区建设与社区服务发展：成就与问题》，http://pl.cjn.cn:88/gd/article/20051110/20051110500766_1.html。

务。③面向社区辖区机关团体和企事业单位的"后勤"服务[①]。夏学銮从社区服务主体及其关系出发，认为应包括六个层次内容：①个人为社区服务。②人际相互服务。③社区和企业相互服务。④社区为居民服务。⑤政府为民政对象服务。⑥政府为社区服务。其中，个人为社区服务和人际相互服务是非正式的层次，主要依靠互助机制发挥作用；社区和企业相互服务与社区为居民服务是准正式的层次，主要依靠市场机制作为驱动力；政府为民政对象服务和政府为社区服务是正式层次，主要依靠福利机制来维持[②]。李秀琴等认为，社区服务包括特殊服务和一般服务。其主要内容可分为老年人服务、残疾人服务、优抚对象服务、少年儿童服务、特殊困难者服务、便民利民服务[③]。有学者认为社区服务从里到外可以分成三个部分：①核心部分（或重点内容）——福利性服务，它主要提供无偿服务。②中间部分（或一般内容）——行政事业性服务，它主要提供非营业性的低偿服务。③边缘部分（或辅助内容）——商业性服务，它主要提供营业性的有偿服务[④]。应该说，此种分类方法既切合社区服务的现实，在理论上也比较好地遵守了分类标准一致性的要求。

五　社区建设与社区发展

在西方学界与实践界，出现频率更高的是"社区发展"，而不是"社区建设"。美国社会学家弗兰克·法林顿在1915年出版的《社区发展：将小城镇建成更加适宜生活和经营的地方》首次提出"社区发展"的概念。"社区发展"概念的提出，改变了滕尼斯将社区视为传统乡村社会地域性共同体的观点，开始把社区视为现代社会的区域性共同体，这样就把社区的概念融入了现代社会的发展过程中，而不再是与现代社会相对立的传统社会的代表。

"社区发展"理论由法林顿提出之后，很快在美国、英国、法国传播开来，它们在城市基层开展"睦邻运动"和"社区福利中心运动"，

[①] 唐忠新：《城市社会整合与社区建设》，言实出版社2000年版，第101—104页。
[②] 夏学銮：《中国社区服务的内容体系、运行机制和其他》，《社会工作》1998年第1期。
[③] 李秀琴、王金华：《当代中国基层政权建设》，中国社会出版社1995年版，第289—292页。
[④] 唐钧：《关于城市社区服务的理论思考》，《中国社会科学》1992年第4期。

试图借此促进社区成员之间的沟通与融合，培养社区成员的自治精神和互助精神，改善社区的生活条件，推动社区的发展。西方城市社区发展经历了18世纪至19世纪中后期的社区救助以及20世纪的社区组织和社区发展两个时期，而真正意义上的城市社区发展则应是在20世纪80年代后。因为到20世纪后期，西方社区建设的重点就放在了居民自强自立精神的培育方面，放在促进社区的全面进步和发展上来，更加关注社区情感、凝聚力和责任感的培养，着重整合社区居民组织以及人际关系，力图在城市恢复或重建那种守望相助、睦邻友好的和谐的社区生活，力图通过社区的共同行动、共同参与来治理共同的社会问题。有学者认为西方社区发展主要经历了如下几个阶段：①1870—1917年是慈善组织时期。在这个时期里，各慈善组织与救济机构相互协调，以都市的邻里为服务对象，通过合作解决社区问题。②1917—1935年是社区基金会、社区委员会和联合会时期。这个时期社区工作的基本职能开始由民间团体转向政府部门，由政府专业人员与志愿团体和个人共同开展社区服务工作。③1935—1955年是社会福利时期。在这个时期，各级政府部门在社区工作中占据了主导地位，开展以公共福利为主要特色的社区服务。④1955年以后是社区发展时期[①]。

从西方总体来看，社区发展的产生有三大动力：一是西方社会随着社会生产力的发展，引起社会结构的变革，导致一系列社会问题和"城市病"的出现，力图通过社区发展来解决社会转型过程中的不适。二是20世纪中叶，战后部分贫困国家或地区为了解决贫困和社会秩序问题而提倡社区发展运动。三是联合国的大力推动。面对战后局部地区贫困与混乱，联合国成立伊始便开始鼓励各国推进以社区为单位的社会发展计划。从1951年开始，联合国相继通过了"社区福利中心计划"和"社区发展计划"等议案，支持和援助发展中国家开展以乡村社区为单位的社区发展运动。1952年联合国成立了"社区组织与社区发展小组"（1954年改为联合国社会局社会发展组），具体负责推动全球特别是欠发达地区的社区发展运动。1955年联合国通过了《通过社区发展促进社会进步》的报告，

[①] 罗萍：《社区导论》，武汉大学出版社1995年版，第127—128页。

提出社区发展的 10 项基本原则①。1959 年，联合国在英国举办了"欧洲社区发展与都市社会福利"研讨会，社区发展运动开始向发达国家扩展，依托和着眼于通过社区发展来促进社会进步。1961 年，联合国秘书长作了以《都市地区社区发展报告》为题的报告。在联合国有关组织的倡导和推动下，社区发展已经逐渐由农村扩展到城市，由发展中国家扩展到发达国家，重视城乡社区发展已成为全球性的潮流。

至于如何理解"社区发展"内涵，邓纳姆曾把社区发展看成是改善社区生活状况、增进社区整合能力和自我定向能力的有组织的努力。遗憾的是该定义回避了社区发展中如何界定政府与社区之间的关系的重要问题。1960 年联合国出版的《社区发展和经济发展》提出了社区发展的操作性定义：社区发展是指依靠人民自己的努力和政府当局的努力，改善社区的经济、社会和文化状况，并把这些社区整合进国家生活，使其全力以赴地对全国进步作出贡献的过程。同时阐述了社区发展的双边性、综合性、首创性和自愿性等特点。"双边性"即社区发展是由政府和地方人民共同从事的"双边项目"，双方对此都应作出贡献；"综合性"即社区发展的目标和方法具有综合性的特点；"首创性"即地方人民不仅应该做到积极参与，而且他们应该被鼓励尽可能地发挥首创精神；"自愿性"即社区发展是一种基本上自由选择而非强迫认同的过程②。我国有学者曾将西方定义的社区发展模式归纳为四种主要观点：①把社区发展视为一场社会运动。社区发展是由某些人发起的，主要通过宣传、激励等情感手段动员社区成员积极参与到这项运动中去，从而促进社区的发展或进步。②把社

---

① 10 项基本原则是：（1）各项活动必须符合社区的基本需要，并根据人民的愿望制定首要的工作方案。（2）全面的社区发展必须建立多目标的计划，并组织各方面、各部门联合行动。（3）在推行社区发展的初期，改变居民的态度和物质建设同样重要。（4）社区发展的目的在于促进人民热心参与社区工作，从而改变地方行政机构的功能。（5）选拔、鼓励和训练社区领袖人才是社区发展计划中的主要工作。（6）社区发展工作应特别重视妇女和青年的参与，以扩大参与的基础并获取社区的长期发展。（7）社区自助计划的有效实现有赖于政府积极而广泛的协助。（8）制订全国性的社区发展计划必须有完整的政策，包括行政机构的建立、工作人员的选拔与训练、地方与国家资源的研究、开发，社区发展的实验与考核机构的设立等都应逐步配套进行。（9）在社区发展中应充分利用地方的、全国的和国际的民间自助资源。（10）地方性的社会、经济进步必须与全国性的发展计划相互结合、协调实施。

② 夏学銮：《社区发展的理念探讨》，《北京行政学院学报》2001 年第 4 期。

区发展视为一种方法。把社区发展看成是达到某种目的和获得某些利益的手段或方法，该观点容易割裂社区发展的整体性。③把社区发展视为一种方案或计划。社区发展是由一套程序和一系列活动内容组合成的工作方案或计划，其构想是通过实施某些具体项目，奠定社区发展的基础。④把社区发展视为一种过程。社区发展是调整社区关系、解决社区问题的一种过程，其核心是推进或实现包括决策转变、合作转变、参与转变和资源转变等在内的一系列社会转变。① 由于社区发展的阶段性和地域性，人们往往会根据社区自身情况及其宏观社会背景去理解社区发展的内涵并付诸实践。我国民政部曾总结认为"社区发展，是指居民、政府和有关的社会组织整合社区资源、发现和解决社区问题、改善社区环境、提高社区生活质量的过程，是塑造居民社区归属感（社区认同感）和共同体意识、加强社区参与、培育互助与自治精神的过程，是增强社区成员凝聚力、确定新型和谐人际关系的过程，也是推动社会全面进步的过程"②。这个界定似乎与"社区建设"毫无区别，也就是在应然层面，我国的社区建设与西方的社区发展相差无几。

"社区发展"与"社区建设"有着紧密的关系，既有共性又有区别。有学者将其共性总结为四个方面：一是两者的含义具有一定的相近性，都主张通过社区各种主体努力解决社区问题；二是两者都是全方位的社区系统工程，包含着某些大致相同的内容。如社区制度和组织建设、社区教育和文化建设、社会保障和福利服务以及社区领袖人物的培训等；三是基本原则具有一定的重合性，如民主自治原则、大众参与原则等；四是目标大致相同，都旨在改善社区物质文化生活条件等③。另外，我国社区建设的理论和方法，在很大程度上与社区发展相类似。甚至有些学者认为，我国的社区建设与国际通行的社区发展之间没有实质性的区别④。但笔者认为，社区建设这一"中国特色"概念与其他国家采用的社区发展（com-

---

① 孙桂华：《社区建设》，中国劳动社会保障出版社2006年版，第27—32页。
② 民政部基层政权和社区建设司：《中国社区建设年鉴2003》，中国社会出版社2003年版，第135页。
③ 董欢：《和谐社会视野中的我国城市社区建设研究》，博士学位论文，中共中央党校，2009年。
④ 夏学銮：《社区发展的理念探讨》，《北京行政学院学报》2001年第4期。

munity development）有着一定不同，特别是在现实实践层面，二者差异更为明显。有学者将这种差异归纳为四个方面：第一，两者产生的时间不同。国外社区发展产生的时间要早于我国城市社区建设。第二，两者产生的社会背景不同。西方国家现在已经实现了现代化，所要解决的问题是高度市场化和城市化所带来的种种弊端，而我国社会目前正处于工业化过程中，面临的问题有自己的特殊性。第三，两者的社会制度基础不同。我国实行社会主义制度，与西方国家的社区发展有着质的区别。第四，两者的路径选择不同。社区发展重在社区居民积极主动地参与，我国则坚持党政领导和政府的主导地位；国外社区发展是一个自下而上的过程，而我国城市社区建设则是一个自上而下、自下而上的相互推动过程。[1] 有学者认为两个概念之间实质性的区别在于：我国党和政府倾向于把社区建设当作一个巩固政治稳定、维护社会安全的工具或途径，而联合国社区发展是把社区发展作为推动人的发展和成长、居民的社会参与和互助合作意识的增强，以及提高社会民主化程度的一个环节[2]。还有学者认为二者的根本区别在于：社区发展意味着社区已经存在但需要进一步的发展，而社区建设则意味着社区尚不存在，因而需要建设，社区建设的本质是在追求一种新的社区理想，是对社会生活的建构[3]。笔者认为二者最为突出的差别就是我国社区建设的"构建社区"意味浓厚，即"通过政府主导下的努力而在基层社会中建立起以地域为单位的居民自治组织"[4]。在建设路径上，我国社区建设更强调社区规划、强调社区结构的建构，而社区发展则更偏重于社区要素的强化和社区运行机制的改进；在实践操作层面上，我国社区建设具备更为有利的官方组织系统和组织保障，而社会发展更加依赖社会组织系统和力量。

---

[1] 董欢：《和谐社会视野中的我国城市社区建设研究》，博士学位论文，中共中央党校，2009年。

[2] 范明林、匡碧波：《略论社区建设中社区自治组织建设和社会工作——兼议社区建设和社区发展之异同》，《江西师范大学学报》（哲学社会科学版）2004年第2期。

[3] 周业勤：《互动论视角下的我国当代城市社区建设》，博士学位论文，上海大学，2008年。

[4] 关信平：《我国城市社区建设与社区服务发展：成就与问题》，http://pl.cjn.cn:88/gd/article/20051110/20051110500766_1.html。

第二章 历史回顾:新中国成立以来我国城市社区建设的历程与脉络

第一节 我国城市社区建设的背景

我国城市社区建设的开展,既是我国国家和人民积极主动、有意识的理性建设的结果,也是在各个不同历史时期面临着国际和国内形势变化和需求、我国政府和人民"反应式"行为的必然产物;既体现着人类社会发展趋势及要求的普遍性与一般性的共性特征,更蕴含着中国所传承的独特传统和独特的国情需要。总而言之,我国城市社区建设是在国际与国内、宏观与微观的双重背景下而展开的。

一 我国城市社区建设的宏观背景

1. 城市化

城市的出现不仅仅意味着人类社会在空间聚居形式方面的改变和飞跃,更重要的是意味着人类文明程度的进一步发展。在当前西方现代化的话语谱系里面,城市化成为现代化的基本要素,城市文明代表着人类的先进文明与发展方向。从根本上来说,城市是指大量异质性居民聚居、以非农业职业为主、具有综合功能的社会共同体[1]。

在某种程度和意义上,城市化水平代表着一个国家和社会的现代化程度和文明程度[2],中国似乎也无法逃脱这一全球性的普遍化规律要求。尽

---

[1] 《中国大百科全书·社会学卷》(第二版),中国大百科全书出版社2009年版。

[2] 当然,笔者并非将现代化和现代文明与城市化画等号,而且理论界对其间的关系也不乏质疑的声音,质疑的主要实质理由是将城市化过程出现的诸多问题与城市化等同,或者认为二者是相互依存的关系。但笔者认为城市化问题和城市化是两个不同的概念,不能因为城市出现问题,而否定城市化,就是因为城市化出现问题,才有了今天的城市社区建设,关键在于人类去解决问题。城市化和现代化还是有着紧密联系的。

管我国城市化水平曾经一度大大落后于发达国家,甚至发展中国家水平,但近十几年以惊人、非常规的速度推进。"新中国成立60年,我国城市化水平大幅度提高,城市个数由新中国成立前的132个增加到2008年的655个,城市化水平由1949年的7.3%提高到2008年的45.68%。"[1] 为了更清晰地反映我国城市化发展速度,笔者根据2009年中国城市社区统计年鉴提供的数据整理如下内容(见表2-1)。

表 2-1　　　　　　　我国城市数量发展状况

内容 年份	城市数量 个数	城市数量 增长率(%)	城市市区人口 人口数(万)	城市市区人口 增长率(%)	全国总人口(万)	城市化率 城市化率(%)[2]	城市化率 增长率(%)
1949	132	—	3949	—	56146	7.3	—
1957	176	33.3	7077.3	79.2	64929	10.9	3.3
1961	208	18.2	10132.5	43.2	65795	15.4	4.5
1965	168	-20.0	8857.6	-12.6	72538	12.2	-3.2
1978	194	15.5	17245[3]	94.7	96259	17.9	31.9
1991	480	147.4	31203	80.9	115823	26.9	9
2008	655	36.7	60700	90.3	132802	45.7	19

从表2-1可以清晰看出新中国成立以来我国城市数量增长的基本趋势,除了在1965年前后因特殊的政治和社会原因导致中国出现"逆城市化"现象以外,城市化率一直处于上升趋势,特别是改革开放之后,中国的城市化率以极高的速度增长。

从城市的规模(主要从人口规模来判断)来看,到2008年,市区人

---

[1] 国家统计局城市社会经济调查司:《2009年中国城市统计年鉴》,中国统计出版社2010年版,第10页。

[2] 目前通行的计算城市化率是按照城市人口占全国人口的比例来衡量的。很显然,这虽然是一种很直观、易操作的方法,但其表征的城市化缺乏内涵,无法反映一个国家城市化真正的程度和水平。但限于目前构建城市化指标体系的困难,笔者在此暂时采用此方法。

[3] 这里指在城镇居住时间超过半年的人口。

口在 100 万以上的城市达到 122 个，占 18.6%；50 万—100 万人口城市达到 118 个，占 18%；50 万以下人口城市达到 415 个，占 63.4%。笔者根据 2009 年中国城市社区统计年鉴整理如下内容（见表 2-2）

表 2-2　　　　　　　　　　城市人口规模状况

年份 人口量	1949 数量	1978 数量	增长率（%）	2008 数量	增长率（%）
城市合计	132	193	46.2	655	239.4
200 万人以上	3	10	233.3	41	310.0
100 万—200 万人	7	19	171.4	81	326.3
50 万—100 万人	6	35	483.3	118	237.1
20 万人以下	84	49	-41.7	264	438.8

从表 2-2 可以看出，在城市人口规模（城市规模）上，除了 1978 年比 1949 年的人口在 20 万以下的城市减少近一半以外，其他人口规模的城市都以极高的速度增长，特别是从 1978 年到 2008 年的 30 年间，各人口规模的城市均呈 2 倍以上的速度增长。

由于人口和资源向城市的集中，城市必将成为社会的焦点，"党和国家的工作重心将转入到城市工作中来"表述的不仅仅是在革命时期革命重心或阶段转换的结果，其背后潜藏着深层次的本质性规律要求。因为人口和资源（包括物质的和非物质的）的聚集是城市最为基本特征，就是因为其人口和资源的聚集，在彰显城市文明和繁荣的同时，其产生的各种问题也具有聚集性和爆发性，城市问题成为人类和社会的焦点，也将城市推到引人注目的高度，城市社区建设也纳入实践的重要议题之列。城市社区建设在某种意义上是城市化的必然需求，也是城市化的必然结果。

2. 社会转型

何谓"社会转型"？陆学艺等对社会转型依次递进地给出了三级规定：①指中国社会从传统社会向现代社会、从农业社会向工业社会、从封闭型社会向开放型社会的社会变迁和发展，这是事实性规定。②在传统与现代（性）的张力作用下实现的社会变迁和发展，这是实质性规定。③从中国的传统社会结构向现代社会结构的转换，是在社会形态层次之下的社会生活具体结构形式和发展形式的转变,这是结构性、层次性的规定①。就笔者的理解,社会转型在宏观层面的本质上是社会发展的过程,只要有发展的存在,将会不同程度地或早或迟地引起社会转型。

除去新中国成立前到新中国成立间"革命"式基本社会制度的社会转型之外,就是新中国成立后,我国的社会结构也发生了波澜壮阔的转型。特别是改革开放以来,我国社会转型的速度大大加快,20多年的发展在许多方面远远超过了以前140年的总和,社会转型的广度和深度均是前所未有的,社会转型的难度也是史无前例的,而且每一次转型都涉及利益关系的调控,社会转型的向度非常明确,即确立建设有中国特色社会主义现代化的正确道路②。陆学艺将中国社会转型特征概括为:结构转型与体制转轨同步进行,政府与市场双重启动;城市的扩展辐射与农村自身城市化的双向运动;转型过程中的非平衡性等③。孙立平曾将中国当下的社会结构特征归结为"断裂的社会"④,这一用语突出地反映了中国当前社会转型过程中所呈现的社会秩序与社会管理的困难。在社会转型中,城市社会的转型是整个社会转型的重要组成部分,占据着重要地位。学者唐忠新将我国城市社会转型归结为10个方面:一是从高度集权的计划经济体制向社会主义市场经济机制转变;二是从单一公有制向以公有制为主体,多种所有制经济共同发展的经济结构转变;三是正在完成工业化的历史任务;四是正在从自然半自然经济向高度发达的商品经济转变;五是从乡村型社会向城镇型社会转变;六是从封闭半封闭社会向开放型社会转变;七是从"礼俗社会"向民主、法治国家转变;八是从科技教育文化落后国家向科技教育文化发达国家转变;九是从年轻型人口结构向老龄化社会转变;十是从广大居民群众的生活方式正在从温饱型向小康型转变,并朝着富裕型发展⑤。转型,就意味着交替与变革,当旧的社会体制与机制无法

---

① 陆学艺、景天魁等:《转型中的中国社会》,黑龙江人民出版社1994年版,第23页。

② 华兰英:《我国当代社会转型的内容和特征综述》,《理论与现代化》1998年第1期。

③ 陆学艺、景天魁等:《转型中的中国社会》,黑龙江人民出版社1994年版,第23、44—53页。

④ 孙立平:《转型与断裂:改革以来中国社会结构的变迁》,清华大学出版社2004年版,第115页。

⑤ 唐忠新:《社区建设:中国城市社会转型的必然选择》,《北京社会科学》1999年第1期。

满足社会转型要求，新的体制机制还没有形成或成熟的时候，社会调控与社会秩序形成显得尤为重要，这个过程和阶段往往是社会最容易出现混乱和无序的时期，社会秩序往往显得比较脆弱。从20世纪80年代开始，伴随着整个社会的转型，我国城市社会结构也发生巨大变革，首先直接导致了城市社会人口结构的急剧变化，突出表现在城市下岗、失业人员增多、人口老龄化趋势明显、单位体制外人员和流动人口不断增多、城市贫困人群出现等问题，这对城市的管理和秩序稳定的挑战是可想而知的。其次，城市社会结构的转型给我国传统的城市管理体制和机制带来严峻挑战。由于单位体制的解体[①]、社会需求变化等多种原因，导致我国城市社会管理体制面临巨大压力和挑战。政府的"缺位"、"越位"、"错位"现象时有发生，又因多方面原因，就是在城市社会管理捉襟见肘的同时，城市社会管理体制的改革却步履维艰。社会的转型可能、甚至必然带来无序、失范，甚至混乱，必然影响和制约着整个社会的发展。如何在消除转型所带来的失范与无序的同时保持社会活力，成为迫切需要解决的现实问题。就是在这种强大的社会转型带来的城市问题的现实压力下，20世纪90年代在中国大城市兴起的城市社区建设作为适应中国体制转轨和社会转型的"对策性之作"，不仅跃入人们的视野，而且成为国家决策的重要内容。

3. 人类文明水平提高与人们需求增长

尽管我们不赞同为了研究的需要，将社会发展做从传统到现代的简单化、直线化的解剖与分析，但从社会发展的总体上来看，人类社会的脚步总是向前的，人类的文明化程度将日益提高，偶然的、局部的倒退与落后，无法改变人类历史发展长河的总的趋势。实际上人类的发展史本身就是一个逐步脱离愚昧与野蛮，日益靠近理性与文明的过程。尽管对文明的理解有着历史时代性和空间地域性的差别，但其基本的理念与价值是不变的。其中，人类文明水平提高蕴含着一个规定性因素：人们物质和精神需求的增长，或者说人类文明水平提高的一个重要表现在于人们需求的提高，伴随着人类文明水平提高，人们各类需求必然增长。遗憾的是不仅人类文明程度提高面临着各种挑战与困难，而且社会发展本身的"异化"现象也将人类文明程度提高卷入其中，消解或异化着人类文明成果。但对文明的憧

---

① 单位体制解体是学界的一种通常理解，对此问题的看法笔者将在下文讨论。

憬一直是人类终极目标，人类一直为之努力奋斗，并一步步地靠近；从个体而言，个人的需求也是随着社会发展和人类文明水平而不断提高，著名的心理学家马斯洛提出了人的需求层次理论。其实，不仅人的需求是有层次的，更为重要的是这种层次与人类文明水平和社会发展水平是相一致的，社会发展水平和人类文明水平越高，其需求层次就越高，需求就更为复杂。

人是社区中的人，人们需求重要的一部分就是对社区公共服务的需求，人们需求的提高对社区公共服务的水平提出严峻挑战，进而对社区管理带来相当影响。总而言之，人类文明水平的提高和人们需求的增长，将不断地改变着城市社区的管理与服务的内容与模式。难能可贵的是笔者导师陈伟东教授在实证的基础上，根据马斯洛的个人需求层次理论，将之与个人在社区中的需求紧密结合起来，将个人在社区中的需求具体化，绘制了一个在具体微观社区中的个人对社区公共服务需求的层次逐步提高的表格，参见表2-3[①]。

表2-3　　　　　　　　　个人对公共服务需求情况

需求层次		社区需求	社区公共产品	社区公共问题
低层次	生存需要	设施完善，交通便利，环境优美，生活便利	市政设施和居住设施，生活服务设施，垃圾处理，绿化，邻里网络	水、电、气问题，污水、道路坑洼，缺乏公交，无便民超市，参与率低
	安全需要	保护生命和财产安全	警察、消防，医疗保健，社会保障，关照与救助，邻里网络	安全设施少，存在不安全因素，缺少医疗保障、社会保障、社区救助网络，社区参与率低
中间层次	交往需要	保持良好人际关系，获取其他居民的信任，对社区的归属	邻里交往网络，交往空间，如市民学校、老年大学、社区活动中心、文化广场	邻里排斥、邻里淡薄、邻里纠纷、民间调解不力，缺少交往空间，参与率低

---

① 陈伟东：《社区自治：自组织网络与制度设置》，中国社会科学出版社2004年版，第143—144页。

续表

需求层次		社区需求	社区公共产品	社区公共问题
高层次	尊重需要	相互关心和尊重对方权利,社区责任感,自我约束	共同体意识,社区内生的规范,民主、平等、包容的社区氛围,志愿者行动及认可	家庭暴力,成员之间信任度低,社区管理权集中,缺乏志愿者和志愿者行动
	实现自我需要	体现热情、人格魅力、公益精神、组织能力获得社会声望	分权与民主协商、提供居民展示个人特长、人格魅力、公益精神、组织能力的机会和舞台,社区领袖及认可	社区管理权集中,参与机制缺损,缺乏展现个性的机会,无社区领袖或得不到认可

从表 2-3 可以看出,个人需求提高首先最直接地反映在对社区公共产品的需求上,这也是 1986 年我国政府最早提出进行社区服务的重要原因,即以通过福利性、公益性、互助性、群众性的社区服务开展来满足居民日益增长的物质和精神的需求。当社区服务进行一段时间之后,发现社区服务的概念已经无法涵盖其行动内容的时候,或者是单纯依靠社区服务已经无法解决城市社区问题的时候,社区建设作为满足人们生活需求,提高人类文明程度的重要路径最终在理论和实践界成为现实。

4. 联合国社区发展运动

进入 20 世纪以来,全球国际化趋势已远远超出了经济领域,人类面临的共同的社会问题,不仅使某一国家或区域性的社会问题成为全球关注的焦点,而且促使全球力量携起手来共同应对人类面临的挑战。特别是在"二战"以后,面对战后各国贫困与治理困难,联合国开始鼓励各国推进以社区为单位的社会发展计划,并先后相继通过了"社区福利中心计划"和"社区发展计划"等议案,支持和援助的对象从发展中国家的乡村社区,发展到发达国家的城市社区,试图通过社区发展来应对工业化和城市化过程中出现的一系列社会问题。1952 年联合国成立"社区组织与社区发展小组"(1954 年改为联合国社会局社会发展组),具体负责推动全球特别是欠发达地区的乡村社区发展运动。1955 年联合国通过了《通过社区发展促进社会进步》的报告,提出社区发展的 10 项基本原则。1959

年，联合国在英国举办了"欧洲社区发展与都市社会福利"研讨会，会后社区发展运动开始向发达国家扩展，依托和着眼于通过社区发展来促进社会进步。1961年，联合国秘书长作了以《都市地区社区发展报告》为题的报告，人们对社区发展的意义和作用的认识也日趋深化。全球范围内的很多国家，包括联合国对社区建设的关注，既反映了社区建设是当代经济社会发展的必然要求和普遍规律，也为各国社区建设提供了国际交流与合作的平台，有利于社区建设经验的积累和推广，必将推动社区建设在全球范围内开展。作为世界的一分子，最大的发展中国家，我国兴起的社区服务和社区建设无疑也受到了国际环境的影响和联合国努力的触动，我国学者曾言，我国社区建设是从我国国情出发，在借鉴国际经验的基础上展开的[1]。联合国的社区发展运动在理论和实践上都为我国城市社区建设提供了理论与实践经验的借鉴，进而推动了我国城市社区建设。

二 我国城市社区建设的微观背景

1. "单位制"解体

"单位制"是我国特殊的历史阶段形成的、是深具中国特色的一个历史现象与制度。单位制的出现，一方面源于根据地时期形成的对"党的革命队伍"特殊管理体制[2]的经验惯性；另一方面在于应对新中国成立后面临的政治解体与社会解体相结合的"总体性危机"的现实压力，当然进入共产主义的美好理想也是其产生的重要原因。新中国成立以后我国政府尽最大力量对城市社会进行最大限度的"单位化"，单位成为集政治动员、经济发展、社会控制于一体的全能性组织，成为国家实施城市社会控制和资源分配的制度单元[3]，在中国城市社会形成了独特的"单位中国"[4]局面。不论是在历史实践还是在当前理论研讨中，"单位制"都是一个有着丰富内涵、很强解释力的关键性概念，甚至成为解释中国问题的"金

---

[1] 李宝库：《关于社区建设的几个问题》，载于《城市街居通讯》1999年第12期。
[2] 华伟：《单位制向社区制的回归——中国城市基层管理体制50年变迁》，《战略与管理》2000年第1期。
[3] 李路路：《单位研究》，《社会学研究》2002年第5期。
[4] 刘建军：《单位中国：社会调控体系重构中的个人、组织与国家》，天津人民出版社2000年版，第46页。

钥匙"①。路风认为，人们把自己所就业于其中的社会组织和机构——工厂、商店、学校、医院、研究所、文化团体、党政机关等——统称为"单位"。单位是我国政治、经济和社会体制的基础，是国家对社会进行直接行政管理的组织手段和基本环节。从社会组织的角度出发，可以将整个社会的运转不得不依靠单位组织形式的结构定义为"单位体制"，一切微观社会组织都是单位，控制和调节整个社会运转的中枢系统由与党的组织系统密切结合的行政组织构成②。李汉林认为，"单位体制"主要是指社会各个阶层人们的社会行为通过组织功能多元化的特殊社会方式逐一整合到一个个具体的社会组织即"单位"之中，逐步实现人们社会行为以单位组织为基本单元的社会现象③。孙立平认为社会成员被纳入各种组织即单位之中，单位按照职能将人们组织在一起，普遍按照行政组织模式构建，处于社会中心位置，社会运转表现为各单位的运行④。杨晓民、周翼虎认为单位制是为了管理共有体制内人员而设立的组织形式，从组织学角度看，单位是国家管理公有体制内人员的组织形式，它的组织元素以公职人员（拥有公职，享受社会主义福利承诺，包括干部与工人伪主体）按照一定的宏观结构，形成国家权力均衡机制的基本细胞。从经济学角度看，单位一直是控制国家经济命脉，保障和容纳文化与物质生产力的重要实体。从社会学角度看，单位是标志城乡区别的社会集团，是城市生活的核心，它决定了人们的职业、身份、消费能力、价值观念、人生经历、行为方式乃至社会地位的高低⑤。唐忠新在社会管理的层面上认为，单位体制是通过单位来全面动员和控制社会成员，实施社会整合的一种特殊机制。基本含义包括：①单位是我国城市居民的基本组织形式。②单位体制是行政组织体制的延伸。③单位体制是功能多元化的组织体制。④单位体制是封闭式的组织体制。⑤单位体制是以行政手段为主导的纵向超强整合体制。其整合功能主要通过以下手段进行：①通

---

① 当然，笔者的意思并非是说用单位制是可以解释中国改革过程的所有问题的"万能钥匙"，而是说很多问题都能或多或少地与单位制有关。作为一种分析问题视角，单位制的解释力不容忽视。
② 路风：《单位：一种特殊的社会组织形式》，《中国社会科学》1989 年第 1 期。
③ 李汉林：《中国单位现象与城市社区的整合机制》，《社会学研究》1998 年第 5 期。
④ 孙立平：《改革以来中国社会结构的变迁》，《中国社会科学》1994 年第 2 期。
⑤ 杨晓民、周翼虎：《中国单位制度》，中国经济出版社 1999 年版。

过行政配置就业制度发挥整合作用。②通过单位行政化、政治化发挥思想政治动员和政治整合作用。③通过单位保障和单位福利控制和整合广大干部、工人及其家属。④通过单位隶属关系发挥宏观整合作用。[1] "单位制"对中国社会的影响是巨大而深远的，就宏观整个社会而言，形成了"总体性社会"[2] 和"制度性依附"[3] 结构，就微观社会个体或组织而言，形成了"依赖性人格"[4]。在城市的基层社区，形成了以单位制、户籍制、"街居制"为主体的治理结构。其中，"单位制"是一条强主线，而户籍制与"街居制"是两条弱主线[5]。

但改革开放以来，从计划经济体制走向社会主义市场经济体制的转轨过程中，"单位社会"受到一波比一波更强烈的冲击与震撼：第一波是单位体制外组织的萌生；第二波是单位成员向体制外流失；第三波是单位职能向社区的转移；第四波是单位自身大量破产、改制。尽管出现中国社会结构变化的双重奏：传统体制内的制度化规则变化强化了人对单位的依附，传统体制外的变革则不断冲击着单位制在全社会的垄断和优势地位[6]，但随着单位外市场空间的形成以及单位自身向市场主体的转化，单位制逐渐被打破，单位管理模式趋于失效[7]。"单位制"的解体，并非说中国改革开放以后社会当中的各种各样单位消失了（当然，改革过程中一些单位因破产、重组、兼并等原因而消失），现代企业制度恰恰需要的就是单位的管理和经营模式，但现代企业制度所需要的单位和我们历史上的"单位制"含义相去甚远。我们所言的"单位制"解体主要是指在计划经济条件下单位所具有的对其成员的控制、动员、管理的功能开始松懈，单位与国家间的依附关系逐渐减弱，单位所具有对其成员的服务职能开始外溢到社会……从而引起整个社会的资源配置方式、社会管理体制等

---

[1] 唐忠新：《中国城市社区建设概论》，天津人民出版社2000年版，第105—111页。
[2] 孙立平：《社区、社会资本与社区发育》，《学海》2001年第4期。
[3] 华尔德：《共产党社会的新传统主义》，龚小夏译，香港牛津大学出版社1996年版，第14页。
[4] 薛文同：《社会资本的转换与社区建设的互动：中国经验》，博士学位论文，复旦大学，2009年。
[5] 孙立平：《我们在面对一个断裂的社会》，《战略与管理》2002年第2期。
[6] 李路路：《当代中国现代化进程中的社会结构及其变革》，浙江人民出版社1992年版。
[7] 夏建中：《城市社区基层社会管理组织的变革及其主要原因——建造新的城市社会管理和控制的模式》，《江苏社会科学》2002年第1期。

一系列问题发生巨大变化。"单位制"的状态下，单位与社区的关系也经历了单位对社区的蚕食——社区单位化——单位社区化——单位社会萎缩的历程[①]。对于社区建设而言紧密相关的有三点：一是"单位办社会"现象。单位不仅是生产经营营利单位，更是一个基本的社会保障单位与体制，承担着其成员从出生到老的社会服务。二是"单位控制与传输"。"单位制"体制下，单位对其成员具有的特殊的控制与动员功能，单位作为社会的细胞，能有效发挥其控制和动员功能，既实现了对社会秩序的整合，更为重要的是实现了国家意志，包括意识形态向下、向居民个体的传输，并且单位的这一传输途径格外重要，也十分有效。三是"单位共同体"意识。由于单位掌握着大部分经济、政治和社会资源，可以说成员的生活水平提高、个人的升迁都必须依赖单位。形成单位成员对单位的"依附"，久而久之成员对单位产生"依恋"情感，这种"依恋"情感虽然可能是因经济恩惠而产生，但其影响往往会超出经济恩惠的范畴，导致成员对单位的认同，极大促进共同体意识的形成。这种共同体意识是将"原子化"、"马铃薯"式的个人组织起来的重要因素。而这三个方面的问题在"单位制"解体过程中都发生了翻天覆地的变化：单位承担的社会服务功能开始推向了社会；单位除了主要组织生产外，对其成员生产领域外的管理、控制和动员能力急剧下降；单位认同消失，单位共同体意识难以建立。这些问题的出现，必须要求一个新的实体来承接解体后的社会服务、社会管理与整合、社会组织化的功能，必须要求一个新的社会管理体制来理顺各种社会关系。于是，社区作为承接单位功能的角色登上历史舞台，建立新城市社区管理体制也摆上日程[②]。

2. 人口流动

市场经济体制一个重要的特质就是其流动性，我国进入社会主要市场经济阶段以后，其经济领域和市场的流动性，也带动了整个社会领域的流动，这种流动性是社会保持活力的重要基础。而且这种流动性不仅

[①] 华伟：《单位制向社区制的回归——中国城市基层管理体制50年变迁》，《战略与管理》2000年第1期。

[②] 笔者并非赞同将社区看作单位功能的承接者，二者有着深刻差别，但从我国实践来看，这一"功利性"的实践目的的确是社区建设发生的重要原因，从而也引发了社区建设的诸多问题。对此问题笔者在后文有深入分析。

体现在物质资源的流动性，更是人力资源的流动性。但同时，这种流动性对社会结构和社会发展带来了重大影响，特别是对我国这样一个在相当长历史时期处在城乡二元结构的社会而言，人口的流动现状与趋势不仅具有中国的特殊性，而且其流动的意义已经超越了一般经济意义上的人力资源流动和配置，其背负了相当大的政治意义和社会意义，也就是说人口的流动不是一般性的关系着企业人力资源的利用，在中国，更关系着我国社会秩序的稳定、社会民生服务与社会主义可持续的发展。当前我国人口流动主要发生在以下几个领域：一是农村人口向城市流入。如前所述，城市化是人类文明前进过程中的一个必然现象，人口聚集城市是所有国家在现代化过程中多会出现的必然现象，但对于长期处于城乡二元结构下的农业大国而言，这种人口流动更易引起社会波动和社会问题。一方面，我国农村人口基数大，城镇化程度低，意味着在现代化、城镇化的过程中，其流入城市的人口规模是空前的，对城镇带来的压力是其他国家所没有的；另一方面，我国存在的城乡二元结构不是因为社会分工和自然因素而形成，而是"制度化"的结果，渗透着强烈的政治意义和社会意义，肩负着强大的社会功能和政治功能①，并且这种二元结构很长时间处于加强、固化状态，尽管其内部或外部萌发或产生着冲破该结构的因子，但在很长时期总体上都被压制或控制。但这种二元结构最终无力阻挡现代化的洪流，二元结构的分割与僵化，引起了社会的不公，也阻碍经济的可持续发展。由于我们瓦解的城乡二元结构具有强烈的政治意义和社会意义，所以其瓦解也带来相当的政治和社会冲击，引发的问题不仅仅是经济问题了，还关乎着社会的稳定。因此，当前"农民工"、"民工潮"等问题成为社会焦点的原因不仅仅在于其经济上的贫困，其影响更大地在于对于国家而言的社会和政治意义和价值。二是落后地区向发达地区流动。这里主要不是指农村向城市流动的这种落后地区向城市发达地区流动，而是指我国因区域性发展不平衡导致的人口从西北向沿海的流动。这种人口流动的原因一部分是自然条件

---

① 有很多学者研究过城乡二元结构在中国历史上曾起到的控制人口流动、保障城市资源供给和城市社会秩序等功能。其实，城乡二元结构的基础在于户籍制度、单位制度，而这均与国家对社会的控制目的是息息相关的。

限制的，但很大程度上也与我国不平衡的发展策略有着紧密关系。我国的改革开放是实验性探索过程，沿海地区首先得到了改革的各种优惠与先机，最终引起区域性经济社会发展不平衡。而作为理性的人的选择，流向发达地区成为必然的理想行为选择。三是单位间人员流动频繁。这里单位不是指"单位制"意义上的单位，仅指生产单位。换单位成为现代人的家常便饭，单位对成员的资源控制力减弱，成员对单位依赖性减少，为单位间人员流动打开了方便之门。

据统计，1982年全国流动人口是657万人；2000年第五次全国人口普查流动人口增至14439万人，跨省流动人口增至4242万人；2005年全国流动人口为14735万人，占当时全国总人口的11.3%，其中，跨省流动人口4779万人；而2009年我国总的流动人口规模1.8亿人左右，其中外出农民工是主体，农村外出的劳动力大约1.49亿人。但国家计生委在《中国流动人口发展报告2010》中指出，2009年我国流动人口数量达到2.11亿人。2005年，在民政部开展的百城社区调查数据中，社区普遍存在暂住户和暂住人口，只有8.09%和7.23%的社区基本没有暂住户和暂住人口。74.47%的社区暂住户在500户及以下，58.72%的社区暂住人口在500人以下，22.55%的社区暂住人口在501—1500人。未填的基本属于没有暂住户或没有暂住人口。其基本情况如表2-4、表2-5所示。

表2-4　　　　　　　　　社区暂住户分布

单位：户

户数	500以下	501—1000	1001—1500	1501—2000	2001以上	未填	合计
频数	175	16	9	5	12	19	235
百分比（%）	74.47	6.81	3.83	2.13	5.11	8.09	100

表2-5　　　　　　　　　社区暂住人口分布

单位：人

人数	500以下	501—1500	1501—2500	2501—4000	4001以上	未填	合计
频数	138	53	16	6	5	17	235
百分比（%）	58.72	22.55	6.81	2.55	2.13	7.23	100

从表2-4和表2-5可以看出，绝大部分社区存在暂住户和暂住人口，部分社区暂住户和暂住人口规模还比较大，从而说明人口流动已经成为社会的一种常态。人员流动是资源分布不平衡导致的，但其流动加剧了社会各种资源包括人力资源的分布不平衡。人口的流动，带来了资源的流动（当然在一定意义上，人口也是一种非常重要的资源），而对流动性社会的管理显得更加复杂，不仅对我们的资源分配和诱导体制提出了挑战，对我们社会管理工具与技术都带来严峻考验。一方面，流动属于社会所需，属于社会常态；另一方面，流动却带来了一定程度的无序，引发社会矛盾。理想状态的流动带来的结果不应该无序、冲突和矛盾，而应是充满活力的动态平衡。如何解决人口流动带来的问题，对于一个从"单位制"传统脱胎而来的社会而言，是一个极大的转折。面对流动人口管理与服务的现实难题，而人的根本落脚点在于社区，于是，似乎社区建设成为加强流动人口管理和服务的最佳选择，依靠传统的"单位"控制流动人口已经大大失去其价值。2011年胡锦涛在省部级主要领导干部社会管理及其创新专题研讨班开班仪式上做"扎扎实实提高社会管理科学化水平"的开班仪式讲话，特别强调了对流动人口的管理与服务对社会管理的重要意义，强调基层社区在社会管理中的重要地位。

3. 城市社会问题

"城市病"是全球范围内很多国家在城市化过程中竭力避免的问题，但它往往以一种城市化副产品的形式出现。随着我国经济社会"奇迹"般发展和城市化"超常规"的推进，城市化过程中出现的问题与矛盾像无法除却的"幽灵"一样与日俱增，并吸附在人类充满美好憧憬的城市体上，甚至在一定程度上使人类对美好城市憧憬的绚丽与诱惑产生怀疑，现实中出现了在繁华和现代光艳的城市背后，也有着落后与冲突的阴影与因子，城市环境污染、交通阻塞、人际关系冷漠、流动人口管理、资源紧张、人精神压力过大……让人讨厌的字眼伴随着城市难以除却。除了一些问题是整个人类社会共性或普遍性的问题外，诸多问题与城市化发生着直接或间接，或多或少，或表面或隐含的联系。于是，人类对自己未来的选择似乎出现了一个两难选择：一方面似乎必然要进入城市化的预定轨道，另一方面却面临着城市社会问题的炙烤。现代化遵从的分工原则、契约原则在城市中集中体现，但与之带来的是缺乏感情、关系、异质，人口的聚集并没有带来人员之间感情的拉近和凝聚力的增强，反而带来了人与人之间的摩擦与冲突；生活物质水平的提高，却无法消除压抑和厌烦情绪的增长，有学者认为是"生活水平在提高，生活质量在下降"。于是，人类不得不思考如何解决这些城市问题，城市社区建设被作为一条可供选择的路径，而且是非常重要的解决问题的选择路径而登上历史舞台，并且日益展现其特有的功能与魅力。

4. 社会主义基层民主的发展

民主，作为政治制度，不仅是现代国家建设的基本目标，也是人类孜孜以求的理想，特别是就我国社会主义社会的本质而言，社会主义社会必然要求是民主的社会，民主可谓是社会主义的生命。尽管对于我国推进民主的路径理论界有着不同的看法，但是起源于20世纪70年代末的基层民主自治实践，意想不到的是在960万平方公里的神州大地掀起了基层民主的大潮，尽管这场基层民主试验最初起源于农村，但其具有的示范效应很快波及城市。尽管民主从基层做起，似乎违背了"民主是一种奢侈品"，需要高素质参与主体，应该从高到低推进的一般思维[①]，但这恰恰表明了我国在推进民主进程中的务实性，显示了我国政府和人民独特的创造智慧和创新精神。因为基层民主的发展不仅仅关系着城市居民民主政治生活水平，而且关系着国家基层政权建设，关系着基层社会的稳定与发展。党的十五大指出："城乡基层政权机关和基层群众性自治组织，都要健全民主选举制度，实行政务公开和财务公开，让群众参与讨论和决定基层公共事务和公益事业，对干部实行民主监督。"而社区建设正是顺应时势，适应这种推进基层民主进程的需要而产生的，社区自治是社区建设的重要内容。社区建设是扩大基层民主，实现社区居民自我教育、自我管理、自我服务、自我监督，进而提高社区现代化管理水平的基础性工程。

第二节　新中国成立以来我国城市社区建设的历程

关于我国社区建设的发展阶段，目前理论界主要存在以下几种主要观

---

① 对于民主生长的土壤和动力，很多学者都承认，现代民主必须在参与主体具有良好的公民素质，具有良好的制度基础和社会环境，甚至需要一定的技术条件才能顺利进行。从这个意义上来讲，在高层似乎更具备推进民主的条件。

点:"两阶段说":实验探索阶段(1991—1999年)和推广普及阶段(2000年至今)①;"三阶段说":前奏(20世纪90年代以前)、产生(20世纪90年代前期)和逐渐展开(20世纪90年代中后期)②;"六阶段说":普及社区概念,改革传统社区体制,建设新型社区体制,完善新型社区组织,发展社区服务体系,全面发展社区居民能力、潜能和实现社会现代化③;"五阶段说":萌芽阶段(1986—1991年)、起步阶段(1991—1995年)、探索阶段(1995—2000年)、推广阶段(2000—2005年)、发展阶段(2005年至今)。④ 很显然,学界的划分多是从20世纪90年代国家正式提出开展社区服务的时候开始,而笔者认为,在此之前,不论学界还是官方,尽管没有使用"社区"或"社区服务"或"社区建设"这一概念,但并不能否认社区建设的实体内容和建设过程的存在,只不过包括在其他活动中,或以不同的形式表现出来。因而,笔者从新中国成立开始,对我国城市社区建设的历程进行简单的归纳:

一 新中国成立初期(1949—1953年)的城市社区建设

1949年,党和国家的工作重点开始从农村向城市转移,对于城市基层社会而言,党和政府的任务除了继续革命、反敌特、发展城市经济之外,主要面临以下重要任务:一是要迅速构建起城市基层政权组织体系,为开展城市社会管理和革命工作提供组织保障,保证国家意志和政策在基层的有效渗透;二是要尽快稳定社会秩序,同时要保障革命和反敌特的需要;三是尽快安定城市居民生活,为城市居民就业、生产创造有利条件,满足生活和生产需要。于是,组建基层政权组织体系成为首要而紧迫的任务,1949年12月2日,中央人民政府通过了《省、市、县各级人民代表会议组织通则》,全国许多城市建立了街道一级组织,但名称、性质和职责差异很大。1951年4月24日,中央人民政务院发布的《关于人民民主

---

① 潘小娟:《中国基层社会重构——社区治理研究》,中国法制出版社2004年版,第51—62页。
② 唐忠新:《中国城市社区建设概论》,天津人民出版社2000年版,第62—69页。
③ 刘继同:《中国城市社区建设发展阶段与主要政策目标》,《唯实》2004年第3期。
④ 董欢:《和谐社会视野中的我国城市社区建设研究》,博士学位论文,中共中央党校,2009年。

政权建立工作的指示》、1954年《宪法》、1955年国务院发布的《关于设置市、镇建制的决定》,都将城市政权级别定位在"区"级[①]。1954年12月通过的《城市街道办事处组织条例》以法规的形式确立了街道办事处作为区政权的派出机构性质和地位[②],同时通过的《城市居民委员会组织条例》对居委会的自治地位、作用和性质也有了明确的规定。到1955年全国绝大多数地区均健全了街道办事处组织,到1956年底,全国城市普遍设置了居民委员会。这样形成了"街居"制的雏形,形成了区—街—居三级组织体系,完成了城市基层政权在城市基层的延伸。

为了维持城市基层社会秩序,保证革命和反敌特需要,新中国伊始,许多城市人民政府积极动员群众参与城市管理,维护社会秩序,出现了防护队、冬防队、防盗队、居民组、居民委员会等名称的群众组织。这些基层群众组织后来经过一段时期的发展,多数演变或整合为居民委员会,从而获得了其法律上的身份。同时为了组织居民恢复生活和发展生产,20世纪50年代前期,街居组织开始组织居民开展生产自救,建立群众自救组织,为部分居民提供生活来源。设立了诸如清洁卫生委员会、生活福利委员会、照顾烈属委员会等[③]。1953年政府开始将分散的手工业者、个体商贩联合起来建立合作市、店、组。在街居体制建立后,"街居经济"在新中国成立后作为解决居民生活和生产问题首次出现在城市中。更为深层次的是:在经历"总体性"社会危机痛定

[①] 中央把城市基层政权定位在区一级而不是街道,主要考虑以下三个方面:(1)新中国成立初期我国城市街道大部分是在废除国民党保甲制度基础上,由接管委员会演化而来,街道管辖范围不大,人口不多,任务单一,主要负责户政、调解、救济等工作。因城市具有高度的集中性和统一性,认为没有必要成立街道一级政权。(2)受到苏联影响,当时苏联把城市基层政权设在了区一级,模仿也是重要因素。(3)党和政府许多领导人认为在我国城市主要通过"条条",通过单位体制实施社会管理。单位体制外社会闲散人员越来越少,"块块"组织即社区组织的管理对象越来越少。

[②] 该条例规定:街道办事处是市辖区和不设区的市的人民委员会的派出机关,10万人以上的市辖区和不设区的市应设立街道办事处。10万人以下、5万人以上的,若需要,也可以设立街道办事处。街道办事处的管理区域和公安派出所管辖区域相同。街道办事处的任务是办理市、市辖区人民委员会有关居民工作的交办事项,指导居民委员会的工作,反映居民的意见和要求。街道办事处设专职干部3—7人。

[③] 《当代中国》丛书编辑委员会编:《当代中国的民政》(上),当代中国出版社1994年版,第123—124页。

思痛之后，如何将分散的"原子化"、"马铃薯"式的个人居民组织起来，成为党和国家亟须解决的问题。在公有制水平、单位化程度还不能将绝大多数居民纳入单位"管辖"的时候，街居组织成为组织个人居民的重要组织依托，国家权力的延伸也得以渗透。尽管从当时情况看，街居组织主要目的是管理过渡时期单位之外的人，主要任务是把工厂、学校等"单位"以外的街道居民组织起来，办理有关居民的公共福利事项、宣传政府的政策法令、发动居民响应政府的号召，以及向政府反映居民的意见和要求等，其过渡性质是十分明显的，甚至在当时部分领导人认为，在生产发展到一定水平，公有制水平达到一定程度后，每一个都将成为"单位"的一员，街居体制或许将寿终正寝，然而，历史并没有沿着预想的方向发展。

从总体上看，新中国成立初期的紧迫任务决定了日后我国城市社区建设的基本格局，或严重制约着日后的城市社区建设，因为第一个任务的完成，奠定了我国城市社区建设组织体系的基本轮廓；第二个任务和第三个任务的完成，确立了我国城市社区所承担的基本功能与角色，从而影响着日后城市社区建设的目标定位和路径。组织和动员居民个人的独特需要，也决定了日后的社区建设必将被置于重要地位。

二 "单位—街居"制时期(1953—1976年)的城市社区建设

在怀着对共产主义社会的美好憧憬以及认为公有制和共产主义存在必然联系的理论影响下，经过短暂的过渡时期，在全国范围内进行了"一化三改造"的社会主义改造运动，这场运动是集经济与政治于一体的社会运动，最终初步建立了社会主义的政治、经济和文化体系的主体地位。同时在此期间，"一五"规划的完成使城市工业有了快速发展，将更多的人纳入单位中来，单位成为城市社会基本的政治动员、发展经济和社会控制的基本单位，"单位制"特征日益明显。应该说所谓的单位制时期，其本身并没有一个明确的时间分界点，因为从新中国成立伊始，我国从经济领域到社会领域，都开始向"单位制"努力，"单位制"特征逐步增强。笔者这里之所以将此阶段称为"单位—街居"时期，主要是考虑到此时期"单位制"已经占据主导地位，尽管在后来的"大跃进"、"人民公社化"和"文革"时期，单位的功能和作用发生了一些变化，街居组织遭到冲击，但在本质上仍属于"单位—街居"体制框架内的变化。"单位—街居"制的确立，意味着城市基层治理与服务的主体是单位，单位成为集具备生产、社会服务与保障及社会管理功能于一体的"泛功能化"的组织，而在新中国成立初期建构起来的街居体制，起到的仅仅是拾遗补阙的作用，主要表现为：①整合对象主要是少数单位体制外的人员。②整合功能比较单一[①]。③整合力量的配置很弱。④街、居委会在一定程度上充当着单位体制的扩充源。[②] 但这种拾遗补阙的作用必不可少。对街居制功能的如此定位，与当时国家领导人对中国未来社会的理想状态判断是有关的。包括彭真本人在20世纪50年代认为，街居制主要是解决单位外人口的管理与服务问题，随着社会经济发展，居民的充分就业，最终全体居民将会纳入单位之内。很显然，这种美好的理想却最终在实践中变得不甚完美，但单位作为城市基层社会的基本控制与服务的主导角色，其主渠道地位是很明显的。

值得注意的是在"单位—街居"制时期，经历过两个比较特殊的阶段：一个是1958—1962年的"大跃进"和"人民公社化"时期。带着"跑步进入共产主义"的美梦，1958年全国开始"大跃进"和"人民公社化"运动，20世纪50年代末至60年代初，中共曾尝试在城市社区中也建立政社合一的人民公社组织，1958年中共八届六中全会通过的《关于人民公社若干问题的决议》指出：城市中的人民公社，将来也会以适合城市特点的形式，成为改造旧城市和建设社会主义新城市的工具，成为生产、交换、分配和人民生活福利的统一组织者，成为工农商学兵相结合和政社合一的社会组织。天津市河北区鸿顺里街道率先成立了全国第一个城市人民公社。自1958年6月至1960年3月底，全国25个省、自治区、直辖市共建立598个城市人民公社，公社人口达1800多万。尽管在理论

[①] 1954年颁布的《城市街道办事处组织条例》规定只是办理市、市辖区的人民委员会交办有权办理有关居民工作的事项，指导居委会工作，反映居民需求和意见，主要处理少数单位体制外居民工作。《城市居民委员会组织条例》规定的任务：办理有关居民的公共福利事项，向当地人民委员会和其他的派出机关反映居民的意见和要求，动员居民响应政府号召并遵守法律，领导群众性的治安保卫工作，调解民间纠纷等，但实际上主要是动员和组织少数单位体制外居民参加政治运动，搞阶级斗争。

[②] 唐忠新：《城市社会整合与社区建设》，中国言实出版社2000年版，第164页。

上，城市人民公社的作用体现在两点：一是组织生产大协作；二是发展集体工业和生活福利事业。但其组织市民的目的和功能是显而易见的，就是要更加彻底地消灭城市社区中残存的单位体系外的一些死角，使城市社会彻底单位化。在城市人民公社影响下，城市政府组织和基层居民组织也被"党政合一"、"政社合一"和"工农商学兵五位一体"的人民公社所代替，居民委员会也开始成为人民公社体系的一部分，于是，"生产后方、生活场所、阶级斗争前哨"成为居委会建设的新目标，其居民自治组织的性质和功能则逐渐萎缩，而作为基层政权实现政治控制的工具的特征日益明显。但到1962年，各地又恢复街道办事处和居民委员会，这表明城市公社化的尝试以失败结束。

第二个特殊时期是1966—1976年"文革"时期。由于当时"左"的思维和路线影响，全国开始了以"革命"方式的群众动员，1962年以后恢复的街居组织，街道普遍设立了革命委员会，取代了以前的党委、办事处和人民公社管理委员会，居民委员会普遍改称为革命居民委员会或街道革命委员会，革命委员会对辖区内的各种事务实行一元化领导。街道革命委员会和革命居民委员会成为"阶级斗争"、"群众专政"的工具，主要是除对资产阶级进行全面专政之外还有：①动员居民到农村安家落户和知识青年上山下乡；②人防工事设施；③民兵训练和征兵；④处理查抄物质；⑤文教卫生工作；⑥组织、管理生产和服务工作。但"革委会虽然名义上管理整个街区，但实际上无论从政策资源和人力资源上都已经失去对整个街区的制度化权力的控制，在'抓革命'的过程中，街区的权力伴随着街区内大部分事务的转移转向了单位内部，街区权力在单位之外呈现出几近真空的状态"[①]。在一定意义上说，街道革委会管理的主要对象仍是单位之外的人，而"单位人"仍由单位内部的革委会进行管理。但"文革"带来的却是一方面是无序的社会运动导致社会秩序混乱；另一方面是单位的生产秩序受到严重破坏，最终导致单位生产、社会服务、保障功能的削弱。

---

① 朱刚健：《城市街区的权力变迁：强国家与强社会模式——对一个街区权力结构的分析》，《战略与管理》1997年第4期。

三 社区服务时期[①](1976—1991年)的城市社区建设

我国"单位—街居"制是在我国"存在战时供给制和组织军事化的历史传统,拥有单一传统公有制的经济基础,处于高度集权的计划经济体制,并在城乡二元社会格局的特殊的历史时期,特殊的具体历史条件下形成的"[②]。尽管党和国家领导层曾经对单位制寄予了重大希望和充满了美好理想,但单位制的弊端也是显而易见的:一是单位功能的多元化有悖于现代社会组织的运行原则,严重影响了经济效率和工作效率;二是单位体制剥夺了企业的自主权、自决权,从而阻碍着经济发展;三是单位体制中的平均主义影响着人们生产、工作积极性的发挥;四是单位体制排斥民主、法制,有悖于现代社会的发展趋势[③]。最终,"总体性的社会体制"在被现实的碰撞中开始支离破碎,并从内部萌发了分裂性的力量,在从计划经济体制向社会主义市场经济体制转轨的过程中,引起了中国经济、政治和社会领域的结构性的转型,"单位制"逐步开始瓦解:一方面城市基层社会组织面临新的重组,1980年国家重新颁布了《城市居民委员会条例》、《城市街道办事处组织条例》、《治安保卫委员会暂行条例》、《人民调解委员会暂行组织条例》;1982年新宪法再次以最高法律地位确定了居民委员会的自治性质与地位。1989年颁布的《中华人民共和国城市居民委员会组织法》,对居民委员会的性质、任务、职责、组织原则以及居民委员会同基层政权的相互关系等都作了进一步的规定。通过这些法律法规的制定和实施,重新恢复了"文革"前、"街居制"组织体系,街道办事处、居民委员会的机构和职能得以恢复,"街居制"成为城市基层社会管理与服务的基本组织架构。更为重要的是单位的"泛功能化"开始受到最严重的挑战,单位的生活服务、社会公共服务、社会保障等职能逐步外溢,而广大居民又有着强大的需求;面对日益严重的服务短缺问题,在1983年第8次全国民政会议前后,民政部门开始酝酿城市社会福利工作

---

① 笔者在此用"社区服务时期"来概括此阶段,并非意味着之前和之后的社区建设中没有社区服务的内容,其实在此后的社区建设过程中,社区服务仍是重要内容。在此用这一概念旨在表达此阶段社区服务开始被官方所采纳,并作为单位制解体下承接服务而受到社会重视。

② 唐忠新:《中国城市社区建设概论》,天津人民出版社2000年版,第112—121页。

③ 同上。

的改革，提出了国家和社会力量相结合，采取多种形式办社会福利事业的新思路。1984年，民政部在福建漳州市召开了全国城市社会福利事业单位改革整顿工作经验交流会。1985年，民政部推广了上海市民政部门创造的市、区、街道、居委会四个层次"一条龙"的福利服务网络化经验，使城市社会福利事业开始走向社会，深入基层。1986年，为了配合城市经济体制改革和社会保障制度建设，国家民政部倡导在城市基层开展以民政对象为服务主体的"社区服务"，首次将"社区"这一概念引入了城市管理。1987年9月民政部在武汉召开城市社区服务座谈会，明确了社区服务的内容和任务，理顺社区服务和民政部门的关系。1989年3月18日，天津市和平区新兴街道率先成立了全国第一个社区服务志愿者协会，从而拉开我国城市社区志愿服务活动的序幕，意味着社区服务主体开始走向多元化。1989年9月，民政部在杭州召开"全国城市社区服务工作交流会"，明确了统筹规划、形成体系、讲求实效、稳步发展的社区服务建设的指导思想；要求全国城市要全面推广和普及社区服务工作，有条件的城市可以逐步向城镇延伸。1989年通过的《城市居民委员会组织法》，明确规定"居民委员会应当开展便民利民的社区服务活动"，进一步推动了社区服务发展。

此阶段社区服务项目主要包括两类：一类是面向一些特殊群体的福利性服务，包括为"三无对象"、老年人、残疾人、贫困家庭、烈军属等特殊群体提供的服务；另一类是为普通居民提供的服务，包括为社区居民日常生活的"便民利民服务"、娱乐、环境卫生、治安服务、儿童照料和老人服务等。参与主体上，主要由民政部门推动实施，基层政府的卫生、教育、劳动等部门参与。在政府大力推动和社会支持下，社区服务范围、内容不断扩大、设施不断增多、社区服务队伍发展壮大、社会互助活动广泛开展、社区服务管理不断加强，逐渐向产业化、实体化方向发展。到20世纪80年代末，全国已有3267个城市街道开展了社区服务工作，占当年全国街道总数的66.9%，社区服务设施达9.2万个[1]。从社区服务产生的直接动因看，早期的社区服务主要是由于政府希望将过去企业承担的社会

---

[1] 王青山：《社区建设与发展读本》，中共中央党校出版社2001年版，第6页。

服务转移到社区[①]。但是在后来发展过程中，因社区和地方财政保障困难，不少地方开始走出"以服务（营利性服务）养服务（公益性、福利性）"的路径，结果不同程度出现营利性服务发展迅速，而福利性和公益性服务发展滞后现象，已经违背或偏离了社区服务的初衷。

四 探索初期（1991—1998年）的城市社区建设

从社区服务发展可以看出，社区服务在某种意义上是一种"应急性"措施，这种应急性努力尽管取得了一定效果，但面临着社会新的形势和需求，单纯社区服务难以满足城市基层社会发展需要[②]。于是，"社区建设"作为一个学术语言概念先后进入学界、实践界视野，并很快得到中央的认可和提倡。此阶段的探索主要体现在三个方面：一是社区服务的进一步发展。在一定意义上来说，城市社区建设是在社区服务深化和提高基础上产生的，其本身就包含着社区服务进一步发展的内容。如为了解决社区服务的资金问题，很多地方开始探索社区服务商业化的试点，将社区服务的部分内容纳入第三产业中，当然，这也反映了社会福利改革由"国家福利"模式向"社会化"模式的要求。1995年，民政部颁布了《社区服务示范城区标准》，1998年民政部命名了46个全国社区服务示范城区。二是理论界的努力与探索起到了很大的作用，理论界的努力不仅推动了城市社区建设理论的发展，也反映在地方实践的社区建设探索过程中，很多地方社区实践都是在理论工作者的倡导、直接参与或指导下进行的，时任民政部副部长李宝库坦言，"理论工作者一直是社区建设的一支重要骨干力量，在介绍国外社区工作情况、推进社区工作本土化方面，做了大量先导性工作"[③]，实践探索与理论招引的格局初步形成。如1991—1992年，我国先后召开了三次全国性的社区建设理论研讨会。特别是1992年10月，中国基层政权建设研究会在杭州市下城区召开"全国城市社区建设理论研讨会"，对社区建设的基本理论问题和实践问题进行了广泛探讨，取得了前所未有的共识与成

---

① 关信平：《我国城市社区建设与社区服务发展：成就与问题》，http://pl.cjn.cn:88/gd/article/20051110/20051110500766_1.html。
② 至于我国从社区服务过渡到社区建设的原因，笔者下文有专门论述。
③ 多吉才让：《城市社区建设读本》，中国社会出版社2001年版，第239页。

果。三是政府部门和领导的高度重视与推动。应该说，开展社区建设与中央领导的高度重视是分不开的，1996年3月18日，江泽民指出："大力加强社区建设，充分发挥街道办事处、居委会作用。"江泽民同志的"3·18讲话"是中国社区建设发展过程中的一个重要里程碑，各地党委、政府开始把推进社区建设作为城市和城区工作的重要内容。1998年的政府机构改革中，明确赋予民政部"指导社区服务管理工作，推动社区建设"的职能[1]。将"基层政权建设司"也改为"基层政权与社区建设司"，标志着城市社区建设被纳入国家行政职能的范围，为民政部门推动社区建设进一步理顺了关系，使其获得组织保证，提供合法性权威依据。

在党和国家领导、政府部门的高度重视和推动下，在理论界的支持下，地方政府积极行动起来，成为各地社区建设实践探索的主力军，其中有代表性的如1993年在李宝库带领下，镇江开展的以创建"文明社区"为特色的社区建设活动，形成了日后所谓的"镇江模式"；浙江省谷迎春等人在杭州市下城区开展城区社区建设活动；南开大学在天津河北区、和平区开展社区建设活动；吴铎等人在上海普陀区曹杨新村街道和黄浦区潍坊街道开展的社区实验活动[2]。这些实践探索性的活动为日后城市社区建设实践积累了难得的宝贵经验。

五 实验阶段(1998—2001年)的城市社区建设

在某种意义上，上述社区建设探索阶段的实践本身也是实验性的，但这种探索主要体现在理论上和地方"零星"的自主性探索活动。笔者这里所言的实验阶段，主要是指社区建设实验作为一项重要政府决策确立，并以官方名义确立了一批国家和省级社区建设实验区，在此基础上在全国范围开展社区实验区建设的阶段。社区建设实验区的建立，意味着社区建设实验获得了政策性支持和官方认可，其范围和影响将极大增强，因此笔者将之称为实验阶段。1998年，胡锦涛曾表示，希望民政部经过研究和

---

[1] 国务院办公厅秘书局、中央机构编制委员会办公室综合司编：《中央政府组织机构》，改革出版社1998年版，第200页。

[2] 王青山：《社区建设与发展读本》，中共中央党校出版社2001年版，第16—17页。

试点工作，通过社区建设找到一条管理城市基层社会的路子，并要求民政部在一两年内拿出在全国开展社区建设工作的思路①。1999年3月，民政部在南京召开社区建设实验区工作座谈会，在会上选择了北京市西城区、南京市鼓楼区等11个城区②为"城市社区建设实验区"，拉开了社区建设实验区活动的帷幕。1999年8月，民政部在杭州召开全国社区建设实验区工作座谈会，会议深入探讨了社区建设的总体思路、发展方向、工作目标及运行机制等。认为社区建设的目标大致包括三个层次：第一个层次是建立与社会主义市场经济体制相适应的社区建设管理体制和运行机制，逐步完善街道、居委会的服务管理功能，推进街居工作社区化，社区工作社会化；第二个层次是在完善社区功能的基础上，建设管理有序、服务完善、环境优美、治安良好、生活便利、人际关系和谐的现代化文明社区；第三个层次是扩大基层民主，通过实行居民委员会的民主选举、民主决策、民主管理和民主监督，努力实现社区居民的自我管理、自我教育和自我服务。这三个层次的目标表明了城市社区建设发展的基本方向。该次会议上，把"城市社区建设实验区"增加到26个城区③。同时，很多省建立省级社区建设实验区。在实验探索过程中，涌现出了影响至今的"沈阳模式"、"江汉模式"、"盐田模式"、"青岛模式"等具有代表性、影响全国的社区建设模式，探索出了社区党建、社区管理、社区服务等颇具特色的建设路径与体制机制，为全国城市社区建设的全面展开提供了最宝贵的探索与经验。

在各地实验区探索和交流基础上，中央办公厅、国务院办公厅于2000年11月9日向全国转发了民政部的《民政部关于在全国推进城市社区建设的意见》，该意见可谓若干年来中国社区建设的基本经验的概括和总结，该意见具体明确了社区建设的指导思想、基本原则、主要内容和目

---

① 李宝库：《大力兴办社会工作教育，加强社区服务与建设》，《中国青年政治学院学报》1999年第12期。

② 这11个城区是北京市西城区、上海市卢湾区、重庆市江北区、南京市鼓楼区、杭州市下城区、青岛市市南区和四方区、石家庄市长安区、海口市振东区、沈阳市沈河区、天津市河西区。

③ 新增的15个城区是：天津市和呼区，沈阳市和平区，本溪市溪湖区，长春市朝阳区，哈尔滨市道里区、南岗区，南京市玄武区，合肥市西市区，厦门市开元区，济南市历下区，漯河市源汇区，武汉市江汉区，佛山市市区，西安市新城区，克拉玛依市克姐玛依区。

标任务。这一文件出台，表明我国推进城市社区建设的基本思路已经形成，并得到国家最高层面的认可，预示着我国城市社区建设开始进入全面推进的新阶段。

六 示范全面推进阶段(2001—2009年)的城市社区建设

中办发〔2000〕23号文件的颁发实施，将全国城市社区建设推向了规范化的轨道。"社区建设已被党中央、国务院和各级党委政府高度重视，社会各界十分关注，人民群众寄予厚望。"[1] 为了进一步激发地方政府社区建设的积极性，也为了更大程度上总结和推广城市社区建设各地的实践探索经验，民政部决定开展城市社区建设示范活动。开展城市社区建设示范活动的目的一方面是总结和推广社区建设经验，更重要的是在于给社区建设注入相当的推力，特别是给地方政府以触动，进而形成全国争先建设社区的良好局面。2001年7月，民政部在青岛召开全国城市社区建设工作会议，下发了《全国城市社区建设示范活动指导纲要》，决定从2001年开始，各省、自治区、直辖市选择一些基础比较好的大中城市和市辖区作为示范单位，有组织、有计划、有步骤地开展社区建设示范活动。2002年，民政部在吉林省四平市召开了全国城市社区建设现场会，命名河北省保定市等27个市为"全国社区建设示范市"，北京市西城区等148个区为"全国社区建设示范区"。在"示范"效应的带动下，全国范围内社区组织建设、工作人员队伍、社区服务硬件设施、社会组织等各方面都有明显的增长。在社区建设主体上，基本形成了党委、政府高度重视，民政部门具体实施，人民群众广泛参与，社会各界大力支持的局面；从社区建设的地域分布上，呈现出由大城市向中小城市延伸，由东部发达地区向中西部地区快速推进的态势。社区建设的作用日益明显，成为新形势下城市工作的重要基础，成为建设现代化城市的基础工作，成为城市管理体制改革的重要内容。

2005年8月，为了进一步推动城市社区建设，全国社区建设工作会议在吉林长春举行。民政部选择这个时间召开此次会议的原因就在于，此时离以中办发〔2000〕23号文件为标志的社区建设全面开展正好5年的时间，有必

---

[1] 多吉才让：《城市社区建设读本》，中国社会出版社2001年版，第8页。

要对社区建设进行总结。同时，社会发展又出现新的发展和趋势，党的十六届四中全会提出的构建社会主义和谐社会的战略任务必将渗透到社区建设中来，意味着社区建设必将肩负建设和谐社会的重任。在会上，李学举部长从改革、发展、稳定的大局出发，全面阐述和分析了新形势下建设和谐社区的重要性和紧迫性。此时会议的中心内容是将社区建设与和谐社会建设联系在一起，为社区建设增添了时代性的内容。2009年10月19日，全国和谐社区建设工作会议在江苏省苏州市召开，会上对全国和谐社区建设示范单位进行了表彰，授予北京市西城区等188个城区（市）为全国和谐社区建设示范城区（市）、北京市东城区东华门街道等253个街道为全国和谐社区建设示范街道、北京市丰台区丰台街道永善社区等500个社区为全国和谐社区建设示范社区，这也标志着"示范"推动阶段告一段落。会上进一步明确了和谐社区建设的意义与要求和下一步的工作总体要求。应该说，"示范"活动在当前我国政治体制下，是社区建设的一种重要推动手段。

七 深化提升阶段（2010年至今）的城市社区建设

2010年，距以中办发〔2000〕23号文件为标志的全面社区建设历经十年，正好也是历经国家发展规划的"十五"、"十一五"全过程的十年，一方面，城市社区建设的脉搏必然跟随着国家发展规划的推进而跳动，因而其不断根据社会发展需求做出积极的回应；另一方面，就城市社区建设自身来说，经过10年（从中办发〔2000〕23号文件算起）社区建设的探索、实验、示范，此时的社区建设面临着理论与实践上新的需求：理论上，经过全面开展10年的社区建设实践，社区建设从内容到形式都有了全面的改观，社区建设的经验、成果都有了相当的积累，对其进行理论上归纳、总结与提升，就成为理论与实践辩证逻辑的必然要求，也是形成对社区建设较为深入的、规范性的理性认识的必然要求，也是对社区建设探索实践出现的各种社区建设模式提升的需要。同时，这种理论的抽象与积淀是下一步社区建设实践必需的理论基础。因此，此时在理论上对之前的社区建设实践进行总结与提升成为必然；实践上，历经两个五年计划，整个社会经济、政治和社会形式都发生了较大的变化，2011年将进入"十二五"规划发展的开局之年，在新的五年发展规划之内，社区建设如何进一步开展，需要新的谋篇与布局，对下一步城市社区建设的指导，成为实践中迫切需要解决的问题。于是，面对着理论总结和实践指导的双重需要，2009年12月21日，中国社区建设展示中心在杭州落成，该展示中心全面反映我国城市基层群众自治制度的历史脉络和社区建设的发展成绩，也充分展示我国改革开放30多年来在政治、经济、文化、社会建设中取得的光辉成就和翻天覆地的变化。2010年11月，中共中央办公厅、国务院办公厅联合下发的《关于加强和改进城市社区居民委员会建设工作的意见》（中办发〔2010〕27号），该意见对前期社区实践探索过程中关于居委会建设若干问题进行了明确和定位，提出了下一步加强居委会工作的意见，因为居委会的建设可谓社区建设中组织建设的核心环节，而这一核心环节对于整个社区建设的开展至关重要，尽管该意见是以"加强和改进居委会建设工作"的形式出现的，实则是力图解决和规划社区建设的一个核心问题，同时，该意见同样涉及社区建设的诸多领域，因而，总体来看，该文件依然是社区建设的一个统领性的文件，其颁布实施，必将引导我国城市社区建设进入深化提升阶段。

同时，为了将社区建设进一步推向深入，民政部先后在全国范围内举办了几次全国和谐社区建设示范单位工作推进会。2010年7月13日，全国和谐社区建设示范单位工作推进会（东北片）在吉林省长春市召开。2010年8月30日至31日，全国和谐社区建设示范单位工作推进会（华北片）在内蒙古自治区呼和浩特市赛罕区召开。2010年9月7日至8日，全国和谐社区建设示范单位工作推进会（华中片）暨江汉区社区管理体制改革论证会在武汉市江汉区召开。2010年11月6日，全国和谐社区建设"解放模式"研讨会在河南省焦作市解放区召开。民政部如此密集地召开社区建设工作推进会是史无前例的，也显示了党和国家开展社区建设的决心和力度。这些推进会的召开，必将推动我国城市社区建设进入下一个高潮。

第三节　新中国成立以来我国城市社区建设的基本脉络

通过上述我国城市社区建设历程，从整体上看，新中国成立以来我国的城市社区建设既有成功经验，也有值得反思之处；在总体上保持前进上升趋势的同时，也有局部的、阶段性的反复与挫折；既有光辉的成就，也有美中不足的问题与困难。其实，在以上纷繁复杂的我国城市社区建设历程和现象的背后，蕴藏着我国城市社区建设的基本规律和发展的基本脉络，从历史"纵"向上看，我国城市社区建设贯穿着以下发展脉络。

一 地位提高：从拾遗补阙到发展战略

新中国成立伊始，应该说党和国家对社区建设并没有清晰的定位和明确的认识，理想状态中全社会人员最终都应纳入"单位"的管理之中。在"单位制"主导时期，单位是人员控制、管理与服务的基本单元，国家的重心也在单位的管理与服务上。当然，在一定意义上说，当时的单位也形成了日后所谓的"单位社区"，只不过这种单位社区是封闭性的，而不是开放性的；其管理方式是一元化的，而不是多元协作的；是全能性的社区，而不是社会化后的社区。该种社区不仅与传统的"社区"有着天壤之别，与现代社区有着本质的区别，而且这种单位内的社区建设，实质上是服从于单位生产和发展需要，更本质意义上来说是"单位建设"。而具有现代社区建设性质的社区建设最早则体现在"街居制"下的社区建设，而从街居制设立的最初设想上，街居制就是一种拾遗补阙的性质，是对单位制的拾遗补阙。1953年6月8日，彭真根据毛泽东的指示精神，就街道办事处和居委会的建立写报告指出："为了把很多不属于工厂、企业、机关、学校的无组织的街道居民组织起来……还需要设立城市或区政府的派出机关——街道办事处。"[1] 很明显，该报告体现出"街居制"下的社区主要是解决单位之外人员的管理与服务问题。单位制下社区的这种拾遗补阙的地位主要体现在以下几个方面：①在地域范围上，主要是城市街道办事处与居民委员会行政管辖的范围，而不包括辖区内的单位。②在管理对象上，主要是由那些无法进入各式各样工作单位的弱势群体，例如老弱病残孤、家庭妇女、待业青年；还有劣势群体，例如"地富反坏右"和两劳释放人员、社会闲散人员和因各种原因被单位、学校开除者等组成[2]。③社区在一定程度上充当着单位体制的扩充源角色，街居组织兴办

---

[1] 夏建中：《城市社区基层社会管理组织的变革及其主要原因——建造新的城市社会管理和控制的模式》，《江苏社会科学》2002年第1期。

[2] 王振耀、白益华：《街道工作与居民委员会建设》，中国社会出版社1996年版，第123页。

的小集体企业,是弱势群体就业的主要场所。① ④社区整合功能比较单一。1954年颁布的《城市街道办事处组织条例》规定,街道办事处只有办理市、市辖区的人民委员会有关居民工作的交办事项,指导居委会工作,反映居民需求和意见的工作。《城市居民委员会组织条例》规定的任务包括:办理有关居民的公共福利事项,向当地人民委员会和其他的派出机关反映居民的意见和要求,动员居民响应政府号召并遵守法律,领导群众性的治安保卫工作,调解民间纠纷等任务。这些任务与改革后社区复杂局面相比,其功能单一性是显而易见的。⑤社区整合力量的配置很弱。这种配置力量体现在两个方面:一是组织机构的设置薄弱,单位制时期的街道办事处所设机构很少,工作人员也比较少,如1954年颁布实施的《城市街道办事处组织条例》第五条规定:"街道办事处设主任一人,按照工作的繁简和管辖区域的大小,设干事若干人,在必要的时候,可以设副主任一人。街道办事处共设专职干部三人至七人,内设街道妇女工作的干部一人";二是街居组织的资源配备也很薄弱,财政保障力度较弱。无论从何种角度看,街居为主的地域社区均在国家的政治、经济与社会生活中处于次要地位,国家机关、国有企业和事业单位在社会生活中扮演主要角色,处于优势和支配性地位。街居制下的社区是一种与单位制相配合的辅助性社区组织,其辅助性、依赖性与边缘性是十分明显的②。

但是,事情的发展却并非沿着理想的路径前进,即使在改革开放之前,单位始终无法将所有人员纳入其中。特别是改革开放以来,随着社会转型和单位制的解体,单位功能和人员不断"外溢",城市社区因其"承接"地位和功能而受到高度重视,社区的作用和地位日益提高,社区建设成为解决社区或社会问题的重要途径。社区地位的提升,也改变着传统的国家—社会关系、国家—个人关系、单位—社区关系以及国家—社区关系,使社区成为人们日常生活的主要场所,成为继单位之后最为重要的"集体",尽管这一"集体"因不具备类似单位的资源控制力量而无法形成成员对单位的依赖,导致其"共同体"意识甚微,也因社会转型与社

---

① 唐忠新:《城市社会整合与社区建设》,中国言实出版社2000年版,第68页。
② 王思斌:《转型中的城市基层社区组织:北京市基层社区组织与社区发展研究》,北京大学出版社2001年版,第128页。

会流动带来的利益分化和资源流动,导致社会资本形成困难重重。但社区作为人们生活的基本场所不可否认,也是实现对社会和人实施管理和服务的具有可操作性的基本平台和依托,尽管其间充满着矛盾与困难,但正是其矛盾与困难促发了城市社区建设不断前行。最终,社区作为居民生活场所,不仅对于居民个人生活水平的提高具有重要作用,而且对于国家对城市基层的管理和服务也具有重大影响,城市社区的稳定与发展成为整个城市社会,甚至整个社会改革、稳定与发展的基础,社区建设问题成为国家社会经济政策议程的优先领域与核心议题。2001年3月15日,第九届全国人民代表大会第四次会议审议通过的《国民经济和社会发展第十个五年计划纲要》中的第六篇第十九章第四节对社区建设的发展目标和任务作了完整的阐述,将社区建设提到国家发展规划的新高度。更为重要的是,社区在社会关系与社会结构中的地位显著提高,社区开始显现出逐渐摆脱对国家的依赖与服从地位,开始具有相当大的自主活动空间与自我发展能力。因而,随着社会的发展,社区已经不再是"拾遗补阙"了,而是成为社会和社会发展的主角,现在政府已将社区建设上升到"改革、发展和稳定的高度"[①],即适应城市企业、体制改革和社会管理体制改革的需要,保证社会稳定,促进城市社会发展,提高人们生活水平的高度。为了解决城市社区问题,全国开展了全面的社区建设实践活动,从中央到地方,从理论到实践,城市社区建设都走到了前台,成为国家发展规划和地方发展规划战略的重要组成部分,或者说城市社区建设在国家的发展中占有战略性地位。社区建设成为国家建设和发展战略的组成部分,可以体现出党和国家对社区建设的重视,对城市社区建设认识的深化,更反映了城市社区建设地位的提升。

二 内容完善:从社区服务到社区建设

从上述我国城市社区建设历程的描述性回顾可以看出,社区服务最初是为了应对体制改革后所出现的城市服务短缺问题而采取的"承接性"应对措施。对于社区服务的开展,我们可以从两个方面分析:一是从国家提出社区服务的目的来看,国家开展社区服务具有很强的现实性和针对性

[①] 李宝库:《夯实城市基层基础积极发展社区建设》,《城市街居通讯》1999年第6期。

考虑，其目的很明确地指向城市社区服务困难问题；二是从国家提出社区服务的过程来看，具有明显的被动性和应急性。可以说，在"单位制"改革之前，国家和社会两个层面基本对社区服务的价值与内容等没有明晰的认识，更没有伴随改革之初就规划社区服务，而是在城市社区出现明显的服务短缺压力的时候，才迫使国家和社会开始重视该问题，社区服务作为一个应对性的策略才走到政策实践层面。当然，这也体现了中国"摸着石头过河"的改革路径特点。于是，到20世纪90年代初期，在国家倡导、地方实施、社会创新的基础上，各种社区服务"模式性"开始日渐显现，并且呈多元化发展。有学者根据各种模式的不同特点，将社区服务模式分为"设施网络说"、"两翼起飞说"、"三元整合说"、"四轮驱动说"四种基本模式。"设施网络说"是指建设多层次、多形态、多系列服务设施和依托服务设施网络开展服务活动，是规划和实现社区服务的主导方面，其特点在于通过服务设施网络满足社区居民需要；"两翼起飞说"，"两翼"指的是服务设施与志愿互助服务，"起飞"指设施服务与居民互助服务相互结合，相互补充；"三元整合说"，"三元"是指扶助、互助和指导自助。"三元整合"是指将扶助、互助和指导自助整合起来，建构三元复合型服务体系；"四轮驱动说"是指将以社区为基础的"上门服务"作为社区服务基本形态，重点将家庭照顾、社区照顾、机构照顾和志愿组织照顾的四重照顾结合起来，以发挥家庭、单位、社区和志愿者四方面的优势与合力，共同建构整合性的社区服务体系[①]。社区服务模式的日益成型，也说明理论界与实践界对社区服务的认识日渐深入。

基于当时社会所需，当初倡导社区服务的内容主要包括社区福利服务业、便民利民服务业和职工社会保险管理服务业，而从根本上来说，中央和国家的指导思想上着重需要发展的却是社会福利性的服务业，因为此部分直接关系着民众冷暖安危与民生，关系着基层的社会秩序稳定。从开展社区服务的主体来说，主要是街道、镇、居委会和社区组织，而区级以上政府部门除民政部门外，直接参与部门或机构不多。这种社区服务实践中服务内容的有限性、服务对象的局部性、服务行动的孤立性导致这一"被动性"、"应急性"的措施在解决城市居民生活和服务的实践中出现一

[①] 郭崇德：《中国城市社区服务发展道路》，中国社会出版社1993年版，第198页。

些困难,必须采用更有包容性和实践解释力的概念来为实践提供理论支持;一是服务内容的有限性难以满足社会居民需求。特别是城市基层社会中出现很多突出问题,如基层民主问题,关乎民生和基层稳定,但并非属于传统社区服务的范围,若局限于社区服务的范畴,无法解决此类问题,必须有更宽泛的概念来进行概括;二是服务对象的局部性,难以满足普遍居民需求。应该说社区服务内容包括前述三部分,服务对象也能覆盖所有人,但无论是从国家政策定位,还是从实践需求来看,社区服务的核心在于福利性的服务,这种服务对象局限性难以满足普遍居民服务需求;三是服务行动的孤立性,难以形成服务协作与合力。应该说城市社区内的诸多问题之间有着很强的关联性,即使是属于社区服务范围内的问题,其解决的过程中,也会涉及多个主体参与和多个领域,但因传统上将福利性的居民事业都归民政部门负责,当面临诸多"混杂"性的问题时,单一部门的行政职权和行政能力都是有限的,其决策的权威性和决策提供的推动力都受到明显制约,因此,出现政府支持系统单一,支持力度不足的问题;四是社区服务经济来源困境,是社区建设提出的直接原因。如前所述,福利性的社区服务面临着巨大的经济压力,不少地方进行部分商业化试点,有的以营利性与福利性并存的方式进行。但其结果导致的是营利性的服务业发展迅速,但福利性的服务业每况愈下,这恰恰违背了社区服务的本质,也不利于解决社区问题。而如何解决社区服务的财政问题,仅仅在社区服务内"打转转"是无法解决的,必须进行统筹解决;五是进入20世纪90年代以来,社会环境与社会结构发生重大变化,出现一些新的迫切需要解决的问题,包括城乡人口流动加速且规模巨大;就业、医疗、教育、住房和养老制度改革深入推进;城市基层民主发展;基层社会矛盾调解与社会秩序稳定等问题,对城市社会管理体制、社会保障体制、人口管理体制都提出严峻的挑战,而这些都是社区服务范畴内无法解决的;六是人民生活水平日益提高,公共服务需求的范围和力度日益增强。而很多公共服务,如社区安全等,也是传统社区服务无法涵盖的。总而言之,由于城市社区问题的"整体性"和"复杂性",在理论上必须选择一个更具涵盖性和解释力的概念来表达其更具广泛性的实践内容,在实践中,也能满足社区全方位需求,能够取得最大限度政府系统支持,有利于更好地解决社区问题。

于是,在借鉴西方国家社区发展的经验基础上,我国提出社区建设的概念。社区建设一方面是社区服务深化的结果,另一方面这一概念的内涵和外延都远远超过了社区服务,从内容来说,其不仅包括社区服务,而且将社区政治发展、社区环境、居民生活质量结合起来,基本上能将社区内事项都涵盖进来,"综合性"是其突出特点;从政府支持系统来说,既然是建设,就需要更多的政府部门参与,这样将会得到更强有力的政府支持;从参与主体来说,社区建设主体因为其内容的多样性,决定其建设主体必然是多元化的,而且相互协调性进一步增强;从社区建设过程来看,将更具有规划性。这样,社区建设在实践中更具有涵盖性,在理论上更具有对现实活动的解释力和引导性,更能满足理论与实践的需要。总之,社区服务向社区建设转变具有深厚政治经济和社会文化根源,是政治经济体制改革、社会结构转型、发展基层民主和社会发展的需要催生社区服务向社区建设演进,实践证明,这一更具包容性的概念更能适应社会发展和满足现实需要。

三 主体多元:从政府行动到社会参与

传统上或应然上,社区建设的动力或推动力主要来源于社区内部,其建设主体也主要是社区内部力量。但由于我国市民社会发展相当不完善,不论是基层社会对自我利益的认识上,还是在行动基础与资源上,社会主体和力量都难以形成有效行动。但城市基层社区出现的问题则直接关系到基层社会的秩序与稳定,而秩序与稳定则是政府不可推卸的职责,政府对其肩负重大职责,于是,对基层社会稳定和社会秩序的需求成为政府推动社区建设的强大动力,因此,在我国现实社区建设过程中,其动力最初主要来源于政府,这似乎和社区建设的本来取向是相悖的,也和城市基层"自治"目标是相矛盾的,但在我国特殊的国情和现实发展阶段下,却具有相当的合理性和必然性。一方面,政府推动社区建设的动力来自社会控制和社会管理的需要。从另一个层面看,政府恰恰具有推动社区建设的能力与资源,也促使政府成为社区建设主推力,成为社区建设主导力量的重要原因。除了政府拥有的强制行政权之外,在当前的财政体制下,我国政府获取和掌握各种资源的途径是其他社会组织难以比拟的,所以政府也就有足够的力量来推动社区的建设。于是,政府强力推动正好补充了社区建设初期来源于社区（社会）自身的动力不足，使社区建设从可能性变成了现实性。政府可以借助行政力量来推进社区建设，在实际工作中，一方面政府会将推进社区建设工作纳入国民经济与社会发展规划，并作为完善城市功能、推动城市社区建设与发展的重要措施；另一方面政府采取"运动式"[①]的社区建设"示范"、"评比"、"达标"等形式，直接推动城市社区建设。尽管曾经我们一度对"运动式"一词忌讳莫深，其弊端也是显而易见的，但由于当前政治体制等原因，采取"运动式"行政策略似乎是推动某项活动或实施某项决策的最高效的手段，恰恰这种"运动式"的行政策略加强和巩固了政府在社区建设中的主推力和主导性地位。同时，由于我国城市社区建设是在政府倡导下开展，政府也是其主要推动力量，因而，政府在相当长的一个时期成为城市社区建设的行动主体，至少是主要行动力量，在社区建设的场域，呈现的是"政府主导，政府行动"的场景。

但是，社区的本质与属性决定了社区建设的社会性与全员性，国家或政府的过度膨胀不仅会压制社会和个人的自治空间，而且可能导致政府不堪重负，不仅无力承担起城市社区建设的重任，无力提供足够的服务，管理也力不从心；而且有可能会破坏社区内在的"生态环境"，这一"生态环境"的破坏进而会导致社区的失调或无序，有可能呈现"越是建设，问题越多"的困境。更为重要的是，政府行动所贯穿和遵循的"行政逻辑"与社会行动遵循的"社会逻辑"在社区领域中可能会产生激烈的碰撞，这将会导致政府行动和社会行动的作用和效果的"双重"减弱。从我国社区建设历程中可以看出，在相当长的历史时期，在我国当前的政治、社会体制下，我国政府保持着相当的强势和拥有决定性资源，其主导地位不可否认，但随着城市社区建设的开展，国家和政府逐步认识到仅仅依赖政府是难以完成城市社区建设重任的，社会力量的逐步发育和增强也逐步产生了参与城市社区建设的强烈欲望，也具有了一定的基础和力量，尽管其力量还很薄弱。于是，在国家和政府逐步"让渡"或"退缩"的前提下，社区社会各种力量开始逐步参与到城市社区建设中来，社区建设

---

① 笔者这里所言的"运动式"并非贬义，只是借用历史上的这一词语来表达当前政策实施的一种方式，具有某种外在相似性，本质上已经有根本的区别了。

中的参与主体日益多元化,在社区管理与服务中发挥重要的作用,社区建设过程中,形成了"治理"格局。如在20世纪90年代,天津市首先就出现了志愿者参与社区服务活动。特别是作为市民社会发展水平标志的各种社会组织力量逐步增强,其行为自主性日益增强,逐步参与到社区建设的实践过程中,并且发挥着重要作用。社区内各类社会组织参与社区建设,对于政府而言,减轻了政府的压力;对于社会组织而言,可以因此获得发展资源与政府支持;对社会而言,满足了社会的多元需求。而最为根本的是社会组织的参与为未来城市社区建设提供了重要的保障与前提。总之,社会力量与主体日益成为城市社区建设的重要主体和力量,"政府主导,社会行动"的社区建设格局雏形日渐明显,尽管还很稚嫩。在城市社区建设舞台上,因社区建设需要,政府和社会力量开始交织在一起。

四 关系理顺:从"垂直控制"到"横向协作"

从我国城市社区建设历程可以看出,我国社区体制总体上实际经历了"单位—街居"制到"街居"制的过程,并且逐步向"社区"制的发展演进历程,尽管这一演进过程可能会比较漫长。而这种社区体制变革的背后,实际反映的是社区关系的变革:从各类主体间关系的静态分布看,发生着从垂直到扁平方向的发展趋势;从主体间具体行动过程或方式看,呈现从控制到协商的变化趋势。总体上,社区内外的各种关系从"垂直控制"开始向"横向协作"的框架下过渡,各种关系逐步得以理顺,主要体现在以下几个方面:①街道与辖区单位的关系由相互独立、平行运作和关系不大,转变为相互依赖、合作运行和关系日趋密切。改革开放以前,街道与辖区内的单位关系不大,驻街单位与街道相互独立、平行地运作,双方互不干涉内政,形成"社区(地域社区)中社区(功能社区)"的独特现象,"飞来之地"成为开展社区建设的难题之一,特别是资源共享难以实现。改革开放以来,伴随着辖区内单位改革与改制等,单位本身发生巨大改变,导致街道与辖区内单位关系的重大变化。单位的很多传统功能开始转移到社区和街道,街道开始肩负起对辖区单位的服务和管理职责,而辖区内单位拥有的很多资源也得以通过谈判、协商的途径与社区、街道共享;面对辖区内彼此相关问题,辖区单位和街道、社区开始对话、协商,辖区单位积极参与到社区建设中来,街道社区也积极为辖区单位服务，建设性伙伴关系初见端倪。②街道办事处与居委会由实际上的领导与被领导关系，开始转变为指导、支持和帮助的关系，至少在理论或应然的层面上，双方都明确了此种关系定位。尽管宪法和法律上规定了社区居委会的"群众自治组织"的属性规定，规定街道办事处和居委会是指导关系。但在实践中，在相当长的一个时期内，居委会的"过渡行政化"成为居委会的一大诟病，也成为制约社会自治发展的一大障碍，这种现实矛盾的背后其实来源于制度设计的内在张力。而不少地方在实践探索的过程中，通过进行宏观制度改革和微观设计变革，居委会的自主性日益增强，其与政府讨价还价的空间日益增大，街道办事处与居委会间的指导、支持、帮助关系初见端倪，当然，要彻底解决二者的关系，则一方面关系着社区建设中对社区居委会的整体定位与整体制度的设计；另一方面彻底理顺关系还需要一个逐步探索的过程。但总体来看，前后二者关系的变化还是依稀可见的。③社区组织与社区其他组织关系逐步理顺。社区内除了社区组织（社区居委会和社区党组织）之外，还有物业公司、业主委员会和各种自治性的民间社会组织。在社区建设实践过程中，社区组织与物业公司、业主委员会的工作职责和内容有着紧密联系，甚至有着一定程度的交叉，工作中的推诿与扯皮也成为常见现象。近年在各地实践过程中，不少地方探索它们间合作的新路子，如社区居委会参与业主委员会，三者定期召开联席会等形式，通过平等协商的形式，有效地解决工作间的分歧，形成工作的合力。它们和社区民间组织之间，也逐步形成支持与互相帮助的局面，各种民间组织在丰富居民生活的同时，能够有效发挥动员和组织居民的作用，这种资源正是社区组织、物业公司所急需的，而民间组织在资金、资源等方面的困难和局限性却往往可以从物业公司、社区组织那里获得一定的支持与帮助。总而言之，社区内的各种社会组织开始在关于社区建设的问题上达成共识，平等协商、互相帮助成为新的潮流。至于社区组织内部，社区居委会和社区党组织的关系，从目前的实践来看，要远远好于农村的"两委"关系。④社区管理机制由行政化管理转变为民主化管理、社会化管理。管理机制，主要是管理的方式和关系之意。由于历史传统和各种社会体制机制的制约，前期的社区管理机制多呈现一种行政化管理现象，这种行政化的管理体现在主要依靠行政机关和部门，传达布置行政任务的方式进行，为了保证行政执行的有效性，很多采用"压力"

的策略,从上到下,层层传达,层层加压,从而形成了具有"科层化"特色的管理机制。而此种管理机制在社区中往往缺乏其制度环境与社会基础,其结果多出现科层化的权力在社区基层遇到阻隔而不能有效延伸,管理效果大为降低。而随着社区建设的推进,在社区建设实践过程中,政府部门逐渐转变管理方式,采用民主化、社会化的管理方式,激发社区管理资源,将社区资源和力量整合到有序有效的管理资源当中,使社会力量成为社区管理的重要组成部分。

这种社区关系理顺的背后,是与我国整个社会发展阶段和水平相一致的,随着社会发展,我国国家与社会关系开始逐步发生转变,社会力量逐步壮大,其自主性日益得以体现,国家与社会力量在众多领域呈现合作的局面。

五 重点转换:从社区设施到社区管理

从社区建设历程可以看出,在社区建设前期,当国家和政府面对着社会的现实需求与压力,如基层政权组织体系建设、公共服务短缺等问题时,政府和社会必然会采取直接应对性的解决措施,如构建和改革基层政权组织体系,建设社区服务设施,提供社区服务等。对于千头万绪的社区建设和千差万别的居民需求,中央政府和地方各级政府,以及社区居民均有着不同的考量,各种主体必须找到奠基于现实基础之上的行动契合点。于是,在解决问题的过程中,最迫切需要解决的、民众感触最为直接的、政府也最容易找到工作"抓手"的、也最容易取得可见性成果的,就是社区基础设施建设。于是,我们可以清晰地看到各地在社区建设实践前一个阶段,多把社区基础设施的建设作为首要目标,如湖北省武汉市实施"883计划"的社区建设行动,该行动启动于2002年,当时针对武汉市中心城区的883个社区(后来社区陆续增加,到目前为止已经达到1100多个)开展的文明社区建设活动。该活动提出以"四到社区"(社会保障到社区、城市管理到社区、社会治安综合治理到社区、社会服务到社区)为重点来提高居民生活质量和城市文明程度。在行动过程中,政府首先解决的是社区硬件环境,特别是老城区硬件环境问题。主要包括:①治理社区小餐饮污染。所有达标的社区中,烟尘排放、噪声控制和空调安装都达到有关标准,社区内的油烟扰民基本消除。②整治社区卫生死角。据统计,到 2004 年 6 月,全市共拆除社区内的违章建筑 46000 多处、40 万平方米,清理社区卫生死角达 1100 多处,在此基础上,将其改建成居民群众的集中活动场所或者绿化花坛,绿化面积达 32 万平方米。③改造和修补破损道路。2003—2004 年,共改造泥巴路 1635 条,修补破损道路 534 条。有的老城区的社区,道路破损、泥巴路的问题十几年甚至几十年都没有得到很好的解决,现在修建起了高标准的硬化道路,有的还建成了彩砖路,极大地方便了居民群众的出行。④改造社区排水管网。市政府在深入调查和勘察设计的基础上,决定拿出专门经费,对全市社区 1098 条路段的 300 公里排水管网进行改造。⑤安装社区路灯。到 2004 年 6 月,已安装路灯 5000 盏,政府决心让社区的路全部亮起来。同时,政府通过划拨、租借等多种途径,解决社区居委会办公用房问题,使居委会工作有阵地。应该说这些问题在比较短的时期内都取得了比较好的效果。在此之后,武汉市将社区建设的重心开始转移到社区管理体制上来,首先为了实现"四到社区"目标,实行"社区专干"制度,后又进行"社区专干"的"八大员整合"改革①,后来又逐步扩展到街道办事处的改革。无独有偶,最早探索社区建设的"镇江模式",虽然提出文明社区的目标是一个综合性社区建设目标,但其实能够有效落到实处的则是社区设施的增加与完善。特别是吉林"四平模式",更是"忽如一夜春风来"的首先解决了社区办公和服务用房和设施的问题。笔者将这种社区基础设施的建设称为社区"硬件"的建设,这种"硬件"建设是政府开展社区建设最容易采用的"抓手",也最容易取得"可视性"的成果。当然,这种硬件设施,包括组织体系建设也是社区建设的重要内容,是前提性的条件,也是社区居民所急需的。

但不论是从社区建设的内涵上,还是从国家和社会对社区建设的期望目标上,仅仅依靠社区基础设施的建设,或"有形"硬件设施的建设是远远无法解决社区问题的,也无法实现社区建设目标。其实,社区建设的关键,也是其难点在于社区管理,对于政府而言,其对社区建设寄予厚望的目标也在于实现社区的有序管理。而解决社区管理的重要途径就是进

---

① 对于此项改革后文有论述,在此不再详述。

社区管理体制的改革。笔者将社区管理体制改革称为社区"软件"建设。随着社区建设的推进，各地为了解决社区建设深层次的问题，都逐步将工作重心转移到社区管理体制中来。值得注意的是，凡是在社区建设早期注意到社区管理体制改革的地方社区建设实践活动，影响都比较深远，如"沈阳模式"、"江汉模式"。社区管理体制改革主要在于社区各种关系的调整，包括政府与社区关系、社区内部各种社会组织关系、居民和社会组织关系等。从社区"硬件"建设到"软件"建设，体现了社区建设的本质规律。因而有学者从社区建设战略层面上认为我国城市社区建设大致分为三个阶段：第一阶段，改革城市基层管理体制，完善街道和居委会的管理、服务功能，增强社区意识；第二阶段，发掘社区资源、发展社区事业，提高居民生活质量；第三阶段，建成居民自治体制。[1] 而笔者认为，自治体制建成的前提在于社区管理体制的改革，必须调整好社区中的各种关系，才能给社区自治足够空间。

六 决策自觉：从被动回应到主动筹划

从前述对我国社区建设历程的描述中，我们可以发现，不论是从社区服务的决策，还是社区建设的规划，从其产生来看，都带有极强的"头痛医头、脚痛医脚"的被动回应色彩。如前所述，当我们亟须巩固城市基层政权的时候，社区组织体系建设成为首要任务；当因体制改革带来社区服务不足时，我们党和国家又提出社区服务的战略部署；当发现社区服务无法解决社区秩序与稳定问题的时候，才进而采取社区建设的决策。这种被动回应型决策的存在，从根本上来说根源于我国处在社会转型阶段，特别是我国的改革是从经济领域开始的，只有当改革的后果波及或外溢到其他领域的时候，国家和社会才不得不在其他领域采取对应措施，而且是涉及哪一部分就改哪一部分。在一定意义上说，我国的改革在宏观上都是一种"回应"性的改革，因为没有现存的道路和模式可供模仿，只有到了各种矛盾凸显出来的时候，才据此进行相应的改革，这也印证了"摸着石头过河"改革的总体策略。被动回应式的决策在一定程度上解决了社区眼前的紧迫问题，但其局限性是显而易见的：一是因缺乏长远规划，

---

[1] 李宝库：《夯实城市基层基础积极发展社区建设》，《城市街居通讯》1999年第6期。

容易出现急功近利的社区建设行动；二是面对社会现实的迫切要求，各地政府容易采取"运动式"的社区建设策略；三是因缺乏对社区问题的深入认识，容易将社区问题表面化，无法从根本上解决社区问题；四是被动回应决策往往因其滞后性，而无法满足社区建设可持续发展需要；五是被动回应策略具有"零碎性"，无法形成社区建设的整体谋篇与规划，而社区建设实则为一项整体性的工程，"零碎性"的回应成效往往会被整体性的问题所消解。

随着社区建设的推进，各地实践经验也日益丰富，再加上理论界的努力，使理论界和实践界对社区建设的轮廓和规律有了较为清晰的认识，对社区建设决策的自觉意识明显增强，逐渐走出被动回应的局面。各地开始根据社区建设的规律与现实需要，主动筹划社区建设，主动筹划的社区建设更能保证社区建设的科学性与前瞻性，因其自觉与主动，对社区问题的解决也更具有效性和主动权。这种主动筹划，一是体现在关于城市社区建设的内容开始出现在各地各级别的发展规划当中，成为政府经济社会发展规划的一部分；二是各地政府在决策之前开展大量的社会调查，同时和理论工作者紧密合作；三是在中央政策指导下，开展自主性的社区建设实践创新。主动性的筹划，可以避免决策的滞后性、零碎性和表面化等问题，更容易使社区建设的各个方面形成一盘棋，使社区建设成效得以扩展和持久。决策的自觉性，也体现了国家和社会驾驭社会能力和管理水平的提高。

七 建设策略：从实验示范到全面推进

我国"摸着石头过河"的改革策略也体现在社区建设的实践探索中。"摸着石头过河"的改革策略最突出一点就是"实验"在先，采取"先实验再推广"、"以点带面"的改革策略来保证改革成功，同时避免大的社会动荡和问题，尽可能减少改革成本；而采取"示范榜样"的激励措施，是当前我国政府推进成功实验的重要手段，"实验"的本身也是一种"示范"，"示范"榜样的特殊功效在于避免使用传统的强制性、压力性的政策执行方式，却能够推进政策的实施。将"实验"与"示范"二者紧密结合起来，似乎成为改革的最好策略，既能减少改革成本，又能将改革成果全面推进①。这种改革策略也体现在我国的城市社区建设中，不论在中央决策，还是在地方实践过程中，政府往往根据不同地区社区建设所需的潜在要素发育程度、社区建设理论准备的实际情况来有选择、有重点地启动社区建设改革，在一些社区建设需要的各种要素发育较好、发展后劲充足，尤其是在社区建设理论经验能指导社区建设实践的地区率先进行实验性的改革。如在开展社区服务期间，民政部先后命名和表彰了一批"社区服务示范城区"，在社区建设过程中，1999年民政部选择了杭州市下城区、天津市和平区、武汉市江汉区等社区建设各要素发育发展较好，并具备一定理论经验指导的地区确定为国家级社区建设实验区，后来也进行了表彰和激励。在中国当前的体制下，中央或上级部门的"示范"和"表彰"性的做法对地方政府的激励效果是不容低估的，似乎比采取强制性的行政指标措施能取得更好的实际效果。

当通过实验积累到相当经验的时候，就地域范围来说，一方面通过"示范"效应逐步向全国其他地方推广；另一方面通过全国性的政策规定来推进社区建设。如中办发〔2000〕23号文件和中办发〔2010〕27号文件颁布实施的主要目的就在于将前期各地探索的成功经验吸收进国家和政府决策之中在全社会实施，以此来全面推进各地社区建设。就社区建设内容而言，也是一个从"实验示范"、"以点带面"到全面推进过程。在各地社区建设实验过程中，各地根据自身实际情况，都会有所侧重地选择改革重点和突破口，如"沈阳模式"将社区组织体制改革作为突破口，"江汉模式"将理顺政府和社区关系作为突破口，"四平模式"将社区硬件设施作为突破口等，然后通过改革，逐步深化，将诸多内容逐步纳入社区建设的总体布局中，使社区建设各项内容成为一整体。总而言之，通过这种"实验示范"办法，利用"以点带面"的效应，最终将社区建设在全国范围内铺开，将社区建设各方面内容全面推进。

通过上述对新中国成立以来我国城市社区建设历程的回顾及其发展脉络的剖析，清晰展现了我国城市社区建设所具有的外生型特征，但其内生型发展因子逐渐显露。所谓城市社区建设的"外生型"或"内生型"，主

---

① 当然，有学者认为中国这种改革方式采取的是以"时间"换"空间"的策略，在本质上并没有减少改革成本。

要是从社区建设主体、力量来源及其建设成果等方面对社区建设规律与特征的归纳与表达。

1. 城市社区建设的外生型特征明显

外生型是对城市社区建设主体、力量来源及其成果的"外生性"特征的抽象与归纳。这种外生型特征体现在：从社区建设的宏观国际环境看，我国城市社区建设尽管深具中国特色与气息，但被打上了"被动性"与"回应性"烙印，国际环境与国外力量是我国城市社区建设发展的重要诱导与影响力量，特别是改革开放以来，国际社区发展的实践影响和启发着我国社区建设实践；从社区建设目标看，社区建设的目标定位总是随着国家发展战略目标的转移而改变，渗透出明显的目标"依附性"或"附属性"，这是实践中政府经常在社区建设实践中将"社区"客体化、对象化的直接结果，也直接影响着社区建设在国家宏观战略中的地位变化；从社区建设主体看，因我国政府所具有的政治和财力资源优势，为政府成为推动社区建设的重要推动力奠定客观基础，在实践中，政府是社区建设舞台上具有压倒性优势的主导性力量，我国改革所具有的政府推动型特性也影响着社区建设的改革与推进，强化着社区建设的外生性。从社区建设内容上看，因多种因素的综合作用，各地在社区建设实践中，多将社区基础设施建设作为主要内容，成效也最为明显，或者说"可视化"的内容取得比较快速的建设成效。

2. 城市社区建设的内生型因子日渐萌发并壮大

在新中国成立60余年的社区建设历程中，尽管外生型特征明显，但其内生型的因子逐渐萌发并壮大，体现在：社区建设实践过程中，在社区建设主体方面，国家和政府开始注意到社区及个体利益在社区的存在及其对于社区建设的价值和意义，开始培育和利用社区内部力量来开展社区建设，并力图构建起政府与居民、国家与社会力量间的良性互动与配合机制；在社区建设内容方面，开始逐步认识到社区建设重在社区软件——社区管理体制的改革，逐步明晰了社区资本及社区精神对社区共同体培育及社区建设的重要性，实为社区建设难点，也是实现社区复兴的关键。自然，社区建设的软件或社区精神培育也取得了一定成效；从社区内部社会力量发育程度来看，社区内部社会力量逐渐发育，并开始在社区建设舞台上崭露头角，这种社区内部社会力量的发育突出地体现在社区内各种社会组织，特别是各类民间组织的发展和力量的壮大，开始显示出社区建设意义。

3. 城市社区建设未来路径：游走在理想与现实之间

从社区本质要求上来看，内生型的社区建设可谓社区建设的理想，但在我国当前国情下，外生型社区建设与内生型社区建设之间深藏着国家建构与社会自治的建设路径间的深层次张力，并且这种张力在短期内无法完全消解，这决定着进入内生型的社区建设状态还需要一个较长的时期。甚至内生型社区建设可能只是在某种具体环境与语境中的一种理想设计与追求，而在未来的神州大地上谱写出的可能既不是极端的外生型社区建设，也难以呈现绝对的理想化的内生型社区建设，而是一曲在利益整合的基础上，国家与社会互动、政府与居民协商、政府管理与居民自治互补的社区建设的和谐篇章，或者说未来的社区建设路径可能游走在理想与现实之间，这种游走状态，既是我国社区建设探索实践的结果，也为我国社区建设创新留下相当的制度空间。而且，不同地区不同时期，这种游走所处的标尺也必将因地因时而异，对于地方社区建设实践而言，它们所选择的是"最适合自己的道路，而非绝对最完美的道路，更非至美唯一普遍性的道路"，这种"现实性"或"务实性"的实践选择奠基于社区现实禀赋与现实国情之上，是社区建设主体的理性行为使然。

第三章 现实解剖：我国城市社区建设模式的属性特征

第一节 概念内涵及引入

一 同构性概念内涵及引入

"同构"最早是代数学领域的一个概念，指在数学对象之间定义的一类映射，它能揭示出在这些对象的属性或者操作之间存在的关系。若两个数学结构之间存在同构映射，那么这两个结构叫作同构。在数学中研究同构的主要目的是把数学理论应用于不同的领域，因为如果两个结构是同构的，那么其对象会有相似的属性和操作，对某个结构成立的命题在另一个结构上也就成立。可见，从词源意义上来讲，同构的基本含义是其相同性或相似性，其应用价值在于基于同构性基础建立两个物体或领域的相似关系，从而将一物体或领域的属性与操作应用到另一物体或领域。

笔者这里所言的"同构"，其基本内涵主要从以下几个方面进行理解：一是同构的核心在于其"相似性"，不仅两个事物存在某一领域中，而且必然存在联系，且联系的桥梁是其间的相似性；二是"似"而不"同"。即"相似性"不是"相同性"或"等同性"，同构的前提在于"相异性"或"异质性"的存在，同构与异质是一对矛盾，正是事物间有着"异质"的属性或表现等方面，才有研究二者关系的必要与可能；三是"相似性"是"质"与"量"的统一。"质"的相似性，这里指相似性既可能是事物本质方面、内在属性相似，也可能是外在表现的相似。既包括现象的相似，也包括内在原因的相似。"量"指相似的程度如何；四是同构性分析的外在描述和内在求源（原因）并存，但重在"求源"。之所以对相异事物间同构性进行分析，同构性描述仅是基础，重在对其背后原因的探讨和因向异性带来的可能后果的预设；五是"相似点"的选取确定是"目的性"的选取。进行任何研究都是有目的的，都是为了说明某一问题，于是对实践对象与素材进行选取与剪裁，既是因研究需要人理性构建的必然要求与结果，但也是研究过程中人理性弱点与局限性最容易滑落的陷阱。因而，必须最大限度地谨防和避免研究者以先入为主的"先见"框架和"脑海模式"去剪裁、截取丰满完整的现实，甚至将之撕裂或局部掩盖，一方面要防止理性膨胀下对现实的剪裁过度；另一方面无法除却的是研究目的所决定的必然选择性，这一矛盾不仅是研究"同构性"的困难，也是一般科学研究的"卡夫丁峡谷"。

圄于笔者以上对同构性的含义理解与判断，笔者这里分析我国城市社区建设同构性，其"同构性"主要指外在或内在的"相似性"或"一致性"，并且这种"相似性"和"一致性"既可能是可视性表现，也可能是潜在性的联系。同构性首先是一个比较性的概念，其目的就旨在通过对不同地区城市社区建设外在现象和内在原因进行比较分析，找出其具有相似性的东西；其次，分析社区建设同构性现象，根本目的在于以此挖掘觅源相似性的原因及可能影响。由于城市社区建设包含内容十分广泛，可供比较的内容和角度也比较多，其存在的"相似性"也颇多，当目的和手段确定以后，剩下就是比较对象的选取了。笔者认为要遵循"目的性选取"和"有限性剪裁"的基本原则来确定相似性的比较点。"目的性"选取，即选取的比较对象围绕本文的研究需要而展开，是为了满足研究需要而选取；"有限性剪裁"，意味着比较点的选取不是为了满足先见预设而在实践中寻找支撑与"注脚"，首先必须遵循客观现实状态与联系，全面、不失真地在理论上还原、表述客观现实是前提，尽量避免因研究预设的干扰性而放大或忽视其客观存在的现状与关系。对象的选取，可谓一种圄于目的性的"剪裁"，但这种"剪裁"必须克服"目的性"的泛滥，因此是"有限性"剪裁。很显然，这一任务将非常艰巨，笔者将尽力避免选择的"理性陷阱"。

二 非平衡性概念内涵及引入

非平衡性，顾名思义，即对象之间所具有的非平等性、相异性，或是存在差别性。我国城市社区建设的非平衡性，具有"质"和"量"两个方面，"质"即社区建设的内容规定性，或是社区建设的对象范围；"量"即社区建设的水平或程度。这种"质"和"量"的非平衡性，既是客观现实中社区建设结果的外在反映，也体现了社会不同主体对社区建设期望的非平衡性。非平衡性，不是非一致性和非等同性，"世界上没有两片完全一致的树叶"，笔者这里所言的非平衡性，同样是一个比较性的概念，主要指对象间的差异性和非均等性，既有"质"的差异，也有"量"的分别。

本文对我国社区建设进行反思性研究，其目的在于探寻社区建设过程中社区建设主体的功能与角色、行动与过程及其原因、后果。因此，比较点的选择必须与此紧密相关，都能够从不同角度不同程度地反映上述问题的某些方面。因此，本研究选取了社区管理体制、社区公共服务与设施、社区组织人员配备、社区社会组织、社区经费保障、社区参与民主自治六个方面内容，从全国范围内东部、中部、东北部和西部不同区域、城市内不同区位的社区、大中小城市规模和居民不同收入的社区四个层面进行比较分析，解剖我国城市社区建设的"同构性"与"非平衡性"。

第二节 同构性与非平衡性体现

总体来看，我国城市社区建设的同构性体现为三个方面：一是同构性的外化表现，或外在形式的同构化。这主要体现社区基础设施、社区公共服务、社区社会组织、社区参与方面；二是同构性的制度表现，即社区建设制度的同构性；三是同构性的社区建设管理和运行体制与机制。后两者则主要渗透在社区管理组织体系和体制中。笔者以下将通过社区管理体制、社区公共服务与设施、社区组织人员配备、社区社会组织、社区经费保障以及社区参与和民主自治六个方面来具体分析我国城市社区建设的同构性与非平衡性这一矛盾现象。

一 城市社区管理体制

体制，《辞海》中解释为"国家机关、企事业单位在机构设置、领导隶属关系和管理权限划分等方面的体系、制度、方法、形式等的总称"。管理体制是指管理系统的结构和组成方式，即采用怎样的组织形式以及如何将这些组织形式结合成为一个合理的有机系统,并以怎样的手段、方法来实现管理的任务和目的。主要包括管理单位的决策权限、隶属关系、机构设置、调控机制、监督方法等方面的结构体系和组织制度,其核心是管理机构设置及各机构间职能、权责的配置及其关系问题。当前,我国形成了以"街居制"为基础的城市社区管理体制,据此,笔者将以街居制为基础来论述我国城市社区管理体制的同构性与非平衡性,但由于街居制和县市级机构设置与管理活动紧密相连,因而社区管理关系往往扩展到市(县)层级,因而部分论述可能关涉市县层面。笔者认为城市社区管理体制的同构性与非平衡性主要体现在以下几个方面。

1. 传统社区管理领导组织体系的同构性与非平衡性

因社区管理体制在近几年改革过程中出现不少新的特点,社区管理组织体系呈现出传统社区管理组织体系和改革后社区管理组织体系两个阶段性特征。社区管理组织体系,实际上主要包括社区管理领导组织体系和社区组织体系两部分。从社区管理组织体系比较来看,这种同构性与非平衡性体现在"横向"和"纵向"两个方面,"横向"即不同地区间社区管理组织体系设置的相似性,"纵向"即在上下级社区管理组织机构设置的相似性和承接性,更多体现的是一种结构和关系上的"同构性"。

从横向比较上看,新中国成立开始不久我国就在城市基层形成了以街居制为基础的城市基层管理组织体系,尽管各地的街居组织体系内部设置,特别是街道办事处内部设置,随着时代发展和改革需要,不断进行变革也出现一定差异性,但从整体和宏观上看,街居组织体系的组织设置基本是大同小异的。包括区(县)政府部门向下延伸机构,即传统称为"条条"机构的设置也大同小异,在20世纪五六十年代,街道范围内属于"条条"管理的机构主要是"三所一场一院":粮管所、房管所、派出所、菜场和医院。到80年代,增加了工商所和环卫所,"三所"变成了"五所"。在传统的一般街居组织体系中,是由各级政府民政部门(或负责民政工作的科室)来具体实施城市社区建设领导工作。以湖北省江汉区满春街为例,湖北省民政厅设立"基层政权建设处",负责全省城乡社区建设统筹指导工作,武汉市民政局设立"基层政权与社区建设处",江汉区民政局设立"基层政权与社区建设科",江汉区满春街街道办事处原来设立"社会事务综合科"① 机构来具体负责牵头领导社区建设实施工作。其基本领导组织体系如图 3-1 所示。

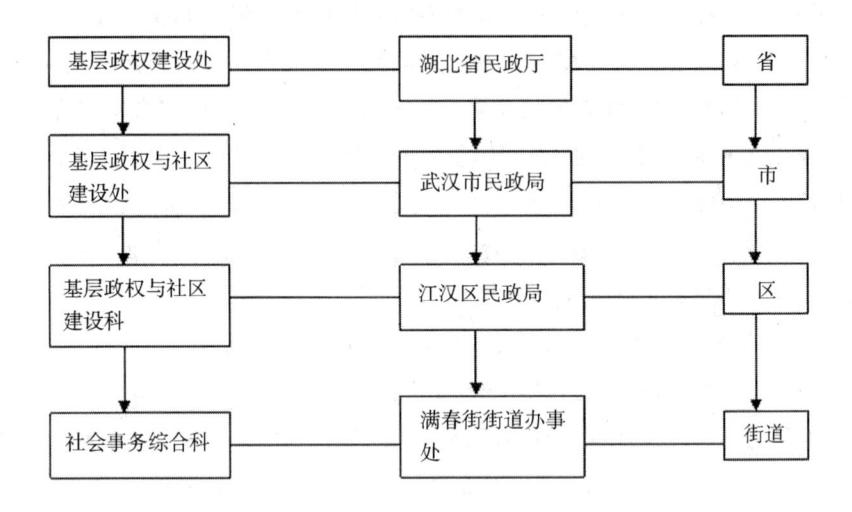

```
基层政权建设处 ──→ 湖北省民政厅 ──── 省
      │                │
      ↓                ↓
基层政权与社区  ──→ 武汉市民政局 ──── 市
建设处              │
      │            ↓
基层政权与社区  ──→ 江汉区民政局 ──── 区
建设科              │
      │            ↓
社会事务综合科 ──→ 满春街街道办事处 ── 街道
```

图 3-1　湖北省武汉市江汉区满春街街道办事处设置

全国其他地方社区管理组织领导体系也多与此大同小异，有的仅仅是名称不同而已，有的进行了局部变革，从全国范围内来看具有极大的相似性。

在纵向上，上下级政府社区管理组织机构设置也呈现相当的相似性，图 3-1 也能相当清晰地反映这一点，从省民政厅直到街道办事处层面，均建立社区建设的负责组织机构，并且从民政厅的基层政权建设处到街道办事处的社会事务综合科存在一种层级上的上下级关系和业务上的对应承接关系，全国其他地方也多类似。于是，不仅在机构设置、机构（科室）名称的相似或一致性，而且因存在行政层级关系，自然其间具有工作上领导与被领导关系，工作内容和程序上具有承接性，即上层级一个机构设立，往往意味着下级也有一个相应的或相类似的机构设立来完成工作上的承接和任务执行。通过设立隶属于自己的下级机构作为执行自己决策的行政管理模式也体现在城市社区建设的领导组织体系中。

---

① 在"江汉模式"第二轮改革中，街道办事处进行"一室四部"的整合改革，社区建设主要由街道综合服务部、综合管理部负责。

2. 改革后社区管理领导组织体系的同构性与非平衡性

2000年中办发〔2000〕23号文件的颁布实施，标志着全国城市社区建设的全面铺开，进入社区建设实验阶段，各地开始意识到为了更进一步地推动社区建设，必须进行管理体制的改革，然而管理体制的改革首先就体现在机构设置和组织体系改革上，而居委会作为基层的社会单位和末梢，对其改革主要体现在地理区域的调整上和职能功能定位改革上，居委会层面的其他改革的实质意义不大，而区级政权作为正式的政权机构改革的空间不是很大，而街道办事处作为一个派出机构，处于一种承上启下的"节点"位置，于是，社区管理组织体系改革的核心或重点在于街道层面，当然，由于其"节点"的位置，其改革也当然会关涉区级，甚至市级部门相关机构设置的变化。当前在宏观上关于街道体制改革理论界主要出现下述五种观点：一是主张把街道建成一线政府，实行"三级政府（市、区、街）三级管理"的城市管理体制。二是主张在继续维持街道办事处的派出机关性质的前提下，扩大其职权，使其行使一线政权的职能。三是主张把街道变成基层政府，而把现在的城区政权变为市政府的派出机关。四是主张取消街道办事处，把社区范围划小，由区政府直接指导居民委员会，彻底实行"两级政府（市、区）两级管理"的体制。五是主张因地制宜、不搞"一刀切"，实行多元化的城市管理体制[①]。在街道办事处内部，一些地方也进行了一定的改革。笔者这里将在实践中具有代表性的"上海模式"、"沈阳模式"等组织体系设置用图表直观地表现并加以分析，更能体现社区组织体系改革过程中横向的同构性与非平衡性。

比较早地做出社区管理领导组织体系改革探索的应当是"上海模式"和"沈阳模式"。图3-2为"上海模式"社区管理领导组织体系图。

笔者这里绘制的是"上海模式"的典型模式的最终模型，其社区是建立在街道层面的，也就是说它的街道办事处和社区居委会是"一套人马，两块牌子"，这也是上海模式的一大特点。为了解决"条条"部门职能交叉，决策执行的推诿扯皮问题，上海模式不仅成立了综合性的城区管理委员会，而且将街道（社区）层面的各"条"进行整合，成立四个发展委员会。图3-3为"沈阳模式"社区组织领导体系图。

---

① 刘秀琴、王金华：《当代中国基层政权建设》，中国社会出版社1995年版，第253页。

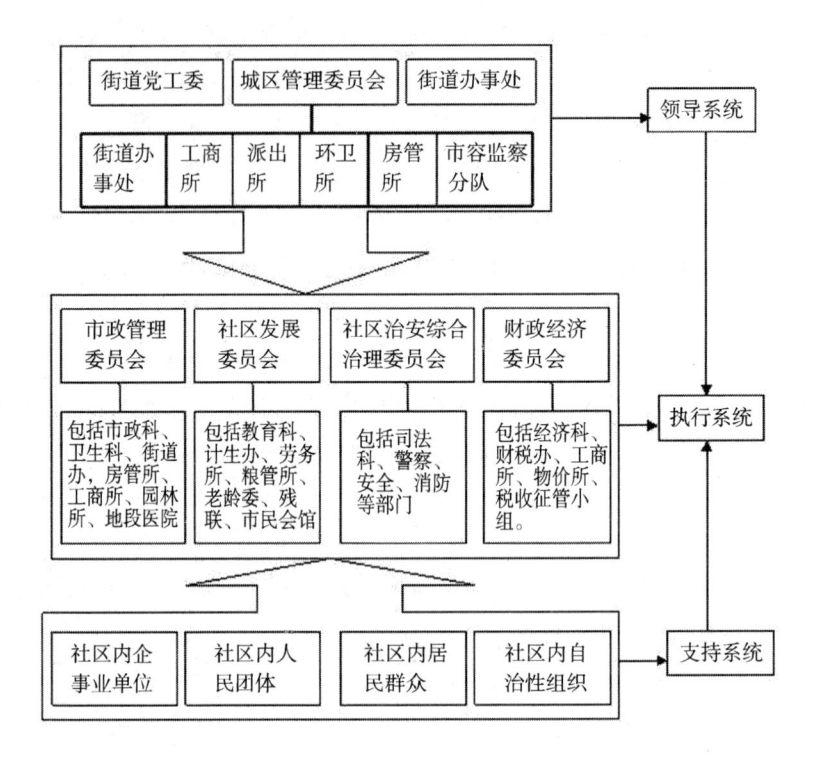

图3-2 "上海模式"社区管理领导组织体系图

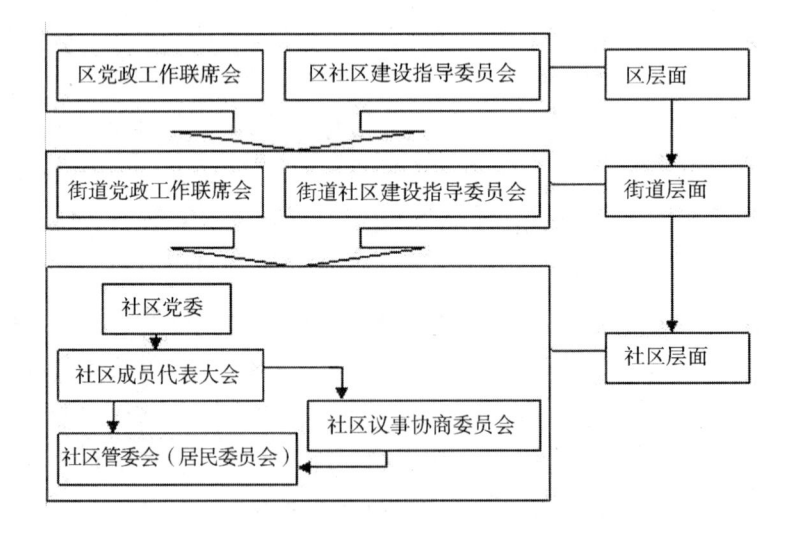

图3-3 "沈阳模式"社区组织领导体系图

第三章 现实解剖：我国城市社区建设模式的属性特征

"沈阳模式"社区管理领导组织体系改革的最大特点在于其从社区内部组织体系改革入手，构建了极具政治模仿性的"四驾马车"式的社区组织体系。同时在街道和区层面成立党政工作联席会和社区建设指导委员会。

随着社区建设实践探索的推进，比较有影响力的"青岛模式"、"鼓楼模式"、"振东模式"都对传统的社区管理领导组织体系进行了不同程度的改革。图3-4为"青岛模式"社区组织领导体系图。

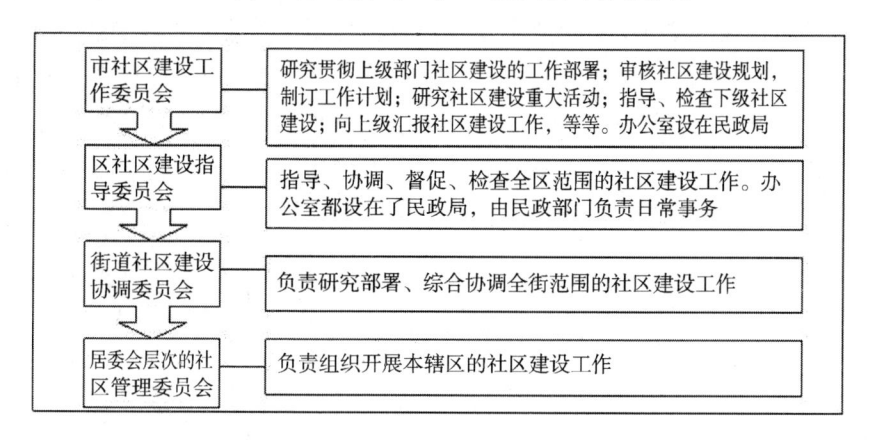

市社区建设工作委员会	研究贯彻上级部门社区建设的工作部署；审核社区建设规划，制订工作计划；研究社区建设重大活动；指导、检查下级社区建设；向上级汇报社区建设工作，等等。办公室设在民政局
区社区建设指导委员会	指导、协调、督促、检查全区范围的社区建设工作。办公室都设在了民政局，由民政部门负责日常事务
街道社区建设协调委员会	负责研究部署、综合协调全街范围的社区建设工作
居委会层次的社区管理委员会	负责组织开展本辖区的社区建设工作

图3-4 "青岛模式"社区组织领导体系图

图3-5为南京"鼓楼模式"组织体系图。

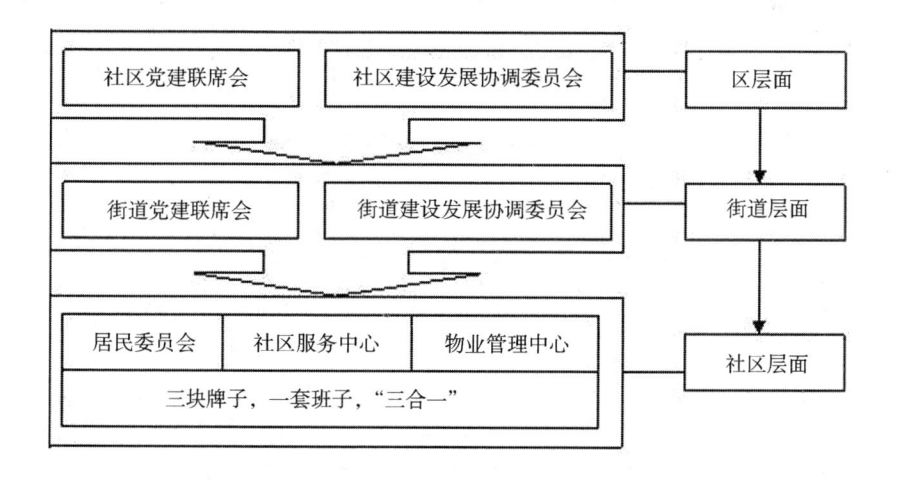

图3-5 南京"鼓楼模式"组织体系图

"青岛模式"、"鼓楼模式"的社区管理领导组织体系的改革具有很大相似性,就是成立专门的社区建设领导机构,特别是增设了协调性的机构,并且从区到街道,直到社区,均建立具有上下级领导关系的组织机构。

"江汉模式"是另一个在社区管理领导组织体系改革影响比较大的探索。因"江汉模式"到目前为止,大体上已经经历过两轮改革,并且中间是一个不断持续改革的过程,期间的社区管理组织体系也不断发生变化,并且各个组织主体间的关系是不相同的。第一轮改革主要是在明晰政府部门、街道办事处与社区居委会的职责,理顺三者关系的基础上,通过分权改革,实施"五个到社区"(工作人员配置到社区、工作任务落实到社区、服务承诺到社区、考评监督到社区、工作经费划拨到社区),在减轻居委会的负担基础上,将管理和服务下沉到社区,其形成的主要组织体系和管理体制如图3-6①所示。

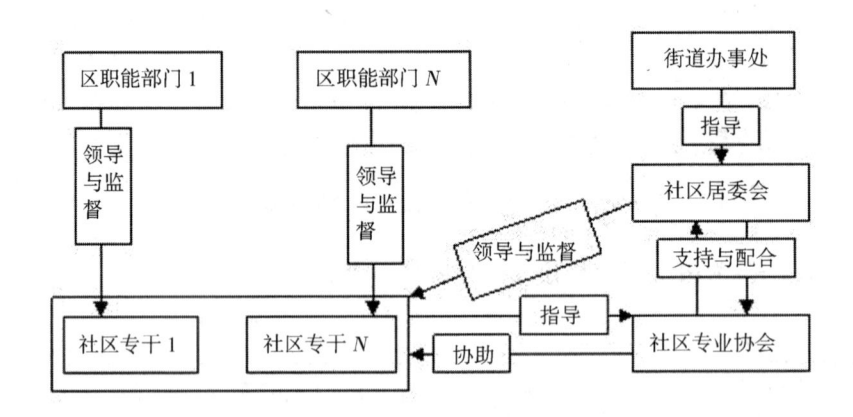

图3-6 江汉区第一轮改革社区管理体制

从2006年开始,为了解决专干工作中协助困难、重复工作和推诿扯皮等问题,"江汉模式"进行了新一轮的改革,改革重点是推进政府社会职能的协作化过程,解决社会管理和公共服务中的效能低下问题,建立社

---

① 本图是"江汉模式"最为典型的双重领导模式,实际上在第一轮改革过程中,区政府职能部门还有另外两种关系存在,即契约关系和功能互补关系。其组织体系是相同的,区别在于区政府职能部门、专干和社区居委会的关系不同。具体参见陈伟东《城市基层社会管理体制变迁:单位管理模式转向社区治理模式——武汉市江汉区社区建设目标模式、制度创新及可行性》,《理论月刊》2000年第12期。

会管理和公共服务的协作机制、居民自治的组织机制，俗称"八大员"整合改革①，并且此轮改革上升到阶段层面组织体系的改革，具体组织体系设置如图3-7所示。

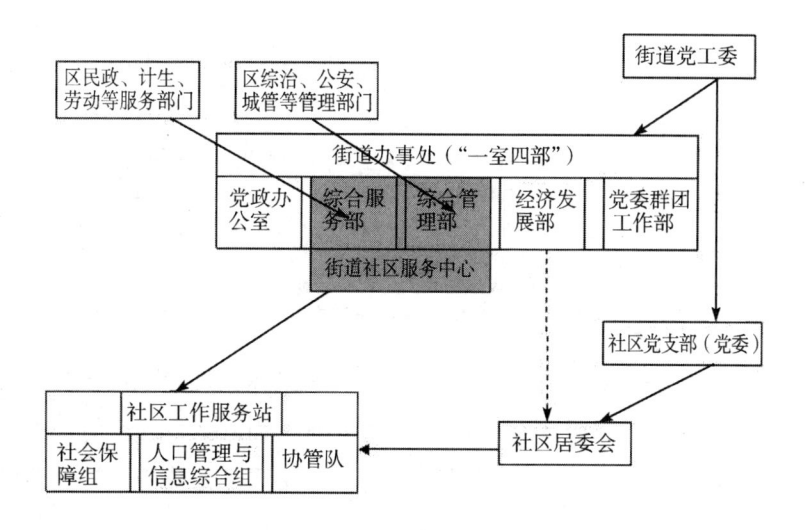

图3-7 江汉区第二轮改革社区管理体制

"江汉模式"的此轮改革对于社区管理组织体系而言，具有"革命性"的意义，一方面，对社区中的"条条"进行整合，具有"大部制"改革的气息；另一方面，将改革向上扩展到街道层面，便于进一步理顺社区和街道、政府和社会的关系。

另外，深圳"盐田模式"也是在社区建设领导组织体系改革中比较具有代表意义的一种模式，因"盐田模式"也经历了几次改革，图3-8也是最具代表性的一种组织体系结构图。

"盐田模式"最大的特点在于相当独立的"居（社区居委会）站（社区工作站）分社"，而且社区居委会和社区工作站在经费保障和人员待遇上存在较大差距。同时，在社区内部，成立社区服务站，积极组建社区专业协会，来满足社区居民日常生活和生产需要。

---

① "八大员"是江汉区政府对社区公共服务员的统称，包括社区服务员和社区协管员两类。在实际运行中，江汉区并不仅仅存在八类人员，但改革只选择了安保队员、计划生育专干、最低生活保障专干、劳动与社会保障专干、残疾人协理员、流动人口协管员、信访专干、城管协管员进行了整合改革。

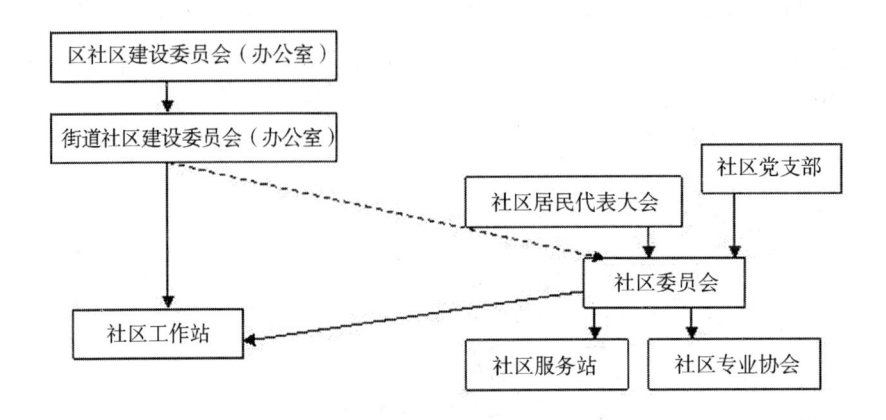

图 3-8　深圳"盐田模式"社区管理体制

以上具有改革创新性的各种社区管理组织体系模式不仅体现了各个模式或各个地区社区建设实践的非平衡性特征，而且经过社区管理领导组织体系改革的社区相对于其他没有改革的社区而言，也体现了社区建设的非平衡性。毕竟如前所述，我国的城市社区建设在建设策略上是采取"实验示范"来逐步推进的，这就意味着实验性的探索必然带来非平衡性的结果。

但在全国横向比较上来看，依然具有以下几个相似性的特点：一是绝大多数的改革基本是在街居体制内的一种改革，或者说是在街居体制内机构的增减、整合与撤并，街居组织体系框架实质性突破很少。二是改革的具体做法具有很大的相似性，即绝大多数地方为了推动社区建设的需要，从区（有的地方从地市）级到街道办事处层面，都建立专门领导和指导社区建设的机构。这种社区建设的领导组织机构又分为两种情况：一种是人员常设性的，即设有专门常规性组织机构与人员，具体负责社区建设领导与指导，如"青岛模式"的社区建设委员会；另一种是人员非常设性的，即属于协商议事性的临时机构，其人员一般由与社区建设相关的部门领导组成，如"沈阳模式"的社区建设协调指导委员会。前者一般是独立组织机构存在，后者一般多依附于或内属于政府民政部门内设置的一个委员会或办公室。三是社区管理组织机构一般与党组织机构相互配合或融合，这一现象在改革中具有相当的普遍性。如"上海模式"因将社区定位于街道办事处层面，因而其社区建设的领导系统中本身就包含街道党工委、城区管理委员会和街道办事处；"沈阳模式"在成立区、街道社区建设指导委员会的同时，成立党政工作联席会；南京"鼓楼模式"也类似地在成立社区发展协调委员会的同时，成立党建联席会，甚至在一些地方，社区建设协调性的工作会议是通过党建联席会的方式而将各个部门连接起来的。

同样，从以上各个改革模式的纵向上看，其新设立的城市社区建设领导组织体系上下级之间依然具有机构设置的相似性和工作任务承接性的特点，"青岛模式"、"鼓楼模式"最为典型突出。上级新成立和整合一个新的社区建设领导机构，往往其下级就成立相应的组织机构来对接，直至社区，于是，导致社区组织结构与政府组织结构的雷同现象，很明显，这是政府组织结构强制性输入社区的结果，是政府行政推进社区建设的产物，不论是传统的街居组织体系，还是改革后的组织体系，似乎这是一条固有规律，如此组织体系，更多体现的是行政逻辑与规律，在相当大的程度上体现了满足基层政权建设的需要。

3. 社区组织体系的同构性与非平衡性

从社区组织（社区居委会和社区党组织）[①]体系设置的横向比较来看，其相似性相当突出。当然，这种相似性的部分根源来自法律法规的硬性规定，如《社区居委会组织法》规定"居民委员会根据居民居住状况，按照便于居民自治的原则，一般在一百户至七百户的范围内设立"，"居民委员会根据需要设人民调解、治安保卫、公共卫生等委员会。居民委员会成员可以兼任下属的委员会的成员。居民较少的居民委员会可以不设下属的委员会，由居民委员会的成员分工负责有关工作"，"居民委员会向居民会议负责并报告工作"。这种法律性的规定，奠定了在社区成立社区居民大会（或社区成员代表大会）、社区居委会以及各类下属委员会的基本组织体系格局的法律基础。同时，因为党组织体系延伸的需要，一般在社区均成立社区党组织（一般是社区党支部，部分是社区党委，主要根据社区党员数量规模来相应设立）。于是，当前在社区中一般形成了社区成员大会（或社区成员代表大会）、社区居委会（包括下属的工作委员会）和社区党支部（党委）的基本组织体系格局。但目前全国大多数社

[①] 尽管社区居委会在法律上的地位明确地定位于"居民自治组织"，但在现实中其作为国家政权末梢的角色是不可否认的，其承担的事情管理角色与功能也是无法除却的，因而，笔者也将居委会组织视为社区管理机构的一部分。其实，俗称的"街居制"已经将居委会组织作为社区管理体系的一部分了。

区居委会下属的各委员会均为虚设，其人员基本由社区"两委"人员兼任。这种传统的社区组织体系如图3-9所示。

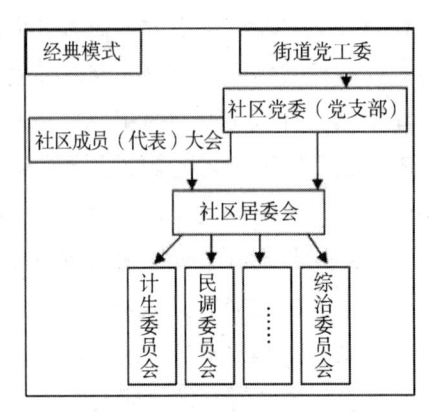

图3-9 社区组织体系设置的经典模式

在近年来的社区组织体系改革过程中，不论是从社区内部组织关系，还是从社区内外组织关系而言，部分地区在实践过程中都做出了一定程度的创新探讨，其中一个共性的特点是，大多都成立了社区议事性的非常设机构。这种议事性的机构主要有两种形式：一种是社区内的议事机构，主要是为了解决社区成员大会或成员代表大会难以召开，或不能及时召开的问题，同时也为了增强社区内部自我管理、自我监督的能力；另一种一般是由社区内居委会、居民代表和社区辖区单位代表参加的议事机构，多是为了解决社区和辖区单位在社区建设上的关系而设立。在社区组织体系改革最为突出的、影响也比较大的就是极具政治模仿性的"四驾马车"式的"沈阳模式"的社区组织体系（见图3-10），这一组织体系后来被海南的"振东模式"所效仿。从全国范围来看，各地在社区建设实践过程中，不少地区对社区组织体系进行一定程度改革，体现了其非平衡性与差异性，但在这种差异性的同时，其改革也具有很大的相似性，或者相互之间具有很强的模仿借鉴性。

4. 社区管理组织机构功能的同构性与非平衡性

街居体制与城市社区管理组织机构是紧密联系在一起的，街道办事处和社区居委会是社区建设与管理的主要依托，街道办事处和社区居委会（居民委员会）的工作任务和社区建设的内容具有相当的一致性，因而，从街道办事处和社区居委会（居民委员会）的职责功能，就能反映社区管理组织功能的同构性问题。1954年颁布实施的《城市街道办事处组织

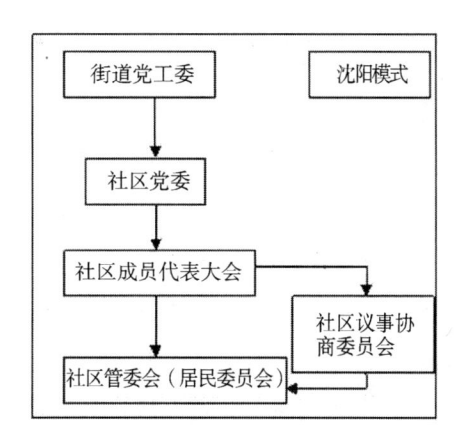

第三章 现实解剖：我国城市社区建设模式的属性特征　　77

```
街道党工委          沈阳模式
   ↓
社区党委
   ↓
社区成员代表大会 ←→ 社区议事协
   ↓                商委员会
社区管委会（居民委员会） ←
```

图 3-10　社区组织体系设置的"沈阳模式"

条例》和《城市居民委员会组织条例》对街道办事处和居民委员会的职责及功能有着总体上的规定，这些有关街道办事处和居民委员会职责的规定基本上划定了当时社区管理组织机构功能的基本轮廓。1954年的《城市街道办事处组织条例》第四条规定，街道办事处的任务如下：①办理市、市辖区的人民委员会有关居民工作的交办事项；②指导居民委员会的工作；③反映居民的意见和要求。可见当时街道办事处职责相当简单。而1954年的《城市居民委员会组织条例》第二条规定，城市居民委员会的任务如下：①办理有关居民的公共福利事项；②向当地人民委员会或者它的派出机关反映居民的意见和要求；③动员居民响应政府号召并遵守法律；④领导群众性的治安保卫工作；⑤调解居民间的纠纷。

随着社会的发展和改革开放的推进，我国不论是整个社会发展阶段和社会形势，还是社区管理体制都发生了巨大的变化，社区管理组织机构的功能也发生了较大的变化。包括城市街道办事处和社区居委会的功能都发生了较大改变。如根据2004年10月27日第十届全国人民代表大会常务委员会第十二次会议修正的《中华人民共和国地方各级人民代表大会和地方各级人民政府组织法》规定，现阶段的街道办事处主要担负着以下九方面任务：①发展、管理街道经济的任务；②城市管理的任务，包括本辖区的市容管理、环境卫生管理、市政设施和园林绿化管理、环境保护等；③民政工作，包括优抚救济、拥军优属、社会福利等；④开展社区服务；⑤人口管理的任务，包括计划生育管理、劳动人口就业管理、暂住人口管理等；

⑥社会治安综合治理的任务；⑦社会主义精神文明建设的任务，包括开展社区文化、教育、科技、体育、卫生保健，以及培养"四有新人"的工作；⑧行政管理的任务以及办理区政府交办的有关事项；⑨指导居民委员会工作，反映居民的意见和要求等。而1989年颁布实施的《城市居民委员会组织法》第三条规定：居民委员会的任务包括：①宣传宪法、法律、法规和国家的政策，维护居民的合法权益，教育居民履行依法应尽的义务，爱护公共财产，开展多种形式的社会主义精神文明建设活动；②办理本居住地区居民的公共事务和公益事业；③调解民间纠纷；④协助维护社会治安；⑤协助人民政府或者它的派出机关做好与居民利益有关的公共卫生、计划生育、优抚救济、青少年教育等项工作；⑥向人民政府或者它的派出机关反映居民的意见、要求和提出建议。同时，第四条规定：居民委员会应当开展便民利民的社区服务活动，可以兴办有关的服务事业。可见，无论是街道办事处还是居民委员会，其功能均有较大范围的增加。中办发〔2010〕27号文件进一步将社区居民委员会的职责概括为3个方面：依法组织居民开展自治活动；依法协助城市基层政府或者它的派出机关开展工作；依法依规组织开展有关监督活动。从全国范围来看，在没有进行改革的街道办事处和社区居民委员会，其功能大同小异。

　　同时，各地在实践改革探索过程中，社区管理组织机构的功能也有着一定的差异，或非平衡性。这种差异主要体现在以下几个方面：一是新设立加强社区建设的领导组织机构。在社区建设实践探索过程中，有一突出特点就是在区、街道两级多成立社区建设协调性或综合性的领导机构，如此类似的新增设机构，一方面分解了原有机构的职能；另一方面各地增设社区建设的领导组织机构职能上存在差异。二是各地在探索政府和社区关系过程中，实践中对社区建设组织机构的功能进行不同方向的改革处理。如"上海模式"对街道办事处的职责范围在"放权"的指导下，有着较大范围的增加，而不少地方呈现街道办事处逐步弱化现象。对于社区居民委员会也是一样，部分地区单设社区工作站或社区服务站来承接政府部门工作任务，而相当部分地区该项任务仍由社区居委会来承接。三是各地因具体环境或条件、居民需求的不同，而使社区管理机构的功能范围或任务侧重点有着一定的差异。如在国企改革攻坚时期，东北老工业地区的社区管理机构面临着两大任务：一是居民就业；二是社会稳定。而这种任务对于深圳或上海等经济发达地区的社区管理机构而言,显然并非其工作重点。

二 社区公共服务与设施

社区公共服务是建立在社会服务和公共服务两个概念基础之上的概念。国际通行的社会服务概念一般由福利服务、公共服务和具有社会导向的公民个人服务或称社会化的私人服务三部分组成[①]。而公共服务主要是指公共部门为了直接满足公民基本的、具体的公共需求,生产、提供和管理公共产品及特殊私人产品的活动、行为和过程。公共服务使用公共权力或公共资源,维护社会公平,体现公共利益。对于何为社会公共服务,学界没有一致的看法,特别是对于社会公共服务的外延,几乎是一个仁者见仁、智者见智的概念,在中西方不同的语境和国情下,社会公共服务的内涵和外延被赋予了不同的含义,于是出现了很多人都在说公共服务,但其所指则并非一致的奇怪局面。而在我国,社会公共服务一般指通过国家权力介入或公共资源投入为满足公民的社会发展活动的直接需要所提供的服务。社会发展领域包括教育、科学普及、医疗卫生、社会保障及环境保护等领域。社会公共服务是为满足公民的生存、生活、发展等社会性直接需求,如公办教育、公办医疗、公办社会福利等。杨团在社会公共服务概念的基础上,认为社区公共服务是从社区视角看待的社会公共服务,可分为为了各社区的一般需要而由社区联合体或大社区提供的社会公共服务,称为社区公共服务Ⅰ,以及社区为满足自己的特殊需求而自行安排的公共服务,称为社区公共服务Ⅱ。简而言之,即"以社区为单位提供的社会公共服务",从而将具有社会导向的个人服务和私人服务剔除在社区公共服务之外,解决了随着社会发展,在社区不断涌现的公共性质更强的那部分服务无法与便民利民服务共用一套话语系统的矛盾[②]。高鉴国在此基础上认为将社区公共服务简明定义为"以社区为基础的社会公共服务"更好,理想模式的社区公共服务应当有以下主要特征:一是由"社区的"和

---

① 福利服务的内涵一般是指以服务形态提供的社会福利;社会公共服务一般是指依托社会公共设施或公共部门、公共资源的服务;具有社会导向的公民个人服务,是指为满足公民个人带有普遍性需求的,并且可能以社会化方式提供的服务,例如心理治疗、职业咨询、家务服务、身心保健等。社会福利服务和社会化的私人服务的服务对象都是个人,而公共服务的对象则是有着公共需求或者共同偏好的消费者群体。

② 杨团:《社区公共服务论析》,华夏出版社2002年版,第36页。

"社区内的"公共服务组织来提供；二是依托"社区的"和"社区内的"公共设施来实施；三是满足"社区的"和"社区内的"公共需求；四是具有一定的福利和救助性质。[1]

要提供服务，离不开一定的服务设施，一定的服务设施决定了服务的内容。社区公共服务设施，是指政府、社区居委会以及其他各方面力量，为了便利社区居民生活、满足身心健康发展需要、方便社区管理，直接为本社区居住用地内居民提供服务的基本性、共享性设施，一般包括公共建筑及其场地，还有附属设备等。[2] 社区公共服务设施包括软件设施和硬件设施，其中硬件服务设施主要包括社区办公用房、社区居民活动室、社区服务中心（站）、社区休闲健身广场、社区警务室、社区乒乓球桌、台球桌、办公电脑等；软件服务设施主要是指为了促进社区管理和服务的需要而建立的信息网络平台，如社区管理信息系统、社区求助呼救系统、社区服务网站等[3]。陈伟东教授认为社区公共服务设施主要是指由政府提供的，在街道和社区两个圈层配置的，以满足社会管理、公共服务、居民参与所需要的，与居民群体生活息息相关的基础性服务设施，按其内容主要分为三类：①生活服务设施，指在社区层面上配置的，通过市场提供的商业性、便民利民性、日常生活用的服务设施，如商店、超市、餐厅、洗衣店、美容美发店等。②社会管理设施，指为实现社区的社会管理功能的设施，包括社区组织用房、社区警务室等。③社会福利设施，指为居民提供基本福利服务功能的设施，包括社区服务中心、养老院、幼儿园（托儿所、学前班）、老人护理照料室、再就业培训中心、医疗卫生服务站、文体活动设施、公共活动场所、公共图书室等；按主体功能分为综合性社区服务设施和单一性社区服务设施[4]。

---

[1] 高鉴国：《社区公共服务的性质与供给》，《东南学术》2006 年第 6 期。

[2] 陈伟东：《社区服务体系设施建设研究报告咨询报告》，国家发展和改革委员会招投标项目"社区服务体系建设标准研究"的最终研究成果，2008 年。

[3] 熊光祥、陈伟东：《社区公共服务设施的内涵与类型》，《社区》2006 年第 11S 期。

[4] 陈伟东教授认为从宏观上讲，建设部在《城市居住区规划设计规范》[GB50180—93（修订本）]中将其按使用性质分为教育、医疗卫生、文化体育、商业服务、金融邮电、社区服务、市政公用和行政管理及其他八类。从微观上讲，则是指以上八类中的社区服务类设施，包括社区服务中心（含老年人服务中心）、养老院、托儿所、残疾人托养所、治安联防站、社区组织用房和物业管理设施等。由于市政公用设施和金融邮电设施一直是由政府部门规划、建设和投入的，不纳入社区公共服务设施的范畴。参见陈伟东咨询报告《社区服务体系设施建设研究报告咨询报告》。

1. 社区服务项目内容及设施的同构性与非平衡性

根据 2005 年民政部组织的全国百城社区调查[①]中居民问卷相关数据统计表明，全国大部分社区中与居民日常生活密切相关的社区生活服务设施较为齐全，在被调查的 12 项社区服务设施中，其中有 8 项的辐射率在 60% 以上，特别是小超市或小卖部、美容美发店、有线电视等服务设施的辐射率[②]都很高，85% 以上的居民选择了这三项[③]。具体情况见表 3-1。

表 3-1 　　　　全国百城社区调查：社区服务设施覆盖情况

单位：%

服务设施	健身设施	文化设施	儿童服务设施	老人服务设施	菜市场	劳动保障服务站
有	53.3	52.6	41.7	54.5	70.1	61.4
没有	38.5	36.4	43.8	34.3	25.5	23.9
不清楚	6.6	9.3	12.5	9.5	2.4	12.6

---

① 2005 年 4 月 25 日至 6 月 15 日，民政部在全国范围内随机抽取了除香港、澳门、台湾外的 31 个省、自治区、直辖市的 100 个城市中的 300 个社区、3000 户居民进行了社区建设基本情况抽样调查。该次调查主要以问卷调查的方式进行，问卷由"中国城市社区建设调查（城区、县级市政府负责人）问卷及基础情况表"、"中国城市社区建设调查（社区居委会负责人）问卷及基础情况表"、"中国城市社区建设调查（居民个人）问卷"共三份问卷组成。本次调查共发放问卷 3400 份，回收问卷为 3224 份，回收率为 94.82%。其中有效问卷为 3211 份，有效问卷率为 99.60%。其中 100 个"中国城市社区建设调查（城区、县级市政府负责人）问卷"回收问卷 97 份，回收率为 97%；有效问卷 96 份，有效问卷率为 98.97%。300 个"中国城市社区建设调查（社区居委会负责人）问卷"回收问卷 293 份，回收率为 97.67%，其中有效问卷 291 份，有效问卷率为 99.32%。3000 份"中国城市社区建设调查（居民个人）问卷"共回收问卷 2834 份，回收率 94.47%；其中有效问卷为 2824 份，有效问卷率为 99.65%。中国城市社区建设调查（社区居委会）基础情况统计表的普查对象为 260 个社区的居委会，共发出问卷 256 份，回收问卷 243 份，回收率为 94.92%；其中有效问卷 235 份，有效问卷率为 96.70%。该次调查是一次性的典型全国性的抽样调查，具有相当的覆盖率和代表性。后文所提及的百城社区调查有关数据均出自此次调查。

② 主要从社区服务设施辐射率（S）的角度来揭示当前社区服务设施的供给现状和居民受益范围，下同。社区服务设施辐射率（S）指社区服务设施能辐射到的居民占全体居民的比率，用其揭示某项社区服务设施的居民可获得性，从而反映其空间分布现状和特点。即 $S = N/M \times 100\%$，其中，$N =$ 选择某一具体服务设施的居民数，$M =$ 被调查的居民总数。

③ 此统计数据中，有部分问卷是缺失值，所以，可能出现三种选项总和不到 100% 的情况。

续表

服务设施	小超市或小卖铺	餐厅	美容美发店	有线电视	宽带接入	社区卫生站
有	88.5	75.9	85.1	91.9	67.7	69.3
没有	8.5	19.4	11.4	6.1	20.6	22.8
不清楚	1.2	2.6	1.8	0.8	0.1	6.2

由此可见，覆盖率排在前六位的是生活服务设施，说明社区生活服务设施的配置现状较好，而排在后六位的是社会福利服务设施，说明社会福利服务设施的规划和配置比较滞后。

从具有社会公共性、福利性的社区服务设施来看，也存在各种服务设施配置的同构性与非平衡性。笔者抽取建设部和北京市、上海市、深圳市、武汉市、南京市地方政府已出台实施的社区公共服务设施规划标准进行对比，如表3-2所示。

表3-2　　　　　　　社区公共服务设施规划比较

服务设施与项目	建设部①	北京市	上海市	深圳市	武汉市	南京市	比率（%）
社区用房	√	√	√	√	√	√	100
警务室	√	√	√	√	√	√	100
文化活动中心（站）	√	√	√	√	√	√	100
养老院、托老所	√	√	√	√	√	√	100
卫生服务中心（站）（含门诊所）	√	√	√	√	√	√	100
幼（托）儿园	√	√	√	√		√	83.3
社区服务中心（站）		√	√	√	√	√	83.3
居民运动场馆	√		√	√		√	66.7
文化广场		√	√	√		√	66.7

---

①　由于建设部颁布的国家标准是关于居住区（街道）公共服务设施规划设计规范，因此，在设施项目内容设置上还包括商业服务设施、金融邮电设施、市政公用设施、行政管理设施等。

第三章 现实解剖：我国城市社区建设模式的属性特征   83

续表

服务设施与项目	建设部[①]	北京市	上海市	深圳市	武汉市	南京市	比率（%）
综合医院	√	√		√	√		66.7
残疾人托养所	√	√	√				66.7
物业管理	√	√			√		50
居民健身设施	√			√	√		50
老年学院			√			√	50
社区康复与健康服务中心			√	√	√		50
小学	√	√					33.3
中学	√	√					33.3
妇女俱乐部			√	√			33.3
职业培训与服务			√	√			33.3
公共绿地			√	√			33.3
心理咨询室					√		16.7
社区矫治室					√		16.7

从表 3-2 可以看出，社区用房、警务室、文化活动中心（站）、养老院或托老所、卫生服务中心（站）（含门诊所）的规划率达到 100%，而心理咨询室和社区矫治室只有武汉市规划设立。从而说明，从政府规划的那一刻起，意味着全国社区服务设施将有可能出现同构性的结果。当然，我们也能看到不同地方的不同规划设计，这则说明各地社区规划非平衡性行动的存在。

同时，社区服务设施的非平衡性不仅体现在覆盖率上，而且更为严重地体现在配置"量"的差异上，根据百城社区调查的统计数据，有 30.64% 社区办公房面积在 201 平方米以上，有 25.53% 的社区办公房面积在 50 平方米以下，有 18.3% 的社区办公房面积在 51—100 平方米，有 2.99% 的社区未填。可见，社区居委会办公用房的面积呈现两极分化现象

---

① 由于建设部颁布的国家标准是关于居住区（街道）公共服务设施规划设计规范，因此，在设施项目内容设置上还包括商业服务设施、金融邮电设施、市政公用设施、行政管理设施等。

十分严重。具体情况如表3-3所示。

表3-3　　　　全国百城社区调查：社区居委会办公房面积

单位:%

面积（平方米）	50平方米及以下	51—100	101—150	151—200	201平方米及以上	未填
比例	25.53	18.3	13.2	8.5	30.64	2.99

在一个城市内部，各类社区服务设施项目内容及设施的供给也体现出非平衡性和同构性矛盾的存在。如在武汉市，根据笔者所在的单位组织的2006年对武汉城市社区的摸底调查，武汉市各社区服务设施，除综合性的社区服务站和服务中心外，其主要社区服务设施及覆盖率如表3-4所示。

表3-4　　　　　　武汉市社区服务设施覆盖情况

单位:%

项目	警务室	室外健身活动场所	市民学校	图书馆	老年活动室	卫生服务站	幼儿园托儿所	青少年活动中心
覆盖率	86.7	65.6	65.3	63.2	62.5	62.0	48.2	41.2
项目	法律咨询室	医院、卫生院	文化广场	室内健身活动场所	老年大学	养老院、老年公寓	心理咨询室	小饭桌
覆盖率	33.9	28.7	28.0	21.9	17.9	16.1	11.0	6.0

根据表3-4可见，警务室、室外健身活动场所的覆盖率要远远高于养老院或老年公寓、心理咨询室、小饭桌等设施。而警务室、市民学校和图书馆的覆盖率比较高的主要原因在于该市在推进社区建设过程中，将此类设施作为标准化和规范化的设施标准来要求，因为该类设施一般涉及社区居民的普遍需求。而室外健身活动场所一般因投资较少，其覆盖率也比较高。而对于一些特殊需求的服务设施则相对较少。

2. 全国四大区域①社区公共服务及设施的同构性与非平衡性

当前，各地社区服务中心和社区服务站是提供社区公共服务的基本平台，因而笔者在此对全国的城镇社区服务站和社区服务中心情况进行对比分析，能够比较有代表性地反映四大区域在社区公共服务及其设施配置上的差异。从总体情况看，截至 2009 年底，全国共有各类社区服务中心 17.5 万个，其中综合性社区服务中心 10003 个；居委会社区服务站 5.3 万个，其他社区服务设施 11.2 万个。城市便民、利民服务网点 69.3 万个②。据此，笔者按照传统的东部、中部、东北和西部四大区域划分，对其人均占有量③进行计算，其具体情况如表 3 - 5 所示。

表 3 - 5　　2009 年全国四大区域城镇社区服务设施分布总体情况④

地区	地区人口（万）	社区居委会数	社区服务设施	社区服务中心	社区服务站	其他社区服务设施	便民利民服务网点	人均社区服务设施	人均社区服务中心	人均社区服务站数	人均其他社区服务设施	人均便民利民服务网点	社区服务站覆盖率(%)⑤
全国	133474	84689	174976	10003	53170	111803	692625	1.31	0.07	0.40	0.84	5.19	62.78
东部	48442.9	35127	103819	3281	23723	76815	321366	2.14	0.07	0.49	1.59	6.63	67.53

---

① 四大区域的划分最早实际来源于经济上的划分，东部 10 省（市）包括北京、天津、河北、上海、江苏、浙江、福建、山东、广东和海南；中部 6 省包括山西、安徽、江西、河南、湖北和湖南；西部 12 省（区、市）包括内蒙古、广西、重庆、四川、贵州、云南、西藏、陕西、甘肃、青海、宁夏和新疆；东北 3 省包括辽宁、吉林和黑龙江。

② 《2009 年民政事业发展统计报告》，http：//cws.mca.gov.cn/article/tjbg/201006/20100600081422.shtml？2。

③ 因为是在四大区域上宏观地判断服务设施分配情况，笔者认为采用各类服务设施的人均占有量比服务设施的覆盖率（社区服务设施/社区个数）更能反映服务设施的配备充足与短缺情况，因为各个社区人口不一致，甚至超大规模社区出现，如果仅用服务设施覆盖率来计算，不能反映服务设施真正情况，因此笔者这里采用人均量来衡量各类服务设施配备情况。当然，对社区服务站同时采用了覆盖率的指标，即全国社区服务站个数/全国社区数量。

④ 此表中相关数据来源于《中国统计年鉴 2010》、《中国民政统计年鉴 2010》，中国统计出版社 2010 年版。

⑤ 社区服务站覆盖率 = 全国社区服务站个数/全国社区数量。

续表

地区	地区人口（万）	社区居委会数	社区服务设施	社区服务中心	社区服务站	其他社区服务设施	便民利民服务网点	人均社区服务设施	人均社区服务中心	人均社区服务站数	人均其他社区服务设施	人均便民利民服务网点	社区服务站覆盖率（%）
中部	35603.5	19996	31485	2427	8843	20215	125854	0.88	0.07	0.25	0.57	3.53	44.22
东北部	10884.6	8584	12465	1146	5057	6262	143824	1.15	0.11	0.46	0.58	13.21	58.91
西部	36729.7	20982	27207	3149	15547	8511	101581	0.74	0.09	0.42	0.23	2.77	74.10

全国区域性社区公共服务及设施的同构性与非平衡性可以从两个方面进行比较：一是各类服务设施在每一区域的分布情况；二是四大区域内各类服务设施分布情况。前者可以反映在一个区域内各类服务设施间的分布情况；后者可以反映每一服务设施在四大区域间的分布情况。

从表3-5中可以看出，在每一个区域内部各类服务设施配备的非平衡性，如东、中、西、东北部四大区域的便民利民服务网点的人均占有量不仅远远高于社区服务站，也高于其他社区服务设施；同时，我们可以看出每一社区服务设施在四个区域间分布的非平衡性，如从人均服务设施拥有量来看，东部的人均服务设施远远高于西部的人均服务设施。整体上看，社区服务设施总量的人均占有量从高到低依次是东部、东北部、中部和西部；人均社区服务中心的人均占有量从高到低依次是东北部、西部、东部和中部，但极为接近；其他社区服务设施人均占有量从高到低依次是东部、东北部、中部和西部；便民利民服务网点的人均占有量从高到低依次是东北部、东部、中部和西部；社区服务站的覆盖率从高到低依次是西部、东部、东北部和中部，但差别不大。

同时，表3-5数据还反映了全国社区服务设施配置结构的同构性，即各类社区服务设施在四大区域上呈现一致性的特点，如四大区域上的便民利民服务网点都远远多于其他设施。同时，也能反映某类社区服务设施在四大区域间分布情况。如将社区服务设施中具有典型代表性的人均社区服务中心和人均社区服务站单独进行比较，可以清晰看出，全国人均社区服务中心的拥有量基本是相当的,而人均社区服务站,东部、东北部和西部基本持平,而中部则低得多,但也体现出相对的一致性,彼此差别不是很大。

同时,从各类具体服务内容和设施在区域上覆盖率来看,依然能看出此种同构性与非平衡性并存的局面。笔者将2005年民政部组织的百城社区调查的相关数据进行整理,选取社区组织用房、社区警务室、星光老年之家、老年福利机构、老年活动设施、医疗卫生服务站、劳保服务站、儿童设施、社区健身活动和社区文化设施共10项社区服务设施进行比较,各具体社区服务设施在四大区域的覆盖率如表3-6所示。

表3-6　　　　全国百城社区调查:服务内容和设施覆盖情况

单位:%

地区	全国社区数(个)	办公设施 社区组织用房	安全服务设施 社区警务室	老年人服务设施① 星光老年之家	老年福利机构	老年活动设施	医疗卫生服务 医疗卫生服务站	劳动保障 劳保服务站	儿童服务设施 儿童设施	体育文化设施 社区健身活动	社区文化设施
全国	70954	95.2	80.1	32.3	10.2	54.5	66.3	61.4	41.7	53.3	52.6
东部	30059	97.1	80.6	39.1	11.2	60.6	71.3	58.0	44.5	60.2	56.2
东北部	8963	98.3	86.5	24.8	7.6	40.6	61.5	71.1	32.9	42.7	34.6
中部	14270	94.5	78.5	31.1	13.3	48.7	69.1	66.3	39.9	57.7	52.6
西部	17662	90.8	77.3	25.2	25.2	54.8	70.6	58.6	41.6	50.6	54.6

表3-6的数据依然可以体现出具体社区服务设施配置的同构性。即各类具体社区服务设施在四大区域上呈现一致性的特点,如老年人服务设施在四大区域上都是覆盖率最低的,而社区组织用房和社区警务室覆盖率

---

① 老年人服务设施中的星光老年之家和老年福利机构采用的数据来源于2006年中国民政统计年鉴,其覆盖率也是按照2006年民政年鉴中的数据计算而得。笔者将同一设施配置状况采用同一年份的数据,不会影响本研究的分析。

均是最高的,其变化趋势基本一致。

同时,也可以看出在每一个区域内部各类服务设施配备的非平衡性,如社区组织用房、社区警务室、医疗卫生服务站、劳保服务站的覆盖率要远远高于老年人服务设施和儿童服务等设施;也可以发现各具体社区服务设施在四个区域间分布的非平衡性,如社区健身文化设施的覆盖率从高到低依次是东部、中部、西部和东北部等。因此表3-6中各类社区服务设施在四个区域间的非平衡分布在数值上不是很明显,笔者以柱状图(见图3-11)进行更清晰的体现。

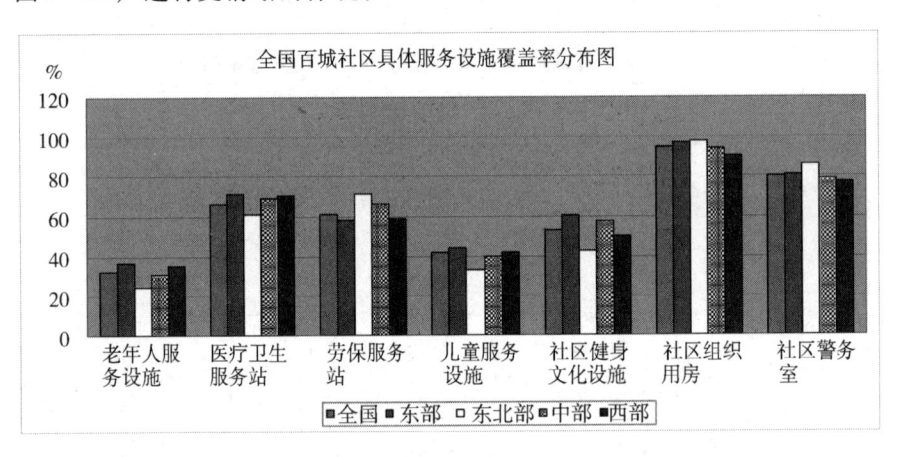

图 3-11 四个区域间社区服务设施非平衡性分布

如果将各区域社区服务设施的覆盖率与全国该类服务设施平均覆盖率相比,即全国水平的项目比[①],也可以明显看出各类服务设施分布的非平衡性。具体情况如表3-7所示。

表3-7　　　　　　社区服务设施覆盖率的全国水平项目比

水平 区域	高于全国水平		低于全国水平		最高水平		最低水平	
	项目个数	比率(%)	项目个数	比率(%)	项目个数	比率(%)	项目个数	比率(%)
东部	9	90	1	10	6	60	1	10

[①] 社区服务设施项目总数为10项,项目比 = 处于某一水平的服务设施数/10×100%。

续表

水平\区域	高于全国水平 项目个数	比率（%）	低于全国水平 项目个数	比率（%）	最高水平 项目个数	比率（%）	最低水平 项目个数	比率（%）
东北部	3	30	7	70	3	30	7	70
中部	4	40	6	60	0	0	0	0
西部	4	40	6	60	1	10	2	20

从表3-7可以看出，在整体上，东部的整体水平要好于西部和东北部地区，而中部地区处于中间地位。

3. 不同城市规模的社区公共服务设施的同构性与非平衡性

在大中小不同规模的城市内，其社区公共服务设施的分布往往也体现着一定的差异，同时包含着一定的一致性。笔者选取百城社区调查中几个具有代表性的公共服务设施（社区服务中心、社区医疗站和社区文化广场三个指标）的覆盖率进行对比分析。

对于社区服务中心，从其分布最多的区间看，在抽取的46个大城市的市/区中，拥有社区服务中心在6个到15个之间的有26个市/区，占56.52%；在抽取的25个中等城市的市/区中，拥有社区服务中心在5个及以下的有9个市/区，占36%；在抽取的26个小城市的市/区中，拥有社区服务中心在5个及以下的有11个市/区，占42.31%，具体如表3-8所示。

表3-8　　　　　　　　社区服务中心分布情况

城市类别	城市个数	5个及以下 个数	比率（%）	6—15个 个数	比率（%）	16—30个 个数	比率（%）	31个及以上 个数	比率（%）	没填 个数	比率（%）
大城市	46	11	23.91	26	56.52	0	0.00	7	15.22	2	4.35
中等城市	25	9	36.00	6	24.00	3	12.00	3	12.00	3	12.00
小城市	26	11	42.31	1	3.85	3	11.54	1	3.85	8	30.77

从表3-8数据来看，大中小城市的市/区拥有的社区服务中心量在每一区间的分布有着较大的差异性；而从大中小城市在每一区间的分布，可以发现中小城市所拥有的社区服务中心数量多在低值区间，而大城市所拥

有的社区服务中心数量多在中等值区间，而拥有特别多社区服务中心的市区在大中小城市中都不是很多。尽管本数据受制于城市市区规模和人口因素的影响，但在相对意义上也能够体现大城市的社区服务中心配置情况要好于中小城市。

4. 城市内不同区位社区服务设施配置的同构性与非平衡性

在一个城市内部不同的区位（在这里指地理区位），其公共服务设施的配置同样存在一定的同构性与非平衡性。笔者以武汉市为例，将武汉市分为中心城区、近邻区和远郊区三大区域①，根据2005年笔者所在的湖北省城市社区建设研究中心对武汉市社区进行基础情况调查②的数据，选取涵盖文化、老年、医疗卫生、安全救助、体育健身5类服务，包括图书室、市民学校等14项具体社区公共服务设施的覆盖率进行比较，基本情况如表3-9所示。

表3-9　　　　　武汉市不同区位社区服务设施配置情况

单位:%

地域	文化服务				老年服务			医疗卫生服务		安全救助服务			体育健身服务	
	图书室	市民学校	小型文化广场	青少年活动中心	养老院	老年大学	老年活动室	社区卫生服务站	医院、卫生院	社区警务室	法律咨询室	社区心理咨询室	室内健身场所	室外健身场所
中心城区	80.29	85.1	31.73	53.73	13.94	15.38	75.84	71.15	21.63	96.63	38.46	15.87	23.8	81.25

---

① 中心城区包括京汉大道以南、四唯路以西的汉口区域，中山路内环的武昌区域，江汉二桥以东、红建路以北的汉阳区域（本报告对中心城区的确定保持与西方的中心市概念基本接轨，主要是指与当地人们概念里的旧城区或新中国成立前的城市建成区，或原城墙保卫的地域基本相当）；近邻区包括除中心区以外的江岸区、江汉区、硚口区、汉阳区、武昌区、洪山区、青山区、东西湖区8个区；远郊区包括江夏区、黄陂区、新洲区、蔡甸区、汉南区5个区。

② 2005年5月28日—6月28日，华中师范大学湖北城市社区建设研究中心对武汉市15个区、108个街道、1171个社区进行居委会普查和居民问卷抽样调查，发放居民问卷1100份，回收1000份，回收率为90.1%；居委会问卷发出1713份，回收问卷1119份，回收率为95.56%。以下涉及2005年武汉市社区普查均指此次普查。

第三章　现实解剖：我国城市社区建设模式的属性特征

续表

地域	文化服务				老年服务			医疗卫生服务		安全救助服务			体育健身服务	
	图书室	市民学校	小型文化广场	青少年活动中心	养老院	老年大学	老年活动室	社区卫生服务站	医院、卫生院	社区警务室	法律咨询室	社区心理咨询室	室内健身场所	室外健身场所
近邻区	73.66	77.64	38.41	51.17	11.39	19.62	72.15	60.08	20.99	91.22	40.47	14.13	27.3	82.58
远郊区	35.54	33.13	13.86	18.67	22.89	18.67	39.76	54.82	43.38	72.29	22.89	3.01	14.46	33.13

从表3-9数据来看，中心城区和近邻区的各类服务社区中，除养老院、医院和卫生院的覆盖率[①]低于远郊区外，其他各类社区服务设施的覆盖率都远远高于远郊区，而中心城区和近邻区的各类服务设施覆盖率基本持平；同时，从表3-9数据还可以发现各城区内各类服务设施配置结构的非平衡性，社区警务室均是覆盖率最高的社区服务设施，而社区心理咨询室则均是覆盖率最低的社区服务设施；从每个区位社区不同社区服务设施配置来看，中心城区和近邻区的走势基本一致，而且呈现比较明显的相对重合性，说明在该两大区域内，不仅各类社区服务设施的配置结构相似，而且其覆盖率也极为接近，即在配置结果和配置数量（在此体现为覆盖率）上均呈现同构性特征。而中心城区、近邻区和远郊区的走势出现部分一致性，但也呈现部分比较明显的交叉，说明远郊区的社区服务设施的总体配置结构已经和中心城区、近邻区存在一定的差别，即配置结构的非平衡性。

[①] 笔者认为数据中出现中心城区、近邻区的医院、卫生院覆盖率低于远郊区，并非是前者配置数量低于后者，主要原因有两点：一是本次普查是以社区为普查对象的，让各居委会填写社区内的医院和卫生院，居委会将很多市、县所属的公立医院都未包括在内；二是中心城区和近邻区的社区地域规模相对而言比较小，因医院设置的规模、覆盖率和效率的考虑，在一个社区内的确存在没有医院的现象。

为了更好反映各类服务设施的配置情况，将上述14项具体服务设施分为文化服务、老年服务、医疗卫生服务、安全救助服务和体育健身服务5大类，其在三个不同区位的覆盖情况如表3-10所示。

表3-10　　　　　　武汉市部分社区服务设施的配置情况

单位:%

地域	文化服务	老年服务	医疗卫生服务	安全救助服务	体育健身服务
中心城区	62.71	35.05	46.39	50.32	52.53
近邻区	60.22	34.39	40.54	48.61	54.94
远郊区	25.30	27.11	49.10	32.73	23.80

从表3-10可以发现，中心城区和近邻区的各类服务社区中，除医疗卫生服务设施的覆盖率外，其他各类社区服务设施的覆盖率远远高于远郊区，而中心城区和近邻区的各类服务设施覆盖率基本持平；同时，社区服务设施的分布，同样体现了各城区内各类服务设施配置结构的非平衡性，中心城区和近郊区的文化服务设施的覆盖率均是最高，而老年服务设施均最低，而远郊区的医疗服务设施覆盖率最高，而文化服务和体育健身服务设施覆盖率最低；而且，中心城区和近邻区的社区服务设施分布的走势同样基本一致，说明在该两大区域内社区服务设施的配置结构和配置数量均呈现同构性特征。

5. 不同居民收入类型社区公共服务设施配置的同构性与非平衡性

社区居民的收入水平往往与社区建设水平存在着紧密联系，笔者根据2005年百城社区调查的相关数据，依据居民收入水平将社区分为高等收入社区、中等收入社区和低等收入社区[①]，选取社区居委会办公用房和居民活动场所两个服务设施来透视不同收入类型社区服务设施配置的同构性与非平衡性。

根据全国百城社区调查数据，在调查的250个社区中，高等收入社区93个，中等收入社区42个，低等收入社区95个，各种类型社区的居委

---

① 因此次调查采取抽查方式进行，对于高中低收入不同居民类型的社区均是在抽查之前已经确定好的。高中低收入均是一个相对概念，而并非是有一个绝对收入值的绝对概念。

会办公用房面积的分布区间如表3-11所示。

表3-11　全国百城社区调查：不同收入类型社区的办公用房情况

单位：个

收入类型	社区个数	办公面积（单位：平方米）									
		50个及以下	比率(%)	51—100	比率(%)	101—150	比率(%)	151—200	比率(%)	201个及以上	比率(%)	未填	比率(%)
高等收入	93	23	24.73	17	18.28	12	12.90	9	9.68	31	33.33	2	2.15
中等收入	42	15	35.71	7	16.67	2	4.76	2	4.76	15	35.71	1	2.38
低等收入	95	20	21.05	19	20.00	14	14.74	9	9.47	26	27.37	4	4.21

不同类型社区居委会办公用房面积在不同区间分布比率的不同，能整体上反映某类型社区办公用房配置的情况，表3-11的数据反映了高中低收入不同类型社区的居委会办公用房面积分布存在差异，但可以看出办公用房超过200平方米的社区在高中低收入类型的社区中均占有较大比例，说明全国有相当部分社区居委会办公用房面积超过了200平方米；同时可以看出，每一类型社区的办公用房面积均存在非平衡性现象；根据高中低收入类型社区办公用房面积的走势看，有部分的交叉，说明不同面积的办公用房在不同类型的社区分布呈现不一致性，如中等收入类型社区与高、低等收入社区类型存在较大的差别，但高等收入社区和低等收入社区办公用房面积的总体状况呈现一定程度的一致性。而且不同收入类型社区有一个共同的特点，就是50平方米以下和200平方米以上均占有很大比例，从而印证了前述居委会办公用房面积呈现两极分化的总体格局。

根据全国百城社区调查的数据，居民活动场地处数和未成年人活动场地数在高中低不同收入类型社区的分布情况如表3-12所示。

表3-12　全国百城社区调查：居民活动场地情况

收入类型	社区个数	居民活动场地处数						未成年人活动场地数					
		没有	1处	2处	3处	4处	5处及以上	没有	1处	2处	3处	4处	5处及以上
高等收入	93	25	15	12	10	8	25	43	31	9	7	1	1

续表

收入类型	社区个数	居民活动场地处数						未成年人活动场地数					
^	^	没有	1处	2处	3处	4处	5处及以上	没有	1处	2处	3处	4处	5处及以上
中等收入	42	9	10	10	2	4	7	19	15	3	2	3	0
低等收入	95	26	25	14	11	3	15	44	27	11	5	2	4

从表 3-12 数据可以看出，整体上低等收入社区要好于高等收入社区，而高等收入社区要好于中等收入社区；同时，高中低收入各类型的社区居民活动场地均呈现两极分化的趋势，即相当高比例社区没有活动场地，同时相当部分社区拥有 5 处以上的活动场地。而从未成年人活动场地的分布数据中可以看出，高等收入社区要好于低等收入社区，而低等收入社区要好于中等收入社区；同时，高中低收入社区的未成年人活动场地均不是很多，呈现一致性特征。

若将三种不同类型社区的各类服务设施在每个社区中的个数，即社区个数比①进行比较，则可以反映在整体上各类服务设施在各类社区中的分布情况，同时可以看出居民活动场地和未成年人活动场地配置的情况。笔者将表 3-12 进行计算整理后得出表 3-13。

表 3-13　全国百城社区调查：不同收入类型社区的居民活动场地情况

收入类型	社区个数	居民活动场地		未成年人活动场地	
^	^	处数	社区个数比	处数	社区个数比
高等收入	93	226	2.43	79	0.85
中等收入	42	87	2.07	39	0.93
低等收入	95	173	1.82	92	0.97

根据表 3-13 可以看出，社区居民活动场地在个数比上高、中、低社区依次减少，说明该类服务设施在三类社区的配置程度依次减弱；而对于

---

① 社区个数比 = 设施个数/社区数。

未成年人活动场地而言，高中低社区均配置比较低，而且呈现和居民活动场地相反的结构趋势，低等收入社区要高于中等收入社区，中等收入社区要高于高等收入社区，但配置情况差异不十分明显。

三 社区组织人员配备

组织队伍建设是社区建设的重要内容，而社区组织工作人员的配备是组织队伍建设的前提和重要保障，也是反映社区建设状况与水平的重要指标，近年来全国各地在社区建设的实践过程中，都将社区组织人员的配备摆在重要地位。但在全国相当多地方，社区组织中社区党组织人员和社区居委会成员有着高度的重合性，因而笔者选取社区工作人员中最为重要的，也是最为基本的社区自治组织——社区居委会人员进行对比分析。

1. 全国四大区域社区居委会人员配置的同构性与非平衡性

居委会人员的配置状况可以从两个方面来进行衡量：一是工作人员的配备比率；二是人员结构，包括性别、年龄、学历等基本情况。笔者根据2010年中国民政统计年鉴和2010年中国统计年鉴的相关数据进行统计，四大区域社区居委会人员配备基本情况如表3-14所示。

表3-14　　　　　全国四大区域居委会人员配备情况

地区	地区总人口（万人）	社区居委会数量（个）	社区居委会人员数（人）	平均每社区居委会人员数（人）	社区居委会人员千人比[①]
全国	133474	84689	430860	5.09	0.32
东部	48442.9	35127	187335	5.33	0.39
中部	35603.5	19996	91499	4.58	0.26
东北部	10884.6	8584	45119	5.26	0.41
西部	36729.7	20982	106907	5.10	0.29

因为平均每个社区居委会成员的配备数量只能体现每个社区居委会成

---

① 社区居委会人员千人比 =（社区居委会人员总数/社区人口总数）×1000。表示每千人拥有居委会工作人员的人数。

员配备情况，因而笔者进一步将社区居委会人员千人比指标进行比较，来进一步衡量社区居委会人员配备情况。从表3-14可以看出，不论是从每个社区居委会人员配置比，还是从社区居委会人员千人比来看，东、中、西、东北部四个区域的居委会人员配置的数量上存在一定的差别，东部要高于东北地区，东北地区要稍高于西部地区，而西部地区要稍高于中部地区，但平均每个社区居委会人员数彼此间差别比较小，而社区居委会人员千人比则相差比较大。

对于社区居委会人员结构，笔者选取政治面貌、性别、学历和年龄四个方面进行分析，基本情况如表3-15所示。

表3-15　　　　　全国四大区域社区居委会人员结构状况

地区	社区居委会个数（个）	社区居委会成员								
		人员总人数（人）	中共党员（人）	党员比例（%）	女性（人）	女性比例（%）	大学专科（人）	专科比例（%）	55岁及以下（人）	55岁及以下比例（%）
东部	35127	187335	104607	55.84	94426	50.40	19324	10.32	172251	91.95
中部	19996	91499	52543	57.42	42513	46.46	3974	4.34	88263	96.46
东北部	8584	45119	20606	45.67	30813	68.29	4878	10.81	43779	97.03
西部	20982	106907	56458	52.81	46955	43.92	6527	6.11	102504	95.88

从表3-15可以清晰地看出，从全国范围来看，除了东北部的居委会成员女性比例稍高于其他区域，中共党员的比例稍稍低于其他区域外，东部、中部和西部的上述四项成员结构要素均呈现水平性的一致性，说明全国社区居委会成员在人口结构上没有明显的区别。从年龄结构上看，绝大部分成员在55岁以下，说明全国四大区域内各地居委会成员的年龄结构还是比较合理的，年轻化趋势开始显现，但具备专科学历的人员普遍较低，说明高层次人才在社区居委会中十分少，而且在全国来说是普遍现象。

2. 大中小城市规模社区居委会人员配置的同构性与非平衡性

对此，笔者分别选取湖北省的武汉市、宜昌市和天门市作为大城市、中等城市和小城市的代表，根据2009年湖北省城市社区普查相关数据来分析其居委会人员配置情况。其人员配置基本情况如表3-16所示。

表 3-16　　　　　2009 年湖北省社区普查居委会人员配置情况

城市	全市人口（人）	社区个数（个）	居委会成员数（人）	平均每社区人员数（人）	社区居委会人员千人比
武汉市	7142999	1255	5148	4.101992	0.72
宜昌市	3006880	259	1214	4.687259	0.40
天门市	415552	62	264	4.258065	0.64

从表 3-16 可以看出，在每个社区人员配置的平均人数上，中等城市要稍高于大城市和小城市，但三个地区差异不大，但是在社区人员的千人比上，武汉市要明显高于宜昌市和天门市，尽管宜昌市平均每社区居委会成员数要高于天门市，但其千人比却远远低于天门市。笔者对此种情况进行调查得知，主要是两种原因导致：一是因为宜昌市城市中的大部分社区已经实行社区服务站和社区居委会分设，人员实行了彼此分离，而此次统计的仅为社区居委会人员，而天门市大部分社区的社区服务站和社区居委会没有分开，只有社区居委会一支队伍，因而每个社区配备的社区居委会人员相对多些；二是在客观事实上，宜昌市的社区人口规模相对较大。

根据 2009 年湖北省城市社区普查数据，其社区居委会人员结构情况如表 3-17 所示。

表 3-17　　　　　湖北省社区居委会人员结构情况

单位：人

城市	成员总数	女性人数	女性比例（%）	中共党员人数	中共党员比例（%）	30—49岁人数	30—49岁比例（%）	专科及以上人数	专科及以上比例（%）
武汉市	5148	3927	76.28	3175	61.67	4597	89.30	3617	70.26
宜昌市	1214	695	57.25	613	50.49	955	78.67	638	52.55
天门市	264	102	38.64	131	49.62	200	75.76	21	7.95

从表 3-17 可以看出，在女性比例、政治面貌等四项指标，武汉市、宜昌市和天门市均呈降序排列，特别是武汉市社区居委会的女性成员比例和高学历人员的比例要远远高于天门市；而在政治面貌和年龄结构上，中共党员比例和处于青壮年（30—49 岁）比例，存在武汉市高于宜昌市和天门市现象，但差距不是很明显；差距最明显的是人员学历结构上的差异，大城市社区居委会人员

中的高学历人员比率要远远高于中等城市，而中等城市则远远高于小城市，在小城市中，社区居委会人员中的高学历人员（专科以上）是凤毛麟角。

3. 城市内不同区位社区居委会人员配置的同构性与非平衡性

同样，笔者选取武汉市作为个案来透视在一个城市内部，不同区位的社区居委会人员配置情况。根据2006年笔者所在的单位对武汉市城市社区的普查数据，将武汉市15个区（包括2个经济开发区）分成中心城区、近邻区和远郊区三个区域，分别考察社区居委会人员配置情况。据测算每千人拥有居委会工作人员数量从中心城区到远郊区呈递减趋势。在中心城区，每千人中拥有居委会工作人员0.94人；近邻区为0.91人；远郊区为0.76人[①]。从这里可以看出，虽然在一个城市内部不同区域社区居委会配置上有差异，中心城区要好于近邻区，近邻区要好于远郊区，但除远郊区有着比较明显差距外，彼此间差距不是很大。

4. 居民不同收入水平社区居委会人员配置的同构性与非平衡性

根据全国百城社区调查统计数据，高中低收入类型的社区居委会工作人员的性别比例基本情况如表3-18所示。

表3-18　　全国百城社区调查：不同收入类型社区居委会人员性别比例情况

单位:%

收入类型	社区个数（个）	1名女性	2名女性	3名女性	4名女性	5名女性	6名女性	未填
高等收入	93	12.90	13.98	21.51	18.28	13.98	16.13	3.23
中等收入	42	2.38	11.90	11.90	26.19	14.29	28.57	4.76
低等收入	95	2.11	17.89	13.68	20.00	17.89	20.00	6.32

从表3-18可以看出女性成员在中低等收入类型的社区居委会中任职的比例要高于高等收入水平的社区，相应地在高等收入水平社区居委会中任职的男性要多于中低等收入水平的社区。

从年龄结构来看，笔者选取社区居委会成员年龄段位于青壮年时期（30—49岁）分布情况进行对比分析，基本情况如表3-19所示。

---

① 本数据来源于陈伟东《武汉市社区发展与规划实施单元研究总报告》，华中师范大学湖北城市社区建设研究中心课题组，2005年8月。

表 3-19　全国百城社区调查：不同收入类型社区居委会人员年龄结构情况

收入类型	社区个数（个）	拥有 30—49 岁人员的社区所占比例（%）						
^	^	没有	1 名	2 名	3 名	4 名	5 名	6 名及以上
高等收入	93	3.23	46.24	41.94	39.78	18.28	4.30	6.45
中等收入	42	2.38	47.62	26.19	38.10	21.43	14.29	4.76
低等收入	95	3.16	45.26	53.68	32.63	18.95	6.32	4.21

从表 3-19 可以看出，不论是高等收入社区，还是低等收入社区，年龄位于 30—49 岁区间的社区居委会人员在各种收入类型的社区中差异性不是很大，但相对而言，高等收入和中等收入社区的社区居委会工作人员的比例要相对高于低等收入类型的社区。

从社区居委会成员的学历层次看，笔者将专科以上学历视作高学历层次，选取具备专科以上学历程度的社区居委会人员的社区个数进行比较，具体情况如表 3-20 所示。

表 3-20　全国百城社区调查：不同收入类型社区居委会高学历人数情况

单位：%

收入类型（人）	社区个数（个）	无	1 人	2 人	3 人	4 人	5 人	6 人及以上
高等收入	93	8.60	21.51	16.13	16.13	15.05	3.23	0.00
中等收入	42	14.29	33.33	23.81	11.90	4.76	2.38	0.00
低等收入	95	7.37	16.84	25.26	13.68	5.26	1.05	0.00

从表 3-20 可以较为明显地看出，高学历社区居委会成员的比例在高等收入社区要远远高于中低等收入社区，高、中、低收入类型社区的高学历人员基本呈依次下降趋势，并且比较明显。当然，这种社区居委会成员学历层次的差别可能与整个社区人员的学历层次差别有关。

四　社区社会组织

这里所言的社区社会组织主要指社区民间组织，主要包括社区腰鼓队、合唱团、舞剑队等文体性的居民活动组织；义务劳动队，防火、防盗队等社区志愿服务组织；以及社区居民小组等。这些组织的数量、开展活动的情况可以反映社区民间组织的发育状况以及社区建设的情况。而在传统的统计年鉴中，一般取广泛意义上的社会组织概念，包括社会团体、基金会和民办非企业单位。而上述居民活动组织、志愿服务组织都包含在社会团体里面。根据民政统计年鉴，截至2009年底，全国共有社会组织43.1万个，业务范围涉及科技、教育、环境保护、文化、卫生、劳动、民政、体育、法律服务、社会中介服务、工伤服务、农村专业经济等社会生活的各个领域，其中社会团体23.9万个，包括：工商服务业类22847个，科技研究类19786个，教育类12943个，卫生类11521个，社会服务类30818个，文化类19687个，体育类12623个，生态环境类6702个，法律类3213个，宗教类4165个，农业及农村发展类45367个，职业及从业组织类16120个，国际及其他涉外组织类661个，卫生类27237个，其他32294个；民办非企业单位19.0万个，包括：工商服务业类2080个，体育类6591个，科技研究类9760个，教育类92703个，社会服务类28060个，农业及农村发展类1466个，文化类7188个，生态环境类1049个，法律类782个，宗教类271个，职业及从业组织类1628个，国际及其他涉外组织类56个，其他11608个；基金会1843个，比2008年增长15.4%，其中：公募基金会1029个，非公募基金会800个[①]。

　　本书主要选取最能反映社区发育程度、最具有代表性的社区居民活动组织和社区志愿服务组织及其活动开展情况进行比较分析。从2005年全国百城社区调查的235个社区中，社区居民活动组织个数及居民活动组织成员情况如表3-21所示。

表3-21　全国百城社区调查：社区居民活动组织个数及居民活动组织情况

内容	社区居民活动组织数（个）						社区居民活动组织人数（人）				
数量	5个及以下	6—10	11—15	16—20	21个及以上	未填	50人及以下	51—100	101—200	201—500	501人及以上	未填
被选频数	133	46	7	3	1	44	60	37	46	33	8	53
比率（%）	56.6	19.6	2.9	1.3	0.4	18.7	25.5	15.7	19.57	14.04	3.40	22.6

---

① 《2009年民政事业发展统计报告》，http://cws.mca.gov.cn/article/tjbg/201006/20100600081422.shtml?2。

从全国整体水平来看，在被调查的 235 个社区中，超过一半的社区，达 56.6% 的社区拥有的各种居民活动组织在 5 个以下，超过 10 个的极少，而从参加居民活动组织的人数来看，在 50 人以下的组织相对较多，但超过 100 人的活动组织基本和 100 人以下的组织数量持平，说明在全国范围内，居民活动组织的数量不是很多，但参加某活动组织的人数相对而言还是比较多的，说明社区居民活动组织的人数规模比较大。

从全国范围来看，社区志愿者队伍情况如表 3-22 所示。

表 3-22　　　　　全国百城社区调查：社区志愿者队伍情况

内容	社区志愿者队伍数（个）					社区志愿者人数（人）				
数量	3个及以下	4—5	6—8	9—11	12个及以上	未填	30人以下	31—50	51—100	101—150	151人及以上	未填
被选频数	76	44	40	12	6	55	28	27	42	15	66	54
比率（%）	32.34	18.72	17.02	5.11	2.55	23.40	11.91	11.49	17.87	6.38	28.09	22.98

从表 3-22 可以看出，超过半数的社区所拥有的社区志愿者队伍都在 5 个以下，而参加志愿者的人数呈现在两个区间集中趋势；在 51—100 人、151 人以上两个区间的社区比较多，占被调查社区的半数；超过 50 人的志愿者队伍的社区占被调查社区的近 70%，从而说明志愿者数量不是很多，但部分志愿者组织的人数规模还是比较大的。

1. 全国四大区域社区社会组织分布的同构性与非平衡性

根据传统的将社会组织分为社会团体、基金会和民办非企业三类，各类社会组织在全国四大区域分布情况如表 3-23 所示。

表 3-23　　　　　全国四大区域社会组织分布情况

单位：个

地区	人口数（人）	社会组织个数	社会团体	基金会	民办非企业
全国	133474	431069	238747	1843	190479
部本级	—	1984	1800	148	36
东部	48442.9	188784	92195	1039	95550
东北部	35603.5	38505	19954	80	18471
中部	10884.6	88989	50783	249	37957
西部	36729.7	112807	74015	327	38465

从表 3-23 可以看出，如果不考虑各区域人口多少因素，在整体上，东部、东北部、中部和西部四大区域，社会团体数量要多于民办非企业，民办非企业要多于基金会。而且每类社会组织的数量从多到少基本都是东部多于西部、西部多于中部、中部多于东北部。而若将部本级的社会组织排除在外，考虑到各区域人口多寡因素，通过千人比指标来测算各类社会组织的话，基本情况如表 3-24 所示。

表 3-24　　全国四大区域社会组织分布的千人比情况

地区	人口数	社会组织个数千人比	社会团体千人比	民办非企业千人比	基金会千人比
全国	133474	0.3230	0.1789	0.1427	0.0014
东部	48442.9	0.3897	0.1903	0.1972	0.0021
东北部	35603.5	0.1081	0.0560	0.0519	0.0002
中部	10884.6	0.8176	0.4666	0.3487	0.0023
西部	36729.7	0.3071	0.2015	0.1047	0.0009

从表 3-24 可以看出，如果从人均量来看，各类社会组织千人比从高到低依次是中部、东部、西部和东北部。而且，不论是社会团体，还是民办非企业，中部地区要远远高于其他三个地区，而东北部地区各类社会组织相对均较少。

根据全国百城社区调查的 235 个社区中，社区居民活动组织个数如表 3-25 所示。

表 3-25　　全国百城社区调查：社区居民活动组织个数

单位：个

地区	社区数	内容	社区居民活动组织数				
			5个及以下	6—10	11—15	16—20	21个及以上	未填
东部	86	频数	41	24	5	0	0	15
		比率(%)	60.3	35.3	7.4	0.0	0.0	22.1
中部	43	频数	31	6	1	1	0	4
		比率(%)	72.1	14.0	2.3	2.3	0.0	9.3
东北部	26	频数	14	4	0	0	0	8
		比率(%)	53.8	15.4	0.0	0.0	0.0	30.8

续表

地区	社区数	内容	社区居民活动组织数				
			5个及以下	6—10	11—15	16—20	21个及以上	未填
西部	80	频数	47	12	1	2	1	17
		比率(%)	58.8	15.0	1.3	2.5	1.3	21.3

社区居民参与活动的人数规模如表3-26所示。

表3-26　　全国百城社区调查：社区居民活动组织人数

地区	社区数	内容	社区居民活动组织人数（人）				
			50人及以下	51—100	101—200	201—500	501人及以上	未填
东部	86	频数	22	15	15	15	2	17
		比率(%)	32.4	22.1	22.1	22.1	2.9	25.0
中部	43	频数	6	8	13	4	0	5
		比率(%)	14.0	18.6	30.2	9.3	0.0	11.6
东北部	26	频数	10	3	1	4	0	8
		比率(%)	38.5	11.5	3.8	15.4	0.0	30.8
西部	80	频数	19	10	14	10	6	17
		比率(%)	23.8	12.5	17.5	12.5	7.5	21.3

从表3-25、表3-26可以看出，居民活动组织人数中，东部、中部、东北部和西部地区的分布趋势相对一致，而且在数量上比较接近，说明从全国范围来看，各个区域中每个社区拥有居民活动组织的数量相差不大（但东部地区拥有6—10个居民活动组织的社区明显高于其他区域除外），从而说明四大区域内每个社区拥有居民活动组织的数量并没有明显区别，并且数量都不是很多，多集中于10个以下。而从居民活动组织人数中则可以看出各个区域社区居民活动组织人数差异性较大，说明各个区域社区居民活动组织的人数规模存在较大的差异，相对而言，东部和中部的组织人数规模要大于西部和东北部地区。

再来看全国百城社区调查中社区志愿者队伍及参加志愿者的人数情况，具体情况如表3-27所示。

表 3-27　　　全国百城社区调查：社区志愿者队伍数量情况

地区	社区数	内容	社区志愿者队伍数					
			3个及以下	4—5个	6—8个	9—11个	12个及以上	未填
东部	86	频数	24	14	19	8	3	17
		比率(%)	27.9	16.3	22.1	9.3	3.5	19.8
中部	43	频数	13	14	5	3	0	8
		比率(%)	30.2	32.6	11.6	7.0	0.0	18.6
东北部	26	频数	6	5	7	1	1	6
		比率(%)	23.1	19.2	26.9	3.8	3.8	23.1
西部	80	频数	33	11	9	0	2	24
		比率(%)	41.3	13.8	11.3	0.0	2.5	30.0

全国百城社区调查中参与社区志愿者的人数情况如表 3-28 所示。

表 3-28　　　全国百城社区调查：社区志愿者人数情况

地区	社区数	内容	社区志愿者人数					
			30人及以下	31—50人	51—100人	101—150人	151人及以上	未填
东部	86	频数	9	8	13	6	32	17
		比率(%)	10.5	9.3	15.1	7.0	37.2	19.8
中部	43	频数	5	8	10	5	8	7
		比率(%)	11.6	18.6	23.3	11.6	18.6	16.3
东北部	26	频数	3	1	4	0	12	6
		比率(%)	11.5	3.8	15.4	0.0	46.2	23.1
西部	80	频数	11	10	15	4	14	24
		比率(%)	13.8	12.5	18.8	5.0	17.5	30.0

从表 3-27、表 3-28 可以看出，总体上四大区域内相当大比例社区每个社区拥有志愿者组织的数量都在 3 个以下，但中部、西部每个社区拥有志愿者组织的数量要相对少于东部和东北部地区；从社区志愿者人数来看，四大区域的社区均有很大比例社区的志愿者组织人数在 151 人以上，说明志愿者组织的人数规模均比较大，但相比较而言，东北部地区和东部

地区的志愿者组织规模要大于中部和西部地区。

从社区居民活动组织和志愿者组织及其人数比较来看，在四大区域上并没有一致性的体现，或者说二者的分布及其发展并没有呈现相同的趋势。

2. 大中小城市规模的社区社会组织的同构性与非平衡性

根据2005年全国百城社区调查对97个城区级政府调查数据，其社会团体在大中小城市中的分布情况如表3-29[①]所示。

表3-29　　全国百城社区调查：大中小城市社会组织数量情况

城市类型	区个数	50个及以下		51—100个		101—300个		301个及以上		未填	
		频数	比率(%)	频数	比率(%)	频数	比率(%)	频数	比率(%)	频数	比率(%)
大城市	46	28	60.87	9	19.57	5	10.87	1	2.17	3	6.52
中等城市	25	18	72.00	4	16.00	3	12.00	0	0.00	0	0.00
小城市	26	19	73.08	4	15.38	1	3.85	0	0.00	2	7.69

从表3-29可以看出，大中小城市各区拥有的社会团体数量大部分都在50个以下，而且在大、中、小城市各区拥有的社会团体数量差别不大，小城市的社会团体数量要稍低于大城市和中等城市。说明大中小城市每个社区平均拥有的社会团体在数量上并没有明显差异。

在全国百城社区调查对97个城区政府的调查中，各区的社区志愿者数量和参与志愿者服务的居民情况如表3-30所示。

表3-30　　全国百城社区调查：大中小城市社会志愿者组织数量情况

单位：个

地区	区个数	社区志愿组织数量								
		50个及以下		51—100		101—500		501个及以上		未填	
		数量	比率(%)	数量	比率(%)	数量	比率(%)	数量	比率(%)	数量	比率(%)
大城市	46	13	28.26	9	19.57	18	39.13	3	6.52	3	6.52

---

① 因此次对政府调查的对象是区级政府，本表中的"频数"是指在"区"所拥有的社会团体数量在相应数量区间的被选值。如大城市中社会团体数量在50个以下对应的频数为28，意指在大城市的46个区中，有28个区的社会团体数量在50个以下。

续表

地区	区个数	社区志愿组织数量									
		50 个及以下		51—100		101—500		501 个及以上		未填	
		数量	比率（%）	数量	比率（%）	数量	比率（%）	数量	比率（%）	数量	比率（%）
中等城市	25	13	52.00	5	20.00	6	24.00	0	0.00	1	4.00
小城市	26	20	76.92	2	7.69	0	0.00	1	3.85	3	11.54

表 3－31　全国百城社区调查：大中小城市居民参与社会志愿者组织情况

地区	区个数	2004 年参与志愿服务的居民（人次）									
		0.1 万及以下		0.1—0.5 万		0.5 万—1.5 万		1.51 万及以上		未填	
		数量	比率（%）	数量	比率（%）	数量	比率（%）	数量	比率（%）	数量	比率（%）
大城市	46	3	6.52	8	17.39	8	17.39	24	52.17	3	6.52
中等城市	25	5	20.00	4	16.00	7	28.00	8	32.00	0	0.00
小城市	26	4	15.38	11	42.31	3	11.54	4	15.38	4	15.38

从表 3－30、表 3－31 可以看出，不论是各个城区范围内社区志愿者组织数量，还是 2004 年参与志愿服务的居民数量来看，在总体上，大城市要高于中等城市，中等城市要高于小城市。

下面我们仍选取湖北省的武汉市、宜昌市和天门市分别作为大、中、小城市的代表，以社区文体组织分布及人员情况为例，分析不同城市规模的社区社会组织发展情况，基本情况如表 3－32 所示。

表 3－32　2009 年湖北省社区普查：社区社会组织发展情况

地区	社区个数	社区文体组织（个）				经常开展活动的文体组织（个）				经常参加文体活动的人员（人）			
		社区数	社区覆盖率（%）	组织个数	平均社区拥有量	社区数	社区覆盖率（%）	组织个数	平均社区拥有量	社区数	社区覆盖率（%）	总人数	平均社区拥有量
武汉市	1255	658	52.4	5376	4.28	962	76.7	9000	7.17	920	73.3	79263	63.16

第三章　现实解剖：我国城市社区建设模式的属性特征　　107

续表

地区	社区个数	社区文体组织（个）			经常开展活动的文体组织（个）			经常参加文体活动的人员（人）		
		社区数	社区覆盖率（%）	组织个数	社区数	社区覆盖率（%）	组织个数	平均社区拥有量	社区数	社区覆盖率（%）	总人数	平均社区拥有量
宜昌市	259	147	56.8	447	1.73	186	71.8	1008	3.89	178	68.7	18952	73.17
天门市	62	16	25.8	235	3.79	32	51.6	80	1.29	33	53.2	6251	100.82

从表3-32可以看出，社区文体组织的社区覆盖率和经常能开展活动的文体组织的社区覆盖率以及经常参加文体活动人员都呈现大城市高于中等城市，中等城市高于小城市的趋势；但社区平均拥有社区文体组织的数量上，则没有规律可循。值得注意的是天门市的社区文体组织的社区平均拥有量和经常参加文体活动的人员反而高于宜昌市，甚至经常参加文体活动的人员平均达到每个社区100人左右。出现此种现象的原因，在笔者一次调查中了解到的一件事情在一定程度上能够解释这种现象，天门地区一直有着良好的民间文化活动传统，群众参与文体活动有着较好的群众基础，特别是曾经有一位出生于此地，曾经就职于笔者所在单位（后到另外一所高校任职）的一名教授，通过各种关系与日本某组织进行一个项目合作，通过民间组织开展文体活动来凝聚民间力量，通过文化来组织群众的项目活动。应该说，该项合作项目既是基于一定的群众和文化基础，也给当地居民参与文体活动提供了一定契机，促进了社区文体活动开展和群众参与的积极性。

再来分析武汉市、宜昌市和天门市三个城市的社区志愿者组织情况，其基本分布情况如表3-33所示。

从表3-33可以看出，不论是社区志愿者组织、社区志愿者以及常年参加活动志愿者的社区覆盖率，还是志愿者组织、志愿者人数及常年参加活动志愿者的平均社区拥有量都呈现武汉市高于宜昌市，宜昌市高于天门市的趋势，而且差距比较大。从而说明大中小城市在社区志愿行动领域中存在较为明显的差别,大城市要好于中等城市,中等城市要好于小城市。这里反映的情况和全国百城社区的调查数据反映的情况保持一致。

表 3-33　　2009 年湖北省社区普查:社区志愿者组织发展情况

地区	社区个数	社区志愿者组织			社区志愿者			常年参加活动志愿者		
		社区数	社区覆盖率(%)	组织个数	平均社区拥有量	社区数	社区覆盖率(%)	总人数	平均社区拥有量	社区数	社区覆盖率(%)	总人数	平均社区拥有量

地区	社区个数	社区数	社区覆盖率(%)	组织个数	平均社区拥有量	社区数	社区覆盖率(%)	总人数	平均社区拥有量	社区数	社区覆盖率(%)	总人数	平均社区拥有量
武汉市	1255	1068	85.1	3240	2.58	1011	80.6	316332	252.06	1013	80.7	139725	111.3
宜昌市	259	162	62.5	569	2.20	173	66.8	21091	81.43	172	66.4	13145	50.8
天门市	62	18	29.0	55	0.89	16	25.8	2147	34.63	15	24.2	655	10.6

3. 城市内不同区位社区社会组织的同构性与非平衡性

以武汉市为例,在武汉市的中心城区、近郊区和远郊区的社区社会组织分布存在一定的差异,同时也体现着一定的规律性。据 2005 年笔者所在单位对武汉市进行社区普查,中心城区平均每千人拥有志愿者组织 0.84 个,拥有文体组织 0.59 个;近邻区平均每千人拥有志愿者组织 0.71 个,拥有文体组织 0.81 个;远郊区平均每千人拥有志愿者组织 0.26 个,拥有文体组织 0.3 个[①]。基本情况如表 3-34 所示。

表 3-34　　武汉市不同区位社区社会组织情况

地区	文体组织(每千人拥有个数)	志愿者组织(每千人拥有个数)
中心城区	0.59	0.84
近邻区	0.81	0.71
远郊区	0.3	0.26

---

① 本数据来源于陈伟东《武汉市社区发展与规划实施单元研究总报告》,华中师范大学湖北城市社区建设研究中心课题组,2005 年 8 月。

从表 3-34 可以比较清晰地看出，志愿者组织的数量呈现中心城区、近邻区、远郊区依次递减的趋势，而文体组织的千人拥有率则近郊区高于中心城区，但依然高于远郊区，说明不论是文体组织，还是志愿者组织的发育程度，远郊区均严重滞后于中心城区和近邻区，而近邻区则在某些方面超过中心城区。

4. 不同居民收入类型社区社会组织的同构性与非平衡性

根据全国百城社区调查统计数据，高中低不同居民收入类型社区的居民活动组织数情况如表 3-35 所示。

表 3-35　全国百城社区调查：高中低不同居民收入类型社区的居民活动组织数量

收入类型	社区数	社区居民活动组织数										
		5个及以下		6—10个		11—15个		16—20个		21个及以上		未填	
		频数	比例(%)	频数	比例(%)	频数	比例(%)	频数	比例(%)	频数	比例(%)	频数	比例(%)
高等收入	93	52	55.9	23	24.7	3	3.2	0	0.0	0	0.0	13	14.0
中等收入	42	22	52.4	7	16.7	1	2.4	1	2.4	1	2.4	11	26.2
低等收入	95	58	61.1	16	16.8	3	3.2	2	2.1	0	0.0	16	16.8

社区居民活动组织参与人数情况如表 3-36 所示。

表 3-36　全国百城社区调查：高中低不同居民收入类型社区居民参与社会组织活动人数情况

收入类型	社区数	社区居民活动组织人数										
		50人及以下		51—100人		101—200人		201—500人		501人及以上		未填	
		频数	比例(%)	频数	比例(%)	频数	比例(%)	频数	比例(%)	频数	比例(%)	频数	比例(%)
高等收入	93	21	22.6	13	14.0	24	25.8	15	16.1	3	3.2	17	18.3
中等收入	42	14	33.3	6	14.3	6	14.3	8	19.0	0	0.0	8	19.0
低等收入	95	24	25.3	18	18.9	16	16.8	10	10.5	5	5.3	24	25.3

根据表 3-35、表 3-36，从社区居民活动组织的数量来看，大中小城市每个社区中拥有的数量超过一半的都在 5 个以下，说明数量不是很多，其变化趋势的相对一致性，说明高中低不同居民收入类型的每个社区所拥有居民活动组织的数量差别不大，并没有因社区居民收入的高低不同而导致居民活动组织数量上明显的差别；而从社区居民活动组织的参与人

数来看，高等收入和中等收入社区的居民活动组织的人数位于100人以上区间的社区个数要多于低等收入社区，说明在总体上高等收入和中等收入社区参加居民活动组织的人数要多于低等收入社区。结合前述高中低收入社区居民活动组织数量差别不大的情况可以看出，高等收入和中等收入社区的居民活动组织的人数规模要大于低等收入社区。而且，从表3-36还可以发现，中等收入社区的小规模居民活动组织比高等收入和低等收入社区的数量都要多。

根据全国百城社区调查数据，高中低居民收入类型的社区的社区志愿者组织数量情况如表3-37所示。

表3-37　全国百城社区调查：高中低不同居民收入类型社区志愿者组织数量

收入类型	社区数	社区志愿者组织数									
		3个及以下		4—5个		6—8个		9—11个		12个及以上		未填	
		频数	比例(%)	频数	比例(%)	频数	比例(%)	频数	比例(%)	频数	比例(%)	频数	比例(%)
高等收入	93	29	31.2	20	21.5	18	19.4	5	5.4	0	0.0	20	21.5
中等收入	42	19	45.2	8	19.0	4	9.5	2	4.8	2	4.8	7	16.7
低等收入	95	28	29.5	16	16.8	18	18.9	5	5.3	4	4.2	23	24.2

社区志愿者组织人数分布情况如表3-38所示。

表3-38　全国百城社区调查：高中低不同居民收入类型社区志愿者组织人数情况

收入类型	社区数	社区志愿者组织人数									
		30人及以下		31—50人		51—100人		101—150人		151人及以上		未填	
		频数	比例(%)	频数	比例(%)	频数	比例(%)	频数	比例(%)	频数	比例(%)	频数	比例(%)
高等收入	93	13	14.0	6	6.5	17	18.3	11	11.8	25	26.9	19	20.4
中等收入	42	5	11.9	6	14.3	10	23.8	1	2.4	13	31.0	7	16.7
低等收入	95	10	10.5	15	15.8	15	15.8	3	3.2	28	29.5	23	24.2

从表3-37、表3-38可以看出，高中低不同居民收入类型的社区所拥有的志愿者组织数上，相当大比例社区所拥有志愿者组织数量都在5个以下，其基本趋势也一致，只是中等居民收入社区拥有的志愿者组织数量相对更少些，但拥有12个以上志愿者组织的社区中等收入社区的比例是相对最高的；而从社区志愿者组织的人数看，高中低收入社区志愿者组织

人数规模呈现一定程度的两极分化趋势，即都存在一些志愿者人数少于30人的社区，但也存在相当大比例超过100人志愿者的社区。值得注意的是，高中低居民收入类型的社区志愿者组织人数在101—150人的社区数量均呈下降趋势，而超过151人的社区均占较大比例，而且是所有人数分布区间中的最大比例区间。从而说明不论是高中低收入类型社区，志愿者组织的人数规模都呈膨胀趋势，说明不论居民收入高低，志愿精神都在增长。

五 社区经费保障

足够的社区经费是社区建设的重要保障，这里所言的社区经费按照其用途主要包括社区工作人员工资或补贴和社区办公经费两大部分；其来源主要有两条途径，政府拨款和社区自收入（社区创收）。根据2005年全国百城社区调查显示，2004年社区总收入[①]在1万元以下的占27.66%，收入在1万—8万元的占31.91%，在8万元以上的只有13.62%，且有26.81%的社区未填。同时，从全国百城社区调查来看，政府拨款在社区总收入中所占比例较小，有28.09%的社区每年政府拨款在0.5万元以下，有13.62%的社区政府拨款在0.5万元到1.5万元之间，只有25.96%的社区政府拨款在1.5万元以上，且有33.19%的社区未填[②]。具体情况如图3—12和图3—13所示。

从全国来看，因居委会收入和政府拨款都不足，导致居委会日常工作经费偏少，甚至有相当一部分社区没有工作经费。但同时，居委会工作经费也呈现两极分化趋势，有27.66%的社区年收入在1万元以下，但同时有13.62%的社区年收入超过8万元，收入差距甚大。而相当大比例的社区（占28.09%）2004年获得政府的拨款在0.5万元以下，可见拨款甚少，但也有10.21%的社区获得政府拨款超过5万元，说明政府对社区拨款也呈两极分化的趋势。这和居委会总收入的两极分化的趋势具有某种同步性波动趋势，从而说明政府拨款尽管很少，但依然是社区收入来源的

---

① 这里总收入包括政府拨款和社区自己的各项收入，但不包括各级政府补贴社区工作人员的工资或补贴。

② 据事后调查，未填的社区大部分也均为没有政府财政拨款。

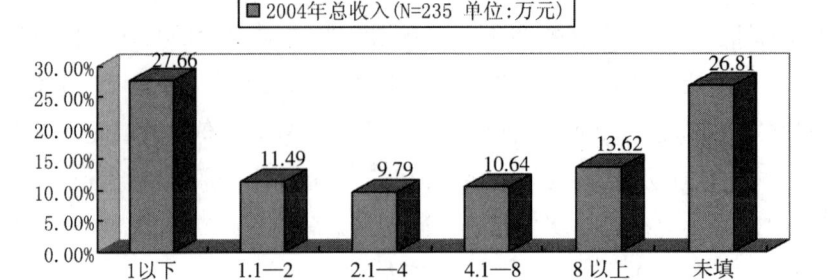

图3—12 全国百城社区调查：2004年社区总收入

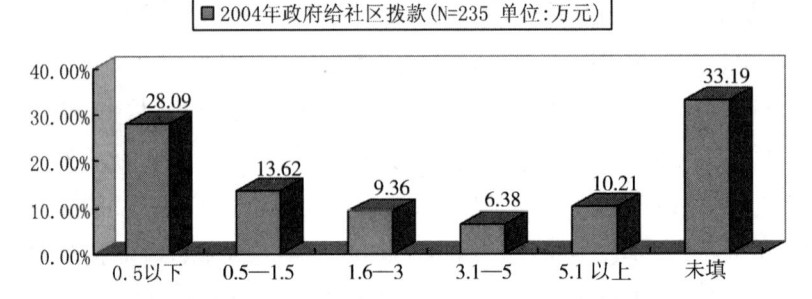

图3—13 全国百城社区调查：2004年政府给社区拨款

主要组成部分，社区自己创收的空间不是很大，从而导致社区总收入和政府拨款多少保持正相关性。

社区收入是社区经费保障基础，而社区居委会日常办公经费和支出情况，更能够直接反映社区经费的保障情况，根据全国百城社区调查数据，全国所有社区的社区办公经费和支出基本情况如图3—14和图3—15所示。

从图3-14和图3-15可以看出，有38.3%的社区月工作经费在600元以下，也有21.7%的社区月工作经费在601—2000元，另有9.36%的社区月工作经费有2001元以上，值得关注的是有31.49%的社区未填，除去未填的社区外，比例最高区间在100—300元，而且绝大部分社区日常办公经费都是600元以下，说明在全国范围内，社区办公经费总体上较少是普遍现象。而经费总体上的不足，使全国社区的支出也均较少，有26.38%的社区年支出在1万元以下，有19.57%的社区年支出在1.1万—3万元，有13.62%的社区年支出在3.1万—8万元，另有25.96%的社区未填，近一半的社区年总支出不超过3万元。

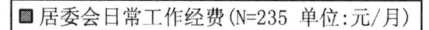

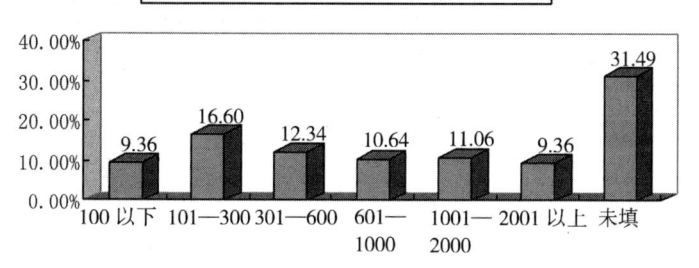

第三章 现实解剖：我国城市社区建设模式的属性特征

图3—14 全国百城社区调查：居委会日常工作经费

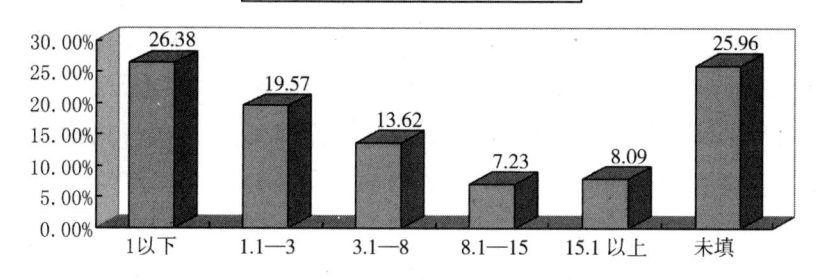

图3—15 全国百城社区调查：2004年社区总支出

社区工作人员工资或补贴，也是社区建设经费的重要支出部分，从调查情况看，社区党组织书记、副书记、居委会主任、副主任月补贴在社区是最高的，大多数月补贴在401—800元，也有少部分居委会主任月补贴在200元以下。有29.79%的书记、16.17%的副书记、37.02%的主任、29.36%的副主任、28.09%的委员月补贴在401—800元，有8.51%的书记、8.09%的居委会主任月补贴在200元以下。具体情况如表3-39所示。

表3-39　　　　全国百城社区调查：社区工作人员补贴

工作人员补贴(元/月)		200及以下	201—400	401—800	801—1200	1201及以上	未填	合计
党组织书记	频数	20	33	70	33	20	61	235
	百分比(%)	8.51	14.04	29.79	14.04	8.51	25.96	100
党组织副书记	频数	6	22	38	22	9	138	235
	百分比(%)	2.55	9.36	16.17	9.36	3.83	58.72	100

续表

工作人员补贴(元/月)		200及以下	201—400	401—800	801—1200	1201及以上	未填	合计
居委会主任	频数	19	43	87	34	20	34	235
	百分比(%)	8.09	18.30	37.02	14.47	8.51	14.47	100
居委会副主任	频数	12	61	69	24	10	61	235
	百分比(%)	5.11	25.96	29.36	10.21	4.26	25.96	100
居委会委员	频数	27	40	66	18	9	75	235
	百分比(%)	11.49	17.02	28.09	7.66	3.83	31.91	100

1. 全国四大区域社区经费保障的同构性与非平衡性

在此，笔者选取全国四大不同区域的社区收入与支出，以及政府对社区的拨款来衡量社区工作经费保障总体情况，而通过社区居委会委员的工资或补贴情况来衡量工作人员待遇情况。根据2005年全国百城社区调查数据，2004年全国四大区域的社区总收入基本情况如表3-40所示。

表3-40　　全国百城社区调查：2004年社区总收入情况

地区	社区个数	2004年社区总收入											
		1万元及以下		1.1万—2万元		2.1万—4万元		4.1万—8万元		8万元及以上		未填	
		频数	比例(%)	频数	比例(%)	频数	比例(%)	频数	比例(%)	频数	比例(%)	频数	比例(%)
东部	84	16	19.0	11	13.1	9	10.7	9	10.7	21	25.0	18	21.4
东北部	26	12	46.2	1	3.8	0	0.0	2	7.7	0	0.0	10	38.5
中部	45	13	28.9	5	11.1	5	11.1	10	22.2	7	15.6	5	11.1
西部	80	24	30.0	10	12.5	9	11.3	4	5.0	4	5.0	30	37.5
全国	235	65	27.7	27	11.5	23	9.8	25	10.6	32	13.6	63	26.8

从表3-40中可以看出，2004年我国东部和中部的社区总收入要明显高于西部和东北部地区，而且东部地区收入超过8万的社区要明显多于中部地区，更多于西部和东北部地区；值得注意的是东北部地区社区收入最低，有近一半（46.2%）的社区年收入在1万以下，而没有年收入超过8万的社区。总体上看，东部、中部地区社区总收入差别不是很大，而东北部地区和西部地区差距比较大。而在社区总收入中，政府拨款情况如表3-41所示。

第三章 现实解剖：我国城市社区建设模式的属性特征

表 3-41　　全国百城社区调查：政府拨款社区经费情况

地区	社区个数	政府给居委会拨款额											
		5000元及以下		5001—1.5万元		1.6万—3万元		3万—5万元		5.1万元及以上		未填	
		频数	比例(%)	频数	比例(%)	频数	比例(%)	频数	比例(%)	频数	比例(%)	频数	比例(%)
东部	84	13	15.5	12	14.3	11	13.1	7	8.3	14	16.7	26	31.0
东北部	26	14	53.8	0	0.0	0	0.0	1	3.8	0	0.0	12	46.2
中部	45	13	28.9	11	24.4	5	11.1	2	4.4	10	22.2	5	11.1
西部	80	26	32.5	9	11.3	6	7.5	5	6.3	0	0.0	35	43.8
全国	235	66	28.1	32	13.6	22	9.4	15	6.4	24	10.2	78	33.2

从全国四大区域来看，政府对社区居委会的拨款，总体上中部和东部要好于西部和东北部，但差距不是很大，除东北部地区外，分布在各个拨款区间的社区比例很接近，但超过5万元以上的拨款的社区比例东部和中部地区要远远多于西部和东北部地区。特别是东部地区，在各个拨款区间的社区比例基本持平，而中部地区的政府拨款则呈现两极分化趋势比较明显，即有相当部分社区年拨款在5000元以下，但也有相当比例的社区年拨款在5万元以上，说明中部地区各地社区财政政策存在比较明显的非平衡性，而西部和东北部地区政府对社区拨款总体上相对较少。

居委会日常工作经费也能反映社区经费的实际保障情况，根据2005年全国百城社区调查数据，其基本情况如表3-42所示。

表 3-42　　全国百城社区调查：居委会日常工作经费情况

地区	社区个数	居委会日常工作经费（元/月）											
		100元及以下		101—300		301—600		601—1000		1001—2000		2001元及以上		未填	
		频数	比例(%)	频数	比例(%)	频数	比例(%)	频数	比例(%)	频数	比例(%)	频数	比例(%)
东部	84	3	3.6	11	13.1	3	3.6	13	15.5	15	17.9	15	17.9	23	27.4
东北部	26	0	0.0	6	23.1	5	19.2	1	3.8	0	0.0	2	7.7	12	46.2
中部	45	6	13.3	9	20.0	9	20.0	5	11.1	7	15.6	4	8.9	6	13.3
西部	80	13	16.3	13	16.3	12	15.0	6	7.5	4	5.0	1	1.3	33	41.3
全国	235	22	9.4	39	16.6	29	12.3	25	10.6	26	11.1	22	9.4	74	31.5

从表 3-42 可以看出，办公经费位于相对高区间，如超过 1000 元的社区，东部地区要高于中部，中部要高于西部和东北部，而东部地区在办公经费低区间的社区比例要远远低于中部、西部和东北部地区，说明东部地区的办公经费总体上要好于中部、东北部和西部地区，特别是在东北部地区和西部地区，有相当大比例社区的月办公经费都在 600 元以下。值得注意的是，尽管东北部地区相当比例社区的月办公经费都在 600 元以下，但却有 7.7% 的社区月办公经费超过 2000 元，这说明，在东北部地区一个区域内部，不同地区的社区工作经费保障水平存在比较明显的差距。

从以上四大区域社区总收入和社区办公经费的保障情况看，其保障水平与四大区域经济发展水平整体上呈现出一定的相关性，但应该只能算是一种弱关联。

而社区居委会成员待遇情况如何呢？根据 2005 年全国百城社区调查数据，社区居委会委员（普通委员）的补贴情况如表 3-43 所示。

表 3-43　　　　　全国百城社区调查：居委会委员补贴情况

地区	社区个数	居委会委员补贴（元/月）										
		200元及以下		201—400		401—800		801—1200		1201元及以上		未填	
		频数	比例（%）	频数	比例（%）	频数	比例（%）	频数	比例（%）	频数	比例（%）	频数	比例（%）
东部	84	8	9.5	10	11.9	27	32.1	17	20.2	7	8.3	15	17.9
东北部	26	2	7.7	2	7.7	8	30.8	0	0.0	0	0.0	14	53.8
中部	45	4	8.9	10	22.2	19	42.2	1	2.2	0	0.0	11	24.4
西部	80	13	16.3	18	22.5	12	15.0	0	0.0	2	2.5	35	43.8
全国	235	27	11.5	40	17.0	66	28.1	18	7.7	9	3.8	75	31.9

从表 3-43 可以看出，除西部地区外，其他区域的社区居委会委员的补贴大部分集中在月补贴 400—800 元的区间，但超过 800 元补贴的社区，东部地区要远远高于中部、西部和东北部地区；而西部地区绝大部分社区居委会委员的月补贴均低于 400 元；而且，月补贴超过 800 元的社区，在中部、西部和东北部地区分布极少，从而说明东部地区社区居委会委员的待遇要明显好于中部、西部和东北部地区，最差的应属于西部地区。

那么，社区支出情况如何呢？根据 2005 年全国百城社区调查数据，全国四大区域的社区年总支出情况如表3-44所示。

表3-44　　　　　全国百城社区调查：社区总支出情况

地区	社区个数	社区总支出										
		1万元及以下		1.1万—3万元		3.1万—8万元		8.1万—15万元		15.1万元及以上		未填	
		频数	比例(%)	频数	比例(%)	频数	比例(%)	频数	比例(%)	频数	比例(%)	频数	比例(%)
东部	84	16	19.0	19	22.6	15	17.9	7	8.3	14	16.7	13	15.5
东北部	26	12	46.2	3	11.5	1	3.8	0	0.0	0	0.0	10	38.5
中部	45	14	31.1	7	15.6	10	22.2	8	17.8	2	4.4	5	11.1
西部	80	20	25.0	17	21.3	6	7.5	2	2.5	3	3.8	33	41.3
全国	235	62	26.4	46	19.6	32	13.6	17	7.2	19	8.1	61	26.0

从表3-44可以看出，四大区域中有相当比例的社区年支出都在1万元以下，特别是东北部地区有46.2%的社区年支出在1万元以下，说明全国范围内社区支出普遍不高。但东部和中部社区年支出在超过1万元的区间比例要远远高于西部和东北地区，东北部地区年支出超过8万元的社区已经没有了。但中部地区社区年支出在1万—15万元区间的社区比例要远远多于东部和西部、东北部地区，说明中部地区社区支出额比较大。若将社区支出和政府拨款进行比较可以发现，除中部地区外，其他三个地区保持着相当的一致性的趋势，说明在社区支出的费用中，主要部分来源于政府拨款，因而社区支出的曲线波动与政府拨款曲线的波动具有某种一致性。

2. 大中小城市社区经费保障的同构性与非平衡性

根据全国百城社区调查数据，大中小不同城市规模的社区居委会日常办公经费情况如表3-45所示。

表3-45　　　　全国百城社区调查：社区居委会日常办公经费情况

城市类别	城区个数	辖区内居委会日常工作经费								
		500元及以下		501—1000元		1001—1800元		1801元及以上		未填	
		个数	比率(%)	个数	比率(%)	个数	比率(%)	个数	比率(%)	个数	比率(%)
大城市	46	15	32.61	8	17.39	5	10.87	15	32.61	3	6.52
中等城市	25	13	52.00	4	16.00	3	12.00	4	16.00	0	0.00
小城市	26	9	34.62	3	11.54	2	7.69	6	23.08	6	23.08

从表 3-45 可以看出大城市和小城市的社区日常办公经费呈现两极分化的趋势，即二者有相当比例的社区月办公经费不足 500 元，但也有相当高比例的社区日常办公经费在 1800 元以上，说明不论是在大城市，还是中等城市或小城市，其城市内部不同社区均存在经费保障的不平衡性现象。而中等城市，其办公经费低于 500 元的城区是最多的，而且月经费超过 1800 元的也比大城市，甚至小城市都少，说明中等城市办公经费两极分化情况不明显，而是呈现普遍较低状况。从此来看，大中小城市的社区办公经费保障水平与城市规模并没有直接关系。

根据 2005 年全国百城社区调查数据，全国大中小城市社区居委会委员的工资或补贴情况如表 3-46 所示。

表 3-46　全国百城社区调查：社区居委会委员工资或补贴情况

城市类别	城区个数	社区居委会委员工资或补贴（元/月）									
		200 及以下		201—500		501—800		801 及以上		未填	
		个数	比率（%）	个数	比率（%）	个数	比率（%）	个数	比率（%）	个数	比率（%）
大城市	46	9	19.57	9	19.57	10	21.74	8	17.39	10	21.74
中等城市	25	3	12.00	10	40.00	3	12.00	2	8.00	8	32.00
小城市	26	2	7.69	14	53.85	3	11.54	3	11.54	4	15.38

从表 3-46 可以看出，大城市社区居委会委员工资在各个工资区间比较平均，而中等城市和小城市很大部分城区都集中在 200—500 元，从而说明大城市社区居委会委员工资待遇要明显好于中等城市和小城市，而中等城市和小城市在各个工资区间的分布基本持平，均在较低水平状态，差异不是很大。

从政府投入社区建设的经费来看，在调查的 97 个城区中，各个城区在 2004 年用于社区建设费用占各市/区财政比例的基本情况如表 3-47 所示。

表 3-47　全国百城社区调查：社区建设费占财政支出比重

城市类别	社区个数	社区建设费用占区/市财政支出的百分比									
		1% 及以下		1.1%—3%		3.1%—5%		5.1% 及以上		未填	
		个数	比率（%）	个数	比率（%）	个数	比率（%）	个数	比率（%）	个数	比率（%）
大城市	46	15	32.61	8	17.39	3	6.52	7	15.22	13	28.26

续表

城市类别	社区个数	社区建设费用占区/市财政支出的百分比									
		1%及以下		1.1%—3%		3.1%—5%		5.1%及以上		未填	
		个数	比率(%)	个数	比率(%)	个数	比率(%)	个数	比率(%)	个数	比率(%)
中等城市	25	9	36.00	4	16.00	0	0.00	2	8.00	10	40.00
小城市	26	15	57.69	1	3.85	1	3.85	0	0.00	9	34.62

从表3-47反映出，一方面大中小城市用于社区建设的经费普遍较低，大中小城市中有超过30%的社区建设经费占政府财政的比例低于1%。但在总体上大城市用于社区建设费用要多于中等城市，而中等城市要多于小城市，特别是小城市有近60%市区的社区建设经费占市区财政比率不到1%。同时，从表3-47中的数据也可以发现，除小城市外，大城市和中等城市的社区建设费占市财政比率也呈现两极分化的趋势，即有相当比例社区低于1%，但同时有部分城区的社区建设费占市财政比率超过5%。

3. 城市内不同区位社区经费保障的同构性与非平衡性

在我国当前的财政体制下，因为区（市）是一级财政，只要社区是在一个城市内部的同一个行政区域（区/县）内，在相关社区管理制度基本一致的情况下，政府对社区的经费投入和社区工作人员的工资待遇基本是一致的。而社区经费的差别，包括社区日常办公经费以及社区工作人员待遇和补贴所存在的差别，一方面来源于社区自身经营性收入的差异，而社区经营创收情况往往与社区禀赋直接相关；另一方面来源于各个社区得到的社会捐助和辖区单位开展共驻共建的支持力度不同而导致收入的差异。但由于全国各地各城市对社区经费保障和供给制度和机制不同，特别是是否允许居委会利用本社区资源开展经营性收入，以及对居委会的经营性收入如何管理等问题存在差异，难以通过对城市内不同区域的社区经费进行有效的比较。另外，随着近年城市化的大力推进，部分城郊社区在"被城市化"的过程中，对于集体资产的收益也是难以进行有效真实的统计与调查，这也导致难以对城市内部不同区域社区经费进行比较。如部分城郊社区在被征地过程中，得到数量可观的经济补偿，因而其办公经费和社区工作人员待遇均比较高。如笔者2010年3—5月，在湖北省天门市进行社区调研时，其中有个城郊"村改居"的××社区，年社区总经费达到83.4万元，政府拨款3.4万元，自筹经费80万元，工作人员平均工资每人每年2.3万元[①]。不论是社区总经费还是社区工作人员的工资，都远远高于该市以及湖北省的平均水平[②]。造成此种情况的主要原因在于当前城市化进程中征地补偿机制和分配机制，居委会如果能够通过权力性资源来获取经济性资源的制度保证，一般来说居委会都会尽力争取集体分配的部分，这恰恰是影响社区收入的主要原因。

六　社区参与和民主自治

民主自治是社区建设的理想目标，而社区居民参与是实现民主自治的重要途径和保障，同时，社区居民的广泛参与也是搞好社区建设的根本保证。社区居民参与的内容、形式与途径也各不相同，按照社区参与内容来划分，主要包括民主自治参与、社区志愿活动参与和问题活动参与等多种形式。居民参与社区活动、参与选举、参加文体活动和参与志愿服务等内容，是衡量一个社区参与水平的重要指标。根据全国百城社区调查中对2824位居民的调查，对"您参加过本届居委会选举吗？"这一问题的回答，选择"参加过"的占56.44%，"没有参加"也多达42.95%；对"您或您的家人是否接受过社区组织的志愿者活动？"的问题，回答"参加过"的仅占25.85%，"没参加过"比重更大，占73.05%。对"自2004年以来您参加过社区组织的居民文体活动吗？"的问题，59.31%的居民回答"没参加过"。其基本情况如表3-48所示。

表3-48　　　　　全国百城社区调查：居民参与情况

选项内容		是否参加过社区活动	是否参加选举	是否参加过文体活动	是否接受过志愿服务
参加过	频数	1323	1594	1105	730
	比例(%)	46.85	56.44	39.13	25.85

---

① 陈伟东、张勇：《湖北省"难点社区"数据统计分析》，华中师范大学湖北城市社区建设研究中心课题组，2010年5月。

② 该社区收入中的部分收入要用于社区居民养老金的缴交，除去上缴的养老金，该社区所拥有的社区经费依然比较高。

续表

选项内容		是否参加过社区活动	是否参加选举	是否参加过文体活动	是否接受过志愿服务
没参加过	频数	1450	1213	1675	2063
	比例（%）	51.35	42.95	59.31	73.05
无效	频数	1	1	10	1
	比例（%）	0.04	0.04	0.35	0.04
未填	频数	24	8	16	24
	比例（%）	0.85	0.28	0.57	0.85

从表3-48可以看出，过半数的居民参与了社区选举，而居民参加文体活动的比例不足一半，而接受过志愿服务的居民则更少，若将参加社区选举、参加文体活动和接受志愿服务的居民数量比较来看，参加社区选举的居民比例要高于参加文体活动的居民比例，而参加文体活动的居民数量又多于接受志愿者服务的居民数量。值得注意的是，在现实中社区进行选举往往均是经过政府和社区居委会广泛宣传和多次动员才进行的，因为社区选举不仅是一项政治活动，而且对于基层政府和社区居委会而言，顺利完成社区居委会选举是一项"政治任务"，对于"政治任务"，基层群众和干部是深知其中的分量的。在这种背景下，就会出现社区居民参与政治性的活动的比例要高于无强制性要求的参与社区文体活动，而接受志愿性服务比例最低，说明居民参与志愿活动率也是最为低下的，居民志愿精神亟待培育。

社区民主自治是一项综合性的工程，而社区是否拥有"居务公开栏"、是否有"居民论坛"、是否有社区"听证会"这些"物化"的标志是社区民主自治程度的重要反映。根据全国百城社区调查数据，社区是否有"居务公开栏"、是否有"居民论坛"、是否有社区"听证会"的基本情况如表3-49所示。

表3-49　　全国百城社区调查：社区民主参与的载体情况

选项内容	是否有"居务公开栏"		是否有"居民论坛"		是否有"听证会"	
	频数	比例（%）	频数	比例（%）	频数	比例（%）
有	2008	71.10	863	30.56	1331	47.13
没有	338	11.97	1007	35.66	310	10.98

续表

选项内容	是否有"居务公开栏"		是否有"居民论坛"		是否有"听证会"	
	频数	比例（%）	频数	比例（%）	频数	比例（%）
不知道	458	16.22	933	33.04	1126	39.87
无效	2	0.07	1	0.04	43	1.52
未填	12	0.42	15	0.53	10	0.35

从表3-49可以看出，"居务公开栏"的覆盖率超过70%，说明"物化"实体性的社区参与与社区民主设施拥有率相对较高，而这一比较高的覆盖率也部分因为各地从上到下的政策性要求，把"居务公开栏"作为一项"硬"性指标工作来抓；而对于"居民论坛"和"居民听证会"等社区居民民主参与形式，社区覆盖率则普遍较低，从而说明在社区建设的过程中，各地社区往往注意到"可视化"的、外在的"民主要素"，而忽视了真正具有实质性参与意义的民主参与形式，意味着社区民主的参与形式还有待于进一步丰富、完善和深入。

而对于社区居民民主活动实际开展情况，根据全国百城社区调查中对230个社区居委会调查统计，基本情况如表3-50所示。

表3-50　　全国百城社区调查：社区民主活动实际开展情况

内容	2003—2004年社区居民会议召开次数						2003—2004年社区协商议事会议召开次数						2003—2004年居民评议社区次数					
频数	没有	1次	2次	3次	4次及以上	未填	没有	1次	2次	3次	4次及以上	未填	无	1次	2次	3次	4次及以上	未填
230	0	11	49	24	120	29	5	13	38	13	95	63	3	37	79	11	52	47
比例（%）	0.00	4.78	21.30	10.43	52.17	12.61	2.17	5.65	16.52	5.65	41.30	27.39	1.30	16.09	34.35	4.78	22.61	20.43

从表3-50可以发现，全国的所有社区都召开过居民会议，而且超过半数的社区召开次数超过4次；而协商议事会议和居民评议社区的次数明显要较少，甚至有少数社区在此期间从未召开过社区协商议事会议，或从未进行居民评议社区活动。而召开居民会议的比例和次数较高，其中部分原因也在于社区章程或有关政策对此提出了明确的要求。

1. 全国四大区域社区居民参与和民主自治

根据 2005 年全国百城社区调查,在调研的 2842 份居民问卷中,居民参加各类社区活动、居民参与社区选举、参与文体活动和接受志愿者服务的基本情况如表 3-51 和表 3-52 所示。

表 3-51　　全国百城社区调查:居民参与社区民主及活动情况

地区	问卷份数	内容	本届居委会选举您参加了吗				您或您的家人是否参加过社区活动			
			参加了	没参加	无效	未填	参加过	没参加过	无效	未填
东部	1061	频数	686	371	1	3	554	508	0	6
		比例(%)	64.66	34.97	0.09	0.28	52.21	47.88	0.00	0.57
东北部	301	频数	175	125	0	1	163	122	0	12
		比例(%)	58.14	41.53	0.00	0.33	54.15	40.53	0.00	3.99
中部	530	频数	257	268	0	1	178	348	0	0
		比例(%)	48.49	50.57	0.00	0.19	33.58	65.66	0.00	0.00
西部	932	频数	476	449	0	3	428	472	1	6
		比例(%)	51.07	48.18	0.00	0.32	45.92	50.64	0.11	0.64

从表 3-51 可以看出,东部、东北部地区和西部地区的社区居民参与社区活动比例基本相当,东北部地区居民参与各类活动比例最高,其次是东部和西部地区,而中部地区社区居民参与各类活动比例要低很多。而对于参与本届社区居委会选举情况,四大区域居民参与率均接近或超过 50%,甚至东部地区达到 64.66%,从四大区域比较来看,东部地区比例最高,东北地区其次,再次是西部地区,而中部地区依然比例最低,但彼此间差距不是很大,特别是中部和西部地区居民参与居委会选举比例基本相当。

表 3-52　　全国百城社区调查:居民接受志愿服务和文体活动情况

地区	问卷份数	内容	2004 年以来是否接受过社区志愿服务				2004 年以来您是否参加过社区的文体活动			
			接受过	没接受过	无效	未填	参加过	没有参加过	无效	未填
东部	1061	频数	291	765	0	6	442	608	2	7
		比例(%)	27.43	72.10	0.00	0.57	41.66	57.30	0.19	0.66

续表

地区	问卷份数	内容	2004年以来是否接受过社区志愿服务				2004年以来您是否参加过社区的文体活动			
			接受过	没接受过	无效	未填	参加过	没有参加过	无效	未填
东北部	301	频数	85	202	0	11	124	172	1	1
		比例（%）	28.24	67.11	0.00	3.65	41.20	57.14	0.33	0.33
中部	530	频数	131	398	0	2	142	383	2	2
		比例（%）	24.72	75.09	0.00	0.38	26.79	72.26	0.38	0.38
西部	932	频数	223	698	1	5	397	512	5	6
		比例（%）	23.93	74.89	0.11	0.54	42.60	54.94	0.54	0.64

从表3-52可以看出，四大区域居民参与社区文体活动的比率均不是很高，参与率均低于50%，不过四大区域相比较而言，东部、东北部和西部持平，而中部地区明显更加偏少；从社区居民接受志愿服务的情况看，四大区域居民接受志愿服务的比例同样均不高，而且相差不大，总体情况呈现东部和东北部稍高于中部和西部。

在对235个居委会的调查中，四大区域各社区居委会召开居民会议和召开社区协商议事会议的基本情况如表3-53所示。

表3-53 全国百城社区调查：社区召开居民会议和协商议事会议情况

地区	社区数	内容	2003—2004年居民会议召开次数						2003—2004年社区协商议事会议召开次数					
			未召开	1次	2次	3次	4次及以上	未填	未召开	1次	2次	3次	4次及以上	未填
东部	84	频数	0	2	12	9	52	9	2	3	13	6	33	27
		比例（%）	0.00	2.38	14.29	10.71	61.90	10.71	2.38	3.57	15.48	7.14	39.29	32.14
东北部	26	频数	0	0	6	1	14	5	0	0	4	0	12	8
		比例（%）	0.00	0.00	23.08	3.85	53.85	19.23	0.00	0.00	15.38	0.00	46.15	30.77
中部	45	频数	0	4	11	5	20	6	1	4	7	1	21	11
		比例（%）	0.00	8.89	24.44	11.11	44.44	13.33	2.22	8.89	15.56	2.22	46.67	24.44

续表

地区	社区数	内容	2003—2004年居民会议召开次数						2003—2004年社区协商议事会议召开次数					
			未召开	1次	2次	3次	4次及以上	未填	未召开	1次	2次	3次	4次及以上	未填
西部	80	频数	0	5	20	9	39	9	2	6	14	6	32	18
		比例(%)	0.00	6.25	25.00	11.25	48.75	11.25	2.50	7.50	17.50	7.50	40.00	22.50

从表3-53可以看出，大部分社区召开的居民会议次数超过4次，从四大区域的社区比较来看，东部要好于东北部，东北部要好于西部，而中部地区召开居民会议次数最低。而对于社区召开居民议事会的情况，东北部地区和中部地区的召开次数总体上要多于东部和西部地区。

全国四大区域社区开展居民评议社区和召开"居民论坛"的情况如表3-54所示。

表3-54　全国百城社区调查：居民评议社区次数和召开"居民论坛"次数

地区	社区数	内容	2003—2004年居民评议社区次数						2004年召开"居民论坛"次数					
			无	1次	2次	3次	4次及以上	未填	无	1—3次	4—6次	7—10次	11次及以上	未填
东部	84	频数	1	10	29	6	24	13	6	28	4	0	1	45
		比例(%)	1.19	11.90	34.52	7.14	28.57	15.48	7.14	33.33	4.76	0.00	1.19	53.57
东北部	26	频数	0	6	11	1	1	7	0	8	4	1	1	12
		比例(%)	0.00	23.08	42.31	3.85	3.85	26.92	0.00	30.77	15.38	3.85	3.85	46.15
中部	45	频数	0	6	19	2	9	9	2	14	4	2	1	21
		比例(%)	0.00	13.33	42.22	4.44	20.00	20.00	4.44	31.11	8.89	4.44	2.22	46.67
西部	80	频数	2	15	20	2	18	23	4	23	3	0	3	47
		比例(%)	2.50	18.75	25.00	2.50	22.50	28.75	5.00	28.75	3.75	0.00	3.75	58.75

从表3-54可以看出，东部和西部地区均有部分社区没有开展居民评议社区活动，而东北部地区存在部分社区没有开展"居民论坛"活动。四大区域在开展居民评议社区和"居民论坛"的次数都不是太多，开展

居民评议社区次数 1 年一般在 2 次以下,而开展"居民论坛"的次数大部分社区均低于 3 次。所以,从全国整体来看,社区自治与民主参与的状况都不容乐观。

2. 大中小城市社区居民参与和民主自治

根据 2005 年全国百城社区调查对全国 97 个市/区政府调查统计,大、中、小城市社区居民参与志愿服务的情况如表 3-55 所示。

表 3-55　全国百城社区调查:居民参与社区志愿服务的居民总数

城市类别	城区个数	2004 年参与社区志愿服务的居民总数(人次)									
^	^	1000 及以下		1000—5000		0.5 万—1.5 万		1.51 万及以上		没填	
^	^	频数	比例(%)	频数	比例(%)	频数	比例(%)	频数	比例(%)	频数	比例(%)
大城市	46	3	6.52	8	17.39	8	17.39	24	52.17	3	6.52
中等城市	25	5	20.00	4	16.00	7	28.00	8	32.00	0	0.00
小城市	26	4	15.38	11	42.31	3	11.54	4	15.38	4	15.38

从总体上看,大城市的社区居民志愿活动要好于中等城市,而小城市居民参与志愿活动的人数较少。

文体活动是居民参与的重要内容,根据 2005 年全国百城社区调查对 97 个市/区政府的调查统计,大中小城市开展全市/区性的文体活动次数情况如表 3-56 所示。

表 3-56　全国百城社区调查:居民参与文体活动情况

城市类别	社区个数	举办全市/区性文体活动次数									
^	^	20 次及以下		21—50 次		51—100 次		101 次及以上		没填	
^	^	频数	比例(%)	频数	比例(%)	频数	比例(%)	频数	比例(%)	频数	比例(%)
大城市	46	27	58.70	11	23.91	2	4.35	4	8.70	1	2.17
中等城市	25	18	72.00	5	20.00	2	8.00	0	0.00	0	0.00
小城市	26	18	69.23	1	3.85	2	7.69	1	3.85	5	19.23

从表 3-56 可以看出,尽管大中小城市举行的文体性活动多在 20 次以下,说明举办文体活动的数量有限,但总体上看,大城市和中等城市举办文体活动的次数要明显多于小城市。

居民参与政府活动,也是居民参与的重要形式,根据全国百城社区调查对 97 个市/区政府的调查统计，2001 年以来政府开展社区需求调查的基本情况如表 3-57 所示。

表 3-57　　　全国百城社区调查：政府开展社区需求调查次数

城市类别	个数	2001 年以来政府开展社区需求调查的次数									
		10 次及以下		11—30 次		31—50 次		51 次及以上		未填	
		频数	比例(%)	频数	比例(%)	频数	比例(%)	频数	比例(%)	频数	比例(%)
大城市	46	27	58.70	5	10.87	3	6.52	4	8.70	7	15.22
中等城市	25	14	56.00	7	28.00	3	12.00	0	0.00	1	4.00
小城市	26	20	76.92	2	7.69	1	3.85	0	0.00	4	15.38

从整体上看，大中小城市政府征求居民意见次数普遍比较少，但相比较而言，中等城市要多于大城市，大城市要好于小城市，但有个别大城市超过 51 次，说明大城市中部分城市社区存在政府调查居民需求的两极分化现象，即有些大城市社区很少进行居民需求调查，而有些则开展得比较频繁。

从表 3-57 可以发现，大中小不同城市规模与社区居民参与程度及民主自治水平之间并不存在明显的一致相关性。

3. 城市不同区位社区居民参与情况

从对武汉市的社区调查来看，社区志愿者组织在武汉市的不同城区分布也呈不均衡趋势。中心城区、近邻区志愿者组织发展状况好于远郊区；而社区文体组织分布也不均衡，呈倒"U"型，近邻区文体组织发育状况好于中心城区和远郊区。其志愿者组织和文体组织的千人比基本情况如表 3-58 所示。

表 3-58　　武汉市不同区域社区居民参与志愿者组织和文体组织情况

单位：个

组织类型	全市均值	中心城区	近邻区	远郊区
志愿者组织	0.6	0.84	0.71	0.26
文体组织	0.57	0.59	0.81	0.3

居民代表的数量也是衡量居民民主自治水平和参与水平的重要标志，根据调查，武汉市每千人拥有的居民代表数量普遍偏低，不到

10‰，从其地域分布来看，居民代表分布呈递减趋势，在中心城区，每千人拥有 8.61 名居民代表；近邻区为 6.98 名，远郊区为 6.32 名。具体情况如表 3-59 所示。

表 3-59　　　　　武汉市不同区域社区居民代表的千人比

单位：名

内容	全市均值	中心城区	近邻区	远郊区
千人比	7.3	8.61	6.98	6.32

从而可以看出，中心城区居民代表数量比要大于近邻区，近邻区要多于远郊区。从总体来看，远郊区的社区居民参与及民主自治水平均要低于中心城区和远郊区，但中心城区和远郊区在社区居民参与和民主自治的不同内容中有着不同的表现，并没有一致性的分布趋势。

4. 不同居民收入类型社区的居民参与和民主自治情况

根据全国百城社区调查对社区居委会的调查统计，从 2003 年到 2004 年不同居民收入的社区召开居民会议和召开协商议事会议的基本情况如表 3-60 所示。

表 3-60　　　全国百城社区调查：不同居民收入类型社区居民
会议和协商议事会议召开次数

收入类型	社区数	内容	2003—2004 年居民会议召开次数						2003—2004 年社区协商议事会议召开次数					
			无	1次	2次	3次	4次及以上	未填	无	1次	2次	3次	4次及以上	未填
高等收入	93	频数	0	6	18	11	48	11	3	5	16	4	35	28
		比例(%)	0.00	6.45	19.35	11.83	51.61	11.83	3.23	5.38	17.20	4.30	37.63	30.11
中等收入	42	频数	0	4	12	5	17	4	2	4	12	3	12	9
		比例(%)	0.00	9.52	28.57	11.90	40.48	9.52	4.76	9.52	28.57	7.14	28.57	21.43
低等收入	95	频数	0	1	19	8	55	14	0	4	10	6	48	26
		比例(%)	0.00	1.05	20.00	8.42	57.89	14.74	0.00	4.21	10.53	6.32	50.53	27.37

可以看出，高中低居民收入的各类型的社区召开居民会议的情况的频率均比较高，相对而言，低等收入社区的比例要高于高等收入的社区，而

频率最低的则是中等收入的社区;社区召开居民议事会的大致趋势也是呈现这一趋势,即低等收入社区召开社区议事会议的次数和比例要高于高等收入社区,而高等收入社区召开的次数要高于中等收入社区。从三者比较来看,社区召开居民会议和召开社区议事会议的次数,中等收入社区均形成一个"洼地"。

而在此次调查中,不同居民收入类型的社区开展居民评议社区和社区召开"居民论坛"次数的基本情况如表3-61所示。

表3-61　　全国百城社区调查:不同居民收入类型的社区居民评议社区和召开"居民论坛"次数

类型	社区数	内容	2003—2004年居民评议社区次数						2003—2004年召开"居民论坛"次数				
			无	1次	2次	3次	4次及以上	未填	无	1—3次	4—6次	7—10次	11次及以上	未填
高等收入	93	频数	1	19	29	6	18	20	6	26	7	1	1	52
		比例(%)	1.08	20.43	31.18	6.45	19.35	21.51	6.45	27.96	7.53	1.08	1.08	55.91
中等收入	42	频数	1	5	15	2	11	8	3	17	1	1	0	19
		比例(%)	2.38	11.90	35.71	4.76	26.19	19.05	7.14	40.48	2.38	2.38	0.00	45.24
低等收入	95	频数	1	13	35	3	23	19	3	30	7	1	5	49
		比例(%)	1.05	13.68	36.84	3.16	24.21	20.00	3.16	31.58	7.37	1.05	5.26	51.58

从表3-61看出,高中低收入类型的社区开展社区居民评议社区的次数主要集中于2次或4次以上,因为调查的时间段为2年,因而可以推知,这种居民评议社区的行为可能主要来自制度规定,要么制度规定1年1次,要么规定1年2次,这样,就出现分布区间主要在2次和4次区间。而各种收入类型的社区开展"居民论坛"的情况普遍较低,次数主要集中在3次以下,相比较而言,中等收入社区要高于低等收入和高等收入的社区。值得注意的是有相当高比例的社区未填,对这些未填的社区,据笔者推知,绝大部分可能是无法确定何为"居民论坛",即对"居民论坛"的组织与召集没有明确的、规范化的制度规定和程序化操作规定,因而不少社区无法确认什么活动属于"居民论坛"的范畴。总体上看,社区居民收入的高低差异与居民评议社区次数和召开"居民论坛"的次数并没有必然联系。

第三节 悖论解析与溯源

以上对我国城市社区建设同构性与非平衡性现状的梳理与描述，从其内容上而言，既有"硬件"的同构性与非平衡性，也有"软件"的同构性与非平衡性，而就其形成原因，是社区客观现实条件与社区建设主体主观因素综合作用的结果，是社区建设一般规律和我国具体国情纵横交织的产物。该如何看待或如何解读我国城市社区建设过程中所体现的同构性与非平衡性这一悖论现象？更为重要的是，形成这一悖论的原因何在？这种悖论背后蕴含着什么样的城市社区建设规律？笔者认为，可以从以下几个方面来对我国城市社区建设的同构性与非平衡性这一悖论进行解析，进而寻求其形成原因。

一 悖论与社区禀赋

社区是社区建设的对象，也是社区建设活动的基本平台，社区建设的一切活动都奠基于社区之上，因而，社区已有的各种特质与条件构成了社区建设开展的基本环境，这些特质与条件已经成为每个具体社区的基本组成部分，我们将此种社区具有的先在的、已有的各种条件、基础和特质，称为社区禀赋。因为社区禀赋是社区不可分割的组成内容，社区禀赋于是成为一切社区建设活动的前提，或者说我们开展的社区建设或多或少地受制于社区禀赋。社区禀赋既是客观现实的，也是历史传统的，总体上包括自然禀赋和社会禀赋两大部分，自然禀赋包括宏观地理区位和微观地区位置、社区基础设施与条件等；而社会禀赋包括社区利益关系、社区人口结构、经济社会水平与条件、社区文化传统等。除社区地理区位和位置的禀赋要素外，社区禀赋的各种要素，无论是社区自然禀赋还是社会禀赋，都是一个历史发展过程，都会在经济社会发展和社区建设的过程中发生显在或潜在的改变，只是改变速度的快慢而已，已有的条件或基础都成为后续建设和发展的重要资源和基础，即成为后续发展的既定的禀赋性社区建设资源。社区建设的任何活动都是在这种禀赋性的前置性资源基础之上或环境之中发生的，其意味着，一方面是任何社区主体性的努力都必须依托和依附在具体而特定的禀赋性资源之上，或主体性努力都必须最终融入社区禀赋之中；另一方面社区既定的禀赋性资源也在不同程度地制约、规制和影响着主体性行为的过程与结果。最终，在这种动态的演进与变迁过程中，社区禀赋也发生潜移默化的变化，这种变化后的资源与条件又成为下一步社区建设的前置性禀赋资源。

正是因为社区禀赋是社区建设的重要基础和制约性因素，既然是禀赋，就意味着其禀赋性的因素均是具体而独特的，因而，社区禀赋的差异性与独特性是社区建设非平衡性或社区建设多样化的重要原因，而其禀赋的相似性也为社区建设同构性提供了某种可能。当然，社区禀赋的不同特质给社区及社区建设带来的影响和作用是不同的，有的要素是导致社区建设同构性的重要原因，而有的要素则是引起社区建设非平衡性的重要来源。

1. 悖论与社区自然禀赋

社区自然禀赋最为明显地体现在社区的空间地理位置或区位和社区基础设施两个方面。社区的地理位置或区位包括三个层面含义：一是在宏观上包括社区位于东部、中部、西部和东北部不同的地理区位位置；二是在中观上社区位于大中小不同规模的城市的空间区位；三是在微观上社区位于一个城市的不同区位的空间位置。

从前述对我国城市社区建设的同构性与非平衡性的解构性比较中看出，城市社区建设在管理体制及其改革在我国东部、中部、西部及东北部四大区域层面并没有规律可循，一方面全国各大区域内的部分社区的管理体制存在一定的相似性；另一方面四大区域内均有部分城市进行社区管理体制的创新改革，中西部地区的社区管理体制的改革未必落后于东部沿海地区。从而说明社区管理体制与社区宏观的地理区位并没有直接关系，或者说社区管理体制及改革受制于宏观社区地理区位因素的影响比较少。

从前述社区服务与设施在四大区域覆盖率来看，各类社区服务设施在四大区域覆盖率多有不同，社区服务设施总量的人均占有量从高到低依次是东部、东北部、中部和西部；而人均社区服务中心的人均占有量从高到低依次是东北部、西部、东部和中部，但极为接近；其他社区服务设施人均占有量从高到低依次是东部、东北部、中部和西部；便民利民服务网点的人均占有量从高到低依次是东北部、东部、中部和西部；社区服务站的覆盖率从高到低依次是西部、东部、东北部和中部，但差别不大。从而说明各类社区服务设施在四大区域间的覆盖率并没有一致性的规律可循，而且社区服务中心和社区服务站在四大区域覆盖率（人均占有量）差别不大，即呈现同构性的特征，似乎难以用地理区位的差别来解释社区服务及其设施在各个地区分布的差异。① 而社区服务中心和社区服务站覆盖率的同构性的根本原因在于二者属于国家和政府在推进社区建设的重要步骤或重要抓手，而且将其作为首要问题来解决的，这恰恰反映了我国当前城市社区建设过程中政府行为的重要性，以及政府行为对于社区建设同构性的意义。而从前述中发现，大、中、小不同规模的城市和一个城市内位于不同区位的社区，其社区服务基础设施（特别是公共服务与设施）均存在着比较大的差别，总体上呈现大城市优于中等城市，中等城市优于小城市；一个城市内中心城区优于近邻区，而近邻区优于远郊区现象。这些都表明社区服务及设施在区域上的差异，或社区服务及设施建设的非平衡性主要体现在大、中、小城市之间和在一个城市内部不同区位的社区之间。

在社区组织人员的配备方面，不论是从每个社区居委会人员配置比，还是从社区居委会人员千人比来看，虽然在东部、中部、西部、东北部四个区域的居委会人员配置的数量上有一定的差别，东部要高于东北部地区，东北部地区要稍高于西部地区，而西部地区要稍高于中部地区，这种分布与区位之间也没有可供寻找的一致性规律，但平均每个社区居委会人员数彼此间差别比较小，而社区居委会人员千人比则相差比较大。而且从四大区域比较来看，社区居委会人员结构相差不大。而大、中、小不同规模的城市和一个城市内不同区位社区的社区组织人员的配备则存在较大差别，呈现和城市社区服务设施一样的特征，大城市优于中等城市，中等城市优于小城市；城市内中心城区优于近邻区，而近邻区优于远郊区的规律。这也表明社区组织人员配备的差异，或其体现的社区建设的非平衡性主要体现在大中小城市之间和在一个城市内部

---

① 笔者并不排除各省之间社区建设设施与管理体制的差异性，而是根据传统的经济上的四大领域的划分上，其差距并非明显。当然，因四大区域所包含的范围过大，包含省份太多，其非平衡性可能在四大区域内部被消解。

位于不同区位的社区之间。

　　社区社会组织在四大区域间的分布，从人均量来看，各类社会组织千人比从高到低依次是中部、东部、西部和东北部，各个区域中每个社区拥有居民活动组织的数量相差不大，居民活动组织的人数规模存在较大的差异，东部和中部的组织规模要大于西部和东北部地区。但中部、西部每个社区拥有志愿者组织的数量要相对少于东部和东北部地区。四大区域社区志愿者人数规模均比较大，但东北部地区和东部地区的志愿者组织规模要大于中部和西部地区，从而说明四大区域间社区社会组织的发育程度并没有一致性规律可循。而在大、中、小不同规模城市社区之间，小城市的社会团体数量要稍低于大城市和中等城市，但大、中、小城市各区拥有的社会团体数量差别不大；社区志愿者组织数量和参与志愿服务的居民数量在总体上，大城市要高于中等城市，中等城市要高于小城市，但以天门市为代表的小城市的居民参与文体活动的人数比例要远远高于武汉市和宜昌市之类的大中城市。而对于以武汉市为对象的城市内不同区位的社区社会组织而言，志愿者组织的数量呈现中心城区、近邻区、远郊区依次递减的趋势，但文体组织的千人拥有率则近郊区高于中心城区，但依然高于远郊区，说明不论是文体组织，还是志愿者组织的发育程度，远郊区均严重滞后于中心城区和近邻区。从上述可以反映出，大、中、小城市和城市内不同区位的社区在社区社会组织发育上存在一定的差异，但并未呈现如社区服务设施和社区组织人员配备一致性的趋势表现，而是表现出一定的特例现象，如天门市居民参与文体活动比例较高，武汉市近郊区的文体组织却高于中心城区。总而言之，这种社区区位禀赋并不能完全解释社区社会组织分布及其活动的差异性。

　　而在社区经费方面，从四大区域分布看，社区总收入、政府对社区的拨款和社区的办公经费，中部和东部地区都要好于西部和东北部地区，但在各个区域内部，不论是社区总收入还是政府的拨款，以及社区的办公经费，均呈现非平衡性甚至两极分化现象。而在社区居委会成员的待遇上，东部地区要好于中部、西部和东北部地区，但差别不是很明显；最差的是西部地区，与前三者差距较大。而在社区支出中，中部地区要高于其他三个区域。而对于大、中、小不同规模的城市而言，大城市和小城市社区的日常办公经费呈现两极分化趋势，而社区居委会委员的待遇，大城市要远远好于中等城市和小城市，但中小城市社区居委会委员的待遇差别不大。而在一个城市内部不同区位的社区，如前所述，其经费和人员待遇在同一政策和管理制度下，差别不是太大，其存在差别主要源于自身因素。

在社区参与和民主自治方面，四大区域比较来看，东部、东北部地区和西部地区的社区居民参与社区活动比例和参与文体活动比例基本相当，而中部地区相对较差；而居民参加社区选举的人员比例和接受志愿服务的人员比例在四大区域间有差别，但差别不大；社区召开的居民会议次数，东部要高于东北部地区，东北部地区要高于西部地区，而中部地区最低；社区召开居民议事会议情况，东北部地区和中部地区的召开次数总体上要多于东部和西部地区。以上表明在社区参与和民主自治方面四大区域间并没有一致性的规律。而在大、中、小不同规模的城市社区间，城市居民参与志愿活动和政府举行文体活动呈现大城市多于中等城市，中等城市多于小城市的现象。而在城市的不同区位的社区，以武汉市为例，除社区居民参与文体组织以外，在居民参与志愿服务和拥有居民代表比例来看，均呈现中心城区优于近邻区，近邻区优于远郊区的特征。

由上可以发现，社区建设的部分内容及结果与社区地理区位之间存在某种规律性的内在联系，或者说，城市社区建设的同构性及非平衡性与社区地理区位这一重要的社区自然禀赋之间也存在某种联系。从四大区域间比较来看，其非平衡性并不明显，而体现较为明显的则是其间存在的同构性现象；而在某一区域内部，社区建设的诸多具体领域或内容上，则体现出非平衡性，甚至"两极化"特征；而从大、中、小不同规模城市的社区及一个城市内位于不同区位的社区来看，除个别内容和个别特例外，社区建设的大部分内容或领域均体现出较为明显的非平衡性，而且，各内容的非平衡性呈现很强的一致性——大、中、小城市，中心城区、近郊区和远郊区均呈现依次下降的趋势。

另外，社区基础设施也是社区自然禀赋的重要组成部分，而社区基础设施状况对城市社区建设的内容和重点有着直接关联，自然与同构性和非平衡性这一悖论有着紧密联系。如社区位于老城区，社区基础设施比较差，那么将解决社区基础设施问题作为社区建设首要目标和重点就成为此类社区开展社区建设基本规律。而社区基础设施往往与社区地理区位存在一定关联,一般来说,老城区普遍存在基础设施差,包括社区办公用房和居民室内外活动场地狭小,甚至没有等共同性特征,而城郊社区一般办公用房和活动场地条件比较好,但各类服务设施并非与之同步①。而这些客观条件对社区建设有着直接制约性,于是,在一定程度上呈现基础设施条件相同的社区建设的内容与重点,包括建设现状,存在一定的相似性或同构性,而社区基础设施不同的社区将可能产生社区建设的差异性与非平衡性。

如何解释社区建设同构性和非平衡性现象与社区自然禀赋之间的关系?笔者认为可以从以下几个方面进行依次递进的理解:首先,进行"定性"判断。社区建设的同构性与非平衡性与社区自然禀赋之间有无联系?从上述可以看出,城市社区建设的部分内容与社区自然禀赋之间有着一定的相关性。其次,进行"定量"的判断。"定量"的判断应该从两个方面进行:一是社区自然禀赋对城市社区建设的同构性与非平衡性的影响范围如何?有影响,但范围是具体而有限的。从上述可以看出,社区自然禀赋对不同的社区建设内容产生的影响和制约因素是不一致的,或者说社区自然禀赋对社区建设具体内容的影响也是非平衡性的,而且,社区自然禀赋也并非影响社区建设的任何领域的建设;二是社区自然禀赋对城市社区建设同构性与非平衡性影响的程度如何?有影响,但程度是具体而有限的。从上述可以看出,社区自然禀赋并不能完全解释社区建设同构性与非平衡性现象,或者说社区自然禀赋并非是社区建设同构性与非平衡性的唯一答案,社区建设同构性与非平衡性是多种因素交织作用的结果。再次,进行"特例"分析。就是要注意分析社区自然禀赋影响社区建设同构性与非平衡性中的特例现象,如从全国范围来看,大、中、小城市社区居民参与文体活动人数呈依次下降趋势,但在湖北省天门市却呈现一个特例,其居民参与文体活动人数比例要远高于武汉市和宜昌市等大中城市。对于此种"特例"现象,要注意分析其产生的原因,而不能简单否定社区自然禀赋对社区建设的制约与影响。最后,注意社区建设同构性与非平衡性与社区自然禀赋间"转化"可能。社区建设的同构性与非平衡性会影响

---

① 当然,笔者并不排除个别地区老城区的基础设施比较好、城郊社区服务设施齐全现象,在此仅是从总体宏观意义上而言。

到社区的部分自然禀赋（虽然无法影响或改变社区的地理区位等自然禀赋，但可以影响到社区基础设施等自然禀赋），这种同构性或非平衡性也成为社区自然禀赋的组成部分或重要特征。

2. 悖论与社区社会禀赋

社区社会禀赋主要包括社区人员结构、社区居民收入状况以及社区历史文化传统等状况。因为社区社会禀赋具有很强的社会性一面，而这种社会性更能影响到城市社区建设，可以说，社区社会禀赋对社区建设具有更直接、更明显的影响，从而，社区社会禀赋也为解析当前我国城市社区建设同构性与非平衡性这一悖论提供了视角。

首先，社区居民人口结构对社区建设有着重要影响。一方面，不同人员年龄结构影响着社区建设内容。如社区内如果老年人比较多，无疑解决老年人的生活照看和娱乐问题成为社区的重要内容，而若青少年或儿童比较多，则解决儿童娱乐和就学问题成为重要问题，这些客观现实问题都会对社区服务与设施产生不同的需求，从而影响到社区基础设施的建设和社区服务提供。又如，社区居民的文化层次的高低，对社区各类服务需求也是不同的，其参与社区活动的方式和程度也是不同的，这些都将影响到社区建设诸多方面。因而，出现相同社区居民人口结构的社区建设存在一定的相似性，而不同的人口结构可能带来社区建设的差异性。

其次，社区居民收入状况对社区建设也有着一定影响，但这种情况比较复杂，难以体现比较一致性的规律。如前所述，社区办公用房面积在高中低收入社区中均存在大中小不同现象，从居民活动场地来看，高等收入社区要好于中等收入和低等收入社区，但在高中低收入社区内部，均存在两极分化现象，而对于未成年人活动场地，低收入社区却高于中等收入和高收入社区。而对于社区工作人员年龄结构和学历结构看，高、中、低收入社区依次呈下降趋势。高、中、低不同居民收入类型的每个社区所拥有居民活动组织的数量差别不大，并没有因社区居民收入的高低不同而导致居民活动组织数量上有明显的差别；而从社区居民活动组织的参加人数在总体上高等收入和中等收入社区参加居民活动组织的人数要多于低等收入社区。高、中、低不同居民收入类型的社区所拥有的志愿者组织数基本相当，而且社区志愿者组织的人数在高中低收入社区均呈现一定程度的两极分化趋势；而社区居民收入的高低与社区总收入没有同步关系和必然联系，政府对高中低收入社区的拨款数量大致相同，政府并非根据社区居民收入高低来调整其拨款额度，社区支出与社区居民收入的高低之间没有同步的必然联系；高、中、低不同收入类型的社区居委会工作经费与社区居民收入高低也没有比较明显的同步必然联系，低收入社区的支出并不意味着其支出也少。从社区居委会工作人员待遇来看，一方面高、中、低不同居民收入类型的社区居委会委员补贴情况大致相当，均比较低；另一方面社区居委会委员工资或补贴收入与社区居民收入高低没有直接的关系；在社区参与和民主自治方面，高中低居民收入的各类型的社区召开居民会议的情况的频率均比较高，召开居民议事会议也大致呈现这一趋势，但从三者比较来看，社区召开居民会议和召开社区议事会议的次数，中等收入社区均形成一个"洼地"。从以上可以看出，社区居民收入的高低与城市社区建设水平之间并没有清晰的、直接的必然性联系。

最后，社区历史文化传统对社区建设有着重要的影响。社区历史文化传统是社区在长期的历史发展过程中形成的，具有某种具体特殊特征的内在要素，该要素不仅成为社区特质，也是社区禀赋的重要组成部分。既然历史文化传统是一种具体化的特殊性要素，不同的历史文化传统赋予着社区不同的社区禀赋，从而也给社区建设带来不同的影响。社区历史文化传统，一方面属于地区文化传统的一部分，即某一地区内的社区历史文化传统有着某种相似性[1]，因而该地区内的社区有着某种历史文化传统的共性，这种共性也制约着社区建设的开展，增强社区建设同构性的可能；另一方面因社区历史文化传统是一个复杂的综合体，而且是历史积淀的过程，所以，在某地区内部不同的社区同样存在文化传统的差异，这种差异将会影响着在一个地区内部社区建设的非平衡性。更为重要的是，传统既是根深蒂固的，也是具有独特性的，正是因为是独特的，才能形成各自不同的传统。而这种独特性的传统，往往导致社区建设"特例"现象的产生。在现实中，我们也能够亲历或耳闻到不同地区的文化与社会传统影响、制约和塑成了不同的社区参与境况与社区文化氛围，如前述湖北省的天门市，虽然属于小城市，在社区服务设施与社区经费等方面远远落后于

---

[1] 这里地区的范围难以明确简单的划定，这种地区往往是历史因素长期影响形成的，如华北地区成为一个地区对象，而一个县、市也可能成为一个地区对象。

武汉市、宜昌市等大中城市，但是其居民参与文体活动的比例要远远高于武汉市和宜昌市，导致这种"特例"现象形成的重要原因在于，天门市地区民间文体活动一直十分兴盛，"皮影戏"、腰鼓队、舞蹈队等在各地司空见惯，这种良好的文化传统为居民参与文体活动提供了重要基础[①]。而对于社区历史文化传统、这些"软性"的社区禀赋，其形成与变迁往往是缓慢而漫长的，它们之间的差别似乎难以用社区硬件设施的水平和当地经济发展水平来进行解释和说明，社区历史文化传统对社区建设的影响往往只能从历史文化传统本身来寻找。

总之，社区的社会禀赋对城市社区建设有着更为复杂的制约与影响，从而对城市社区建设的同构性与非平衡性产生着多样化的影响，而且从社区社会禀赋中，我们可以更多寻找到社区建设非平衡性的答案。

二 悖论与地区经济发展水平

地区的经济发展水平直接决定，甚至包含着社区经济和发展水平与状况，在一定意义上来说，社区经济发展水平与状况属于社区社会禀赋的一部分，但在当前的经济体制和财政体制下，经济发展水平一般在一个较大范围内〔一般在不同的区（市）之间〕才存在经济发展水平上比较明显的差异，而单独一个社区的区域范围过于狭小，无法显示出不同经济发展水平对城市社区建设的影响，因而，与社区建设更具直接联系的是地区经济发展水平，或者说讨论地区经济发展水平与城市社区建设的同构性与非平衡性间的关系更具实际意义和可操作性。而地区经济发展水平与社区建设同构性与非平衡性之间到底存在何种关系？

因城市社区建设的经济投入主要来源于地方财政，所以笔者在此并非简单采取传统的以地区国民生产总值或国内生产总值来衡量地区经济发展水平的做法，而是采用地区财政收入来衡量地区经济发展水平，一方面地区财政收入与经济发展水平直接相连；另一方面财政收入与城市社区建设资金投入具有更加紧密关系。2009年全国四大区域财政收入[②]基本情况如

[①] 这一结论来源于笔者2010年4月到天门市的一次调研。有日夜晚，调研一行人围绕天门市的湖北散步，其间经过几个较大的空地和广场，见每个广场均是人头攒动，老年人、年轻人分别组队跳着各自舞蹈，场面十分火爆。

[②] 此处的财政收入仅包括预算内财政收入。

表 3-62 所示。

表 3-62　　　　　2009 年全国四大区域财政收入基本情况

地　区	人口(万人)	一般预算收入(万元)	人均财政收入(元)
全国地方收入	133474	326025850	2442.617
东部	48442.9	187866278	3878.097
东北部	10884.6	27199767	2498.922
中部	35603.5	50395935	1415.477
西部	36729.7	60563870	1648.907

从表 3-62 可以看出，四大区域的一般预算财政收入总量，东部高于西部，西部高于中部，而中部要高于东北部地区，而若考虑到四大区域人口多寡的差异，人均财政收入呈现东部明显高于其他三大区域，而且东北部地区也明显高于西部和中部地区，值得注意的是西部的人均财政收入却稍稍高于中部地区。造成上述人均财政收入现状的主要原因有两点：一是我国当前仍存在比较严重的经济发展不平衡，包括四大区域间依然存在比较严重的经济发展不平衡，所以四大区域间财政收入存在较明显的差距；二是由于四大区域包含的区域范围差异，以及各区人口数量分布的严重非平衡性，导致预算收入总量走势与人均预算收入总量走势并非一致，特别是东北部地区预算收入最低，但人均预算财政收入却位居第二，而且西部人均财政收入要高于中部，这也有别于传统理解。地区经济发展水平，特别是财政收入状况直接影响着社区建设资金投入，财政收入是社区基础设施投入保障的前提与基础。但从前述全国四大区域社区服务设施水平来看，各项社区服务设施在四大区域的分布并不呈现一致性的趋势，即人均社区服务中心、社区服务站和便民利民网点在四大区域配置并不呈现一致性的分布。全国人均社区服务中心的拥有量从高到低依次是东北部、西部、东部和中部，但极为接近；而人均社区服务站，东部、东北部地区和西部基本持平，而中部地区则低得多。若以社区服务中心和社区服务站作为社区服务设施代表，一方面社区服务设施在四大区域间并未呈现人均财政收入一样明显的差异；另一方面社区服务设施覆盖率或人均拥有量并未

与人均财政收入状况保持同步波动关系。这在一定程度上意味着，在四大区域的层面上，经济发展水平与社区建设有着一定的关系，但并非有着直接的对应或正相关或负相关的关系。

而在一个省或市的内部，在目前的财政体制和管理体制下，大、中、小城市的财政收入状况存在较为明显的差别。一般来说大城市都属于省会城市，中等城市多属于地级市城市，而小城市多属于县城（含县级市）。一方面，在当前诸多地方政府的发展决策中，不同规模的城市在地方政府发展规划或决策中的地位是不一样的，其享受到的各种优惠政策也是不一样的。优先发展大中城市是当前客观现实，因而大、中、小城市的经济发展水平往往存在较大差异；另一方面，这种城市规模大小的背后，实际上还存在着财政体制的级别差异，因而导致财政来源和收入的不同。在1994年我国实行分税制以后，行政级别（一定的行政级别一般与税收级别相对应）越高其财政收入越充裕，而行政级别高低的不同城市依次处于大、中、小的不同规模，这样，大、中、小城市的差异不仅仅是人口规模的差异，在财政收入来源上也有着重大区别，呈现由强到弱的变化趋势，而且这种差异是制度性带来的，因而具有稳定性和持久性。而恰恰是这种财政上的差异，带来了前述大、中、小城市在社区服务设施上比较明显的差异。2006年以后，为了解决各级地方财政困难问题，中央加大了中央对地方的财政转移支付力度，但这种转移支付依然难以改变不同城市所拥有的财政能力不同的状况。于是，形成了在一个省的区域内部，大、中、小城市的经济发展水平和财政收入有着明显的差别，而这种差别与城市社区建设的同构性与非平衡性有着直接的、重要的同步性关系。

总之，地区经济发展水平对城市社区建设的影响应做不同层面的辩证的、具体的分析。

三 悖论与政府行为

社区建设主体是多元的，有人认为"社区建设的主体包括政府法人、企事业法人、社团法人和全体社区成员"[①]；有人进一步提出，"中国城市

---

① 李正东：《关于我国城市社区几个发展趋向的思考》，《浙江社会科学》2001年第6期。

社区建设主体包括政府组织、企事业法人、社团法人以及全体城市社区居民";[1]还有人认为,"社区建设主体包括:街道、各城市管理职能部门,社区居委会、社区内的企事业单位和其他组织以及全体社区居民、外来人口等"。以上对社区建设主体的分歧有的是由于在不同层面所造成的,但无论如何,政府在当前我国城市社区建设的过程中发挥着重要作用,其地位和作用是毋庸置疑的。尽管有学者认为政府不是社区的主体,至少不应是处理社区公共事务的第一主体[2],但笔者认为该学者是将社区理想与社区现实、社区应然本质与社区建设现实路径相混淆的结果。当然,政府在社区建设过程中的作用与范围都是有限的,正如吉登斯所言,国家是社区建设的协作者与监督者[3],他反对要求国家从公民社会(社区)撤出的右派主张。相反地,"根据情况的不同,政府有时需要比较深入地干预公民社会的事务,有时候又必须从公民社会中退出来"[4]。总而言之,政府在城市社区建设中的角色与功能至关重要。一方面,政府组织在整个社会中依然充当着非常重要的角色,特别是在合法使用暴力、决定重大公共资源分配方向和维护公民基本权利、实现公平价值等方面,政府组织具有其他组织不可替代的作用,因而在社区建设的诸多领域发挥重要作用。另一方面,"在社会高度发展的今天,只靠社区居民自己的自救与资助,已经不能从根本上满足他们日益增长的多样化的需求,也不可能有效地解决他们所碰到的日趋复杂化的社区问题……在居民自救自助之余,政府应当承担更大的责任和义务,协助做好社区发展工作"[5]。既然政府是社区建设的主体,因而其行为必将对城市社区建设产生重要影响,也是导致前述社区建设同构性与非平衡性的重要原因。这种同构性与非平衡性悖论主要是因中央政府与地方政府以及地方政府间的合作与博弈关系所致。在理论上,

---

[1] 任宗竹:《社会发展与建设主体研究》,《西北大学学报》(哲学社会科学版)2002年第2期。该文同时认为,地方政府组织及派出机构在社区发展中起主导作用、企事业组织在社区发展起支持作用、社团法人组织在社区发展中起中介作用、社区居民在社区发展中起基础作用。

[2] 曹绪飞:《社区制基本问题再研究》,博士学位论文,复旦大学,2000年。

[3] [英]安东尼·吉登斯:《第三条道路:社会民主主义的复兴》,北京大学出版社2000年版,第83页。

[4] 同上书,第84页。

[5] 侯钧生、陈钟林:《发达国家与地区社区发展经验》,机械工业出版社2004年版,第8页。

中央，各级政府的目标是一致，为人们服务；其功能定位也是大致相当，即公共管理与服务，政府具备着共同的利益与目标。但理论和整体上的一致性，在现实中不论是人民还是政府都将被具体化，这种具体化的结果是无法掩盖和排除政府间，包括中央和地方政府间"利益"的分殊，无法排除人民内部利益与需求的差异，从而无法否认各自行为的差异，包括不同政府主体基于自身考量的行为差异。实际上，各级政府主体都是一个相对"理性"的主体，在这种相对理性笼罩下，在城市社区建设的过程中，政府间演绎的是一曲"合作与博弈"的交响曲，同时也奏出了同构性与非平衡性的音符。

1. 合作：中央引领与地方创新

我国城市社区建设是在面对着巨大的城市服务短缺与社会秩序的压力下，在中央和国家的高度重视下而开始实践的，中央政府和地方政府间的合作就体现在社区建设过程中中央引领与地方创新的紧密结合上，而中央的引领主要体现在领导人的重视和中央政府的统一谋划与决策上，地方创新则体现在地方各级政府在中央的引导和倡导下，积极根据自身情况进行实践创新，推动社区建设发展，满足居民需求。

曾有人说：领导重视的程度决定着社区建设的速度。这话不无道理，不仅在社区建设领域，在其他领域，中央高层及其领导的重视，对于法律和决策的执行至关重要，这很大原因在于我国的压力型行政运行体制。在社区建设开展之初，中央领导就对其给予高度关注。早在1996年3月，江泽民同志同上海代表团一起共商改革和发展的大计时指出：要大力加强城市社区建设……在新时期要进一步发挥它们在加强城市管理、维护城市秩序中的重要作用[①]。1999年9月25日，他在视察上海市社区党建工作时建议探索社区党建的新路子，探索不断做好基层群众工作的新路子。这一指导为后来上海在全国率先开展"区域化党建"模式提供巨大促进力。1999年10月10日，江泽民同志视察天津市和平区社区服务求助中心时指出，加强社区建设，是新形势下坚持党的群众路线、做好群众工作和加强基层政权建设的重要内容。要通过加强社区建设，不断提高为人民群众

---

① 该指示也侧面反映了中央或政府更加关注的是社区建设发挥社会管理与秩序稳定作用的务实性的态度，这种指导思想与我国外生型社区建设模式紧密相连。

服务的水平和城市管理的水平,提高居民素质和文明程度,加强社会治安综合治理,保证人民群众安居乐业,促进社会稳定和发展。[①]朱镕基同志在1998年2月到天津视察明确肯定了社区服务对于解决下岗职工再就业问题的重要性,认为社区服务是实施再就业工程的一个大方向。2000年3月,在《政府工作报告》中明确指出:要加强对社区的领导和管理,强化社区服务功能;积极开展退休人员由社区进行管理服务的试点,同年4月,他在辽宁调研社会保障问题时指出:保持社会稳定,居委会要起很大的作用,也是能够发挥重要作用的。因为它天天跟居民接触,谁有什么收入,谁隐性就业,他们都清楚。这就是新型社会保障体系的基础[②]。胡锦涛同志在1997年11月视察上海市临汾街道时指出,"城市两个文明建设的工作重点在社区,企业人员要分流,社会职能要分离出来,这两个工作不能悬在空中,需要社区承担起来。开展社区建设是很有意义的工作,要动员社区内各方面的力量共同搞好社区工作。社区工作的出发点和立足点,是心系群众、服务群众、依靠群众"[③]。2000年"五四"青年节到来之际,他在视察北京市朝阳区和平街道青年文明社区建设情况时指出:搞好社区建设,对于促进经济发展,满足群众的物质文化需要,巩固基层政权,维护社会稳定,都具有十分重要的意义。他再次强调,加强社区建设,首先,要进一步把社区党组织建设好,充分发挥党组织在社区工作中的领导核心作用。其次,要进一步动员社会各方面力量参与社区建设,优化配置和利用社区各类资源,实现社区工作的社会化。最后,要进一步推进基层民主建设,注重发挥群众自治组织和各类群众团体的作用,探索群众自我管理、自我服务、自我教育的新形式[④]。2000年6月18—20日胡锦涛同志在视察天津市社区建设工作时说,"加强城市社区建设已经成为我国城市改革和发展面临的一项重要而紧迫的任务。做好这项工作,对于深化改革,促进经济发展,提高群众生活质量,维护社会稳定,巩固党的执政基础,都具有重要意义……一是要健全服务设施,完善服务功能……

[①] 王青山、刘继同:《中国城市社区建设模式研究》,中国社会科学出版社2004年版,第100—101页。

[②] 参见《城市街居通讯》2000年第6期。

[③] 参见《城市街居通讯》1998年第1期。

[④] 参见《城市街居通讯》2000年第6期。

二是要进一步建立健全社区党的组织……三是要努力建设一支高素质的社区工作者队伍……四是要切实改进领导方法"[1]。

对城市社区建设，不仅有中央高层领导的高度重视，作为社区建设具体负责统筹和领导实施的民政部门，在社区建设过程中，不论在理论研讨，还是实践探索中，发挥着具体的指导与推进作用。早在1987年9月，民政部在武汉市召开"全国社区服务工作座谈会"，推动社区服务工作开展。1999年3月，民政部在南京市鼓楼区召开社区建设理论研讨会；7月，在北京召开城市社区建设理论研讨会；8月，在杭州市召开全国城市社区建设实验区工作座谈会；10月，在沈阳市召开社区体制改革专家论证会，正是在这次会议上，明确了社区管理体制改革的一些基本思路。如此密集的召开社区建设研讨会是史无前例的。在各地实验区探索和交流基础上，民政部于2000年11月3日向党中央、国务院上报《关于在全国推进城市社区建设的意见》。该文件经中央政治局讨论，以中央办公厅、国务院办公厅转发民政部的《意见》（中办发〔2000〕23号），确定了地方党委和政府领导，民政部门牵头，有关部门配合，社区居民和社会力量广泛参与的新的社区建设工作体系，明确了社区建设的指导思想、基本原则、主要内容和目标任务。宣告我国城市社区建设开始进入全面推进阶段。2002年，民政部门为了更好地指导全国社区建设，着重加强三个方面的调研：一是加强立法调研，为加快居委会组织法的修订和加强社区建设配套法律、法规、制度建设服务。二是加强探索调研，为指导地方转变政府职能、创新城市基层管理体制服务。三是加强工作调研，为完善社区管理规范、建立良好的社区建设运行机制服务[2]。其后，民政部开展了社区服务示范城区、和谐社区、社区建设实验区等评比活动，大大促进了社区建设开展。2010年，民政部在前期城市社区建设经验总结基础上，起草了中办发〔2010〕27号文件，这又是在全国范围内加强社区建设的纲领性指导文件。

在中央高层和中央政府及其有关部门的高度重视和指导下，地方政府的探索实践也一样绚丽多彩，而且更加影响到各地城市社区建设的水平与

---

[1] 参见《天津日报》2000年6月21日第1版。
[2] 王明美：《社区建设：中国和江西的实践》，江西人民出版社2008年版，第215页。

结果。如早在1994年，上海市委六届三次全会明确提出，要十分重视以社区为载体推进精神文明建设，并要求同强化社区管理和完善社区服务结合起来；1995年，上海市委、市政府确立了"两级政府、三级管理"的城市管理体制改革的总体思路；1996年又提出，加强党的建设、加强基层政权建设、加强精神文明建设、加强城市管理、维护社会稳定和提高居民生活质量，并决定采取一系列措施解决管理体制、执法队伍、人员编制、财力机制、设施建设五个方面的突出问题，为社区建设和管理创造一定的物质基础；1998年，上海市进行了以物业管理改革为重点，以增加"条"的服务职能为目标的五项措施改革；1999年，又以增强党的作用、影响力和渗透力为重点，进一步加强了社区党的建设，加强了党对社区工作的领导[①]。又如1996年6月25日石家庄市委、市政府制定了《关于进一步加强社区工作的意见》，明确提出要紧紧围绕建立"两级政府（市、区）、三级管理（市、区、街）、四级落实（市、区、街、居）"的新体制，以改革的精神，理顺市、区、街之间的关系，全面增强社区的功能，大力开展社区建设，促进社区经济和社会事业的全面发展，把城市建设和管理提高到一个新水平。1998年6月30日，青岛市召开全市社区建设座谈会，明确提出社区建设是"一把手工程"，并制定了社区建设规划和三年发展目标，自此开始了全市社区建设的新阶段。1999年上半年开始，沈阳市结合居委会换届选举，以微型社区体制改革为突破口和切入点，开始大力推进社区建设工作。创造性地开拓了全国影响深远的"沈阳模式"。同时，为了更好地推动社区建设，为社区建设提供理论指导和经验交流，各地政府积极举办各类研讨会，为社区建设学习和交流提供了很好的平台。如1999年4月，山东省委、省政府在青岛市召开全省社区建设经验交流会；1999年6月，南京市玄武区召开社区服务与社区发展国际研讨会。

在城市社区建设的实践探索过程中，一些地方在实践中逐步形成自己的特色，并在理论上进行提升总结，形成了诸多在全国具有代表性的"模式"。当然，这些所谓"模式"的归纳角度或取向往往是不一致的，

---

① 黄菊：《再接再厉，开拓进取，促进社区建设和管理工作再上新台阶》，《文汇报》2000年5月24日。

划分标准也不一致，所以从规范意义上来看，并不一定符合作为"模式"的规范化要求，或在严格意义上难以称为"模式"。笔者这里简要对截至目前我国实践中出现的社区建设进行归纳，并冠以"模式"之称，以此来反映地方政府在社区建设探索性创新实践及其成果，同时，这些不同模式以及模式内涵出现，也同样表征着我国城市社区建设的非平衡性。具体情况见表3-63。

表 3-63

社区模式	模式概括	模式特点	意义与价值
上海模式	党的领导、政府支持、群众自治、社会参与、专业服务、合力推进的社区建设模式①。有学者概括为"行政覆盖式"	①以街道办事处辖区界定"社区"的社区建设体制。②社区建设以社区党建为核心。③社区建设与城市管理体制改革的高度统一。④建立"两级政府、三级管理、四级网络"②管理体制和"条块结合、以块为主、各方参与"的社区工作机制	①是一个具有中国特色、时代特征和上海特点的社区建设模式。②是党领导城市社区建设的典型模式。③是一个具有普遍性意义的社区建设模式
青岛模式	以社区服务为"龙头"，以社区组织建设为核心，以职能转变、重心下移为重点，以基层民主政治建设为着力点，不断完善社区功能，建设和谐的现代社区	①把"社区"界定在居委会层面。②党政领导高度重视，"一把手工程"。③着重抓社区功能建设。④重视社区建设理论研究。⑤以社区服务为"龙头"，发展社区经济	①揭示了党领导社区建设的必要性、重要性及其实现形式。②揭示政府与社区自治体在社区"同在"。③揭示了从社区服务走向社区建设的规律

---

① 王青山、刘继同：《中国城市社区建设模式研究》，中国社会科学出版社2004年版，第130页。

② 上海市的改革历程实际经历了"两级政府、一级管理"到"两级政府、二级管理"，再到"两级政府、三级管理"，最后到"两级政府、三级管理、四级网络"体制的过程。

续表

社区模式	模式概括	模式特点	意义与价值
沈阳模式	以居住地为特征，以居民的认同感和归属感为纽带，以居委会为依托，以社区成员的自我教育、自我服务、自我管理、自我约束为目的，党和政府领导、社会各方面参与、群众自治管理的社会化自治管理的运行机制①	①科学定位社区；合理调整社区。②建立社区组织；发展"专组织"。③以民主自治为"主体工程"。④以社区体制改革为突破口。⑤鲜明的政治模仿性②	①实践上的全国推广价值。②标志着我国"法定社区"正式诞生。③构建具有中国特色的新型社区组织体系
天津模式	以社区服务为突破口，全面推动社区建设，不断满足社区居民需求，建立和完善社会化的服务体系③	①坚持党的群众路线。②坚持以社区服务为"龙头"。③坚持大力开展志愿者社会服务活动	①揭示我国城市社区建设的本质：党的群众路线是社区建设的本质所在④。②提供了新形势下坚持党的群众路线搞社区建设的新方式

---

① 李振发：《关于沈阳市社区建设情况的汇报》，中国选举与治理网，http://www.china-elections.org/NewsInfo.asp? NewsID = 20401。

② 一是模仿国家政体结构框架，实行"一会两委"制度；二是提出了社区体制与人民代表大会制度相对接的设想、建议和探索。

③ 贾德彰：《社区服务研究》，天津社会科学院出版社1991年版，第157页。

④ 王青山、刘继同：《中国城市社区建设模式研究》，中国社会科学出版社2004年版，第114页。

续表

社区模式	模式概括	模式特点	意义与价值
北京西城模式	完善社区建设的管理体制及运行机制入手，健全社区组织体系，理顺社区工作关系，强化社区自治功能，整合社区资源，发展社区事业[①]	①"自治社区"建设与"功能社区"建设相结合。②社区建设同社会可持续发展实验区建设相结合。③着眼于创建社区管理体制，推进政府职能转变	①提出"地域功能社区"新概念，具有理论和实践的双重意义[②]。②提出社区建设"可持续发展"新理念
鼓楼模式	以服务社区为导向，以构建二级社区组织为突破口，发挥街道主体作用，建设服务社区。核心是"从区街走向社区"[③]，有学者概括为实施"二四六八"计划[④]	①观念先行。"社区建设是城区工作永恒主题"完全是一种崭新的观念。②以服务社区为导向，以构建二级社区组织为切入点。③从二级社区组织到一级社区组织，从服务社区到法定自治社区	①提出"从区街走向社区"，"社区建设是城区工作永恒主题"具有重大理论意义。②创造的"两会"（二级社区组织[⑤]）具有理论和实践意义

[①] 温庆云：《北京市中国社区建设明珠》，中国社会出版社 2002 年版，第 46 页。

[②] 所谓"地域功能社区"，就是在社区建设中按照资源分布和人口结构，将临近居委会组成社区自治联合体，成立非行政性社区委员会或"某某地区社区建设协调委员会"（也有的称为"社区资源协调委员会"），其基本职能就是协商、协调居民区的资源，进行资源整合。"地域功能社区"的规模大致在两万人，"地域功能社区"的出现是中国社区建设的一个大胆科学创新。

[③] 王青山、刘继同：《中国城市社区建设模式研究》，中国社会科学出版社 2004 年版，第 142 页。

[④] 所谓"二"，即两句话："税源经济是全区事业的生命线，社区建设是城区工作永恒主题"，或者说是"抓税源，做环境"。所谓"四"，即四句话："为全区老百姓服务，为省委、省政府、省市机关服务，为驻区部队、院校、企事业单位服务，争创全省首善之区。"所谓"六"，即以六个起来为突破口："让全区经济繁荣起来、道路宽起来、住宅小区新起来、居民楼道亮起来、群众生活方便起来、市民素质高起来。"所谓"八"，即八个字："负重攀登，敢为人先"的鼓楼精神。参见李福全《负重攀登，敢为人先，努力探索社区建设新思路》，载于《中国民政》1992 年第 2 期。

[⑤] "两会"：指构建社区党建联席会和社区建设发展（协调）委员会。"二级社区"：指中办发〔2000〕23 号文件所认同法定社区。

社区模式	模式概括	模式特点	意义与价值
江汉模式	坚持社区自治方向,以社区为平台,建立一种行政调控机制与社区自治机制结合、行政功能与自治功能互补、行政资源与社会资源整合、政府力量与社会力量互动的社区治理模式①	①转变政府职能,提升社区自治功能。②关键问题是城市基层管理体制的改革与创新。理顺居委会与街道办事处、居委会与政府职能部门的关系,明确政府职能部门、居委会各自的职能。③政府依法行政、社区依法自治,政府与社区双向互动新体制,推行"五个到社区"②。④理论与实践相结合	①开辟了中国城市社区建设中体制创新的新途径③。②从理论与实践上解决和理清了政府与社区的关系问题。③社区建设循序渐进。④社区建设必须上下联动,整体推进
四平模式	党委政府领导、民政部门牵头、有关部门配合、社会力量支持是四平市社区建设推进机制的核心内容	①党委和领导高度重视。②三大平台④共筑现代社区。③高标准建设社区基础设施,高水平整合社区资源,高质量服务社区,高效能经营社区	集中地体现了现阶段中国城市社区建设的阶段性:建设"社区"阶段

---

① 陈伟东:《城市基层社会管理体制变迁:单位管理模式转向社区治理模式——武汉市江汉区社区建设目标模式、制度创新及可行性研究》,《理论月刊》2000年第12期。

② "五个到社区",即人员配置到社区、工作重心到社区、服务承诺到社区、考评监督到社区、工作经费到社区。

③ 全国体制创新大致有两种:一种是以上海、石家庄等城市为代表的模式,城市管理体制改革首先从市、区两级政府向街道办事处放权开始,重心下移,构建"两级政府、三级管理"的体制框架,改革路线是沿着市政府向区政府放权让利——区政府向街道办事处放权让利——街道办事处再向社区(居委会)放权让利逐步下沉的,这主要表现在不断提升社区自治功能,不断动员社区居民民主参与,走的是下行线(自上而下)。另一种就是以武汉为代表的模式,城市管理体制改革路线恰恰相反,该模式首先认定:社区建设是一场制度变迁的渐进过程,在"政府依法行政、社区依法自治的社区治理模式"的"目标模式"导向下,科学定位社区,明确界定社区自治体的职能及其权力范围,确定区政府部门应向社区(自治体)放权让利,确定区政府与街道办事处之间的权力关系的调整,市政府与区政府之间的权力关系的调整,走的是上行线(自下而上)。

④ 三大平台,即城市基层管理的平台、为居民服务的平台、民政工作的平台(或社会工作的平台)。

以上对若干具有代表性的社区建设的归纳能清晰地体现出各个地方政府在实践中的创造性和智慧,有学者将当前的社区建设模式分为社区服务升华模式、政府体制改革牵引模式、自治社区建设模式、地域功能社区模式和创建文明社区模式。① 不论何种划分,均体现出地方政府在社区建设中发挥的重要作用,特别是在实践探索中发挥的创新作用。而各地政府在探索创新过程中不同的做法,是形成城市社区建设非平衡性的重要原因,而地方政府在城市社区建设领域的相互借鉴与模仿,也蕴含着社区建设同构性的可能。

2. 博弈:中央决策与地方自主

在政府系统中,不同层级的政府既有因其公共属性和功能而具有一致性目标与利益,但也存在着层级间的不同角色与功能的定位,更为重要的背后蕴含着利益与目标的相异,这些利益、目标、角色与功能的差异必将影响甚至决定着各级政府的行为选择与路径。政府间的关系实则是中央与地方关系的简单化与缩影,而中央和地方关系的科学安排不仅是中国,也是世界各国面临的政治制度与宪政制度设计的重要难题。我国在经历20世纪80年代到90年代的"放权"、"分权"的改革之后,地方政府与中央政府从形式上的"铁板一块"中日益凸显出"自立"倾向,地方的局部具体利益、地方行动开始成为政治、经济和社会舞台重要内容。

中央与地方博弈的重要体现,也是中央和地方决策和行为的基本前提,当然也是中央和地方政府在社区建设决策与行为的重要前提,即财政体制。"有财才有政"这句并非严谨的话却道出现实中财政对于政府决策与执行的重要意义,因为一定的财政基础是政府行为能力的前提,是政府决策与执行的依据、保障。因而,财政体制问题成为中央和地方关系中最为重要,也是最为敏感问题之一,它清晰地体现出中央与地方利益的分野,其改革也表征着中央和地方利益关系的调整。改革开放之初,为了打破计划经济体制下的集权局面,最初在财政上进行"财政包干,分灶吃饭"的放权改革,这一改革赋予了地方政府以足够的活动空间和自主性,地方利益也得以较好体现,但最后却形成"诸侯经济"局面,结果在一

---

① 王青山、刘继同:《中国城市社区建设模式研究》,中国社会科学出版社2004年版,第208页。笔者根据原文进行了相应的调整与整理。

定程度上影响到国家能力[①],甚至中央权威依据中央政策的执行。于是在1996年以"分税制"代替"财政包干"的改革,不仅重新调整了中央和地方的利益关系,而且在政治权能上和财税基础上,完成并稳定了中央与地方间分权的基本格局。但这种财政分配格局似乎永远无法达到中央与地方最佳平衡点位置,而且也无法湮没或消除微观领域具体行动主体在利益和目标的分野,无法消除中央和地方政府在实践中行为的冲突与矛盾。同样,在地方的省、市、县各级政府间也存在着财政上的博弈关系,同样存在着各级政府利益、目标和行为选择的差异。这种差异直接决定着各级政府对城市社区建设的决策与实施,特别是对城市社区建设资金的投入。因为当前城市社区建设的投入主要由基层政府来承担,但在财力有限的情况下,基层政府一般会采取"诉苦要"、"不作为"等方式迫使中央政府或上级政府对城市社区建设进行财政转移支付。而中央或上级的财政转移支付,一般从宏观和普遍性的角度出发,在形式上往往采取"利益均沾"的平均主义方式和"一竿子插到底"的行为方式进行,恰恰这种行为方式是形成城市社区建设同构性的重要原因。如前述社区服务中心和社区服务站在全国的覆盖率差异性不大,又如现在我们看到"忽如一夜春风来"的社区医疗服务站的建设,均是中央和上级财政转移支付的重要杰作。

更为重要的是,中央和地方、地方各级政府的决策和行为都有着自身利益考虑,有着自身的行为逻辑与模式,这种利益和行为的分歧,加剧了城市社区建设非平衡性的可能。如前所述,我国城市社区建设是在中央引领与地方创新的双重推动下开展的,但却无法消除和否认中央和地方在推动社区建设目标、行为过程与实施路径的差异,我国城市社区建设的同构性与非平衡性,正是在这种中央与地方、地方政府与地方政府间的博弈中形成的。首先,对于城市社区建设目标而言,对于中央而言最为直接、最为紧要的就是实现基层社会的有序,实现对基层社会的有效管理与服务,肩负着"政权建设"的色彩;就其内容而言,不论是从中央领导人的讲话,还是中央关于社区建设决策的重要文件来看,都包括"硬件"和"软件"建设的双重任务。社区建设背负的"政权建设"的重担,本质上要求一定程度的"一致性"和"统一性"。同时,这一本质也决定了社区

---

① 王绍光、胡鞍钢:《中国国家能力报告》,辽宁人民出版社1993年版,第86页。

建设的推进必须要保持相当的中央权威和中央控制力，于是，中央就利用"决策与制度"来进行宏观掌舵，为了保证制度与决策的有效执行，又通过各种社区建设"实验"、"示范"来诱导和激励各级地方政府；通过各种规范化、标准化的"达标"、"评比"、"推进会"、"工作专题会议"来"强制"地方政府，一个个来自中央和上级的"红头文件"点缀着社区的天空，成为社区里一道道亮丽的风景线。在这种甚至是统一规划、硬性指标的要求下，社区建设的同构性似乎成为一种必然结果。但具体负责实施社区建设的则是地方政府，而为了激发地方政府的积极性和创造力，又必须赋予地方政府以一定的自主性和活动空间①，实际上城市社区建设"实验区"与"示范城区"等，既是一种中央的诱导，也赋予了地方探索的自主性，于是，在全国范围内出现各具特色的"建设模式"。但对于地方政府而言，其对于城市社区建设的目标，当然具有与中央政府一致性的一面——社会管理与服务，但除此之外，各地在推进社区建设过程中，地方偏好十分明显，而这种深具地方偏好性的行为，是我国社区建设非平衡性的重要原因。地方各级政府在社区建设中各种行为的偏好选择，主要依据两点：一是地方财政能力保障情况。分税制以后，比较大的税种或税种的较大比例被中央或上级占有，于是出现越到上级财政能力越充裕，越到基层财政能力越弱，而城市社区建设重担却在基层政府，特别是基础设施的建设，都是一种"耗钱"式的投入，面对有限的财政，地方政府对中央政策的执行不得不采取变通，甚至打折扣。于是，我们就不难理解上述大城市的基础设施一般要好于中等城市，与小城市更是有着巨大的差别。二是地方政府的"政绩冲动"② 欲望。在当前我国"选拔"用人体制下，"政绩"的考核成为地方政府获得好的声誉，甚至领导人升迁的重要筹码。而社区建设恰恰提供了地方政府展示其"政绩"的平台与机会。于是，地方政府对来自中央的"示范"与"实验"性的"柔性"手段不仅不拒绝和排斥，还争先恐后，当然，这种"示范"与"实验"本身也有一定的利益激励。但政绩如何"可视化"地展示和体现于外界，最容易

---

① 其实分权改革（中央和地方分权）的直接目的就是给予地方以自主性来激发地方积极性，实践证明也的的确确起到了巨大的效应。

② 笔者这里所言的"政绩"并非是贬义含义，而是一种客观的表达。

操作的、最能短时间起效果的，就是社区服务设施与基础设施的建设。所以，地方在推进社区建设的实践中，都是将设施建设摆在首要位置，当然，这与前期社区服务设施和基础设施缺乏也有重要关系，但地方政府的这种"政绩"欲望冲动也是一个重要原因。这样，就形成了各个地方政府在各自财政能力的范围内，首先进行了基础设施的建设。如曾经风靡一时的江苏"镇江模式"和吉林"四平模式"，尽管它们提出的内容似乎很全面，但真正落到实处，也是社会效应最大的却是其社区服务设施和基础设施的建设。总之，在地方财力和政绩冲动的双重制约下，将社区服务设施和基础设施的建设放在优先位置，而对社区真正内涵性的发展却考虑甚少。于是出现前述大、中、小城市尽管基础设施存在差异，但居民参与社区活动情况却没有明显的差别；高中低收入的居民收入存在差异，但其社区参与情况也并不与其收入正相关。

四 悖论与社会行动

尽管理论界对我国是否存在着"市民社会"、是否存在国家—社会二元分立和对立现象有着不同的见解和主张，有学者认为西方市民社会所表现出的政治—经济—社会结构的异质性状况在包括中国在内的几乎所有东方国家或发展中国家都根本不存在[①]。但笔者认为，当我们把国家—社会理论（市民社会理论）作为一个解释范式或解释模式来运用的时候，以此理论框架对我国社会进行理论分析未尝不可，而且，即使我国不存在类似传统西方社会的二元对立局面，但在我国当前形势下，国家与社会的范围和领域还是存在的，或者说国家与社会还是可以明显区别开来的，只是国家与社会之间的关系和状态与西方典型传统不同而已。城市社区建设本身就是多元主体参与的过程和领域，单靠政府组织来实现社区建设的目标是不可能的，也是不现实的，更违背了社区建设的本质要义。城市社区建设中的社会行动，是一个宏观概念，是相对于国家行动而言的相对性的概念，主要包括社会组织和居民个人参与社区的各项活动。笔者认为只有社会行动起来，才是实现"社区"之"理想"真正源泉与力量，才能真正实现"社区建设"的目标。而且，在我国城市社区建设的实践中，社会

---

① 李学春：《城市社区自治的社会基础》，《西北师范大学学报》2002年第3期。

力量在不同领域、不同地区，以不同的形式和途径参与到社区建设中来并发挥了重要的作用，既然是社区建设的重要力量，与前述我国城市社区建设同构性与非平衡性这一悖论必然会有着内在的紧密联系。

1. 社会力量发育不足，而且组织化程度低，不仅导致社区内部行动力量弱小，而且社区会因此失去个性发展动力来源与发展空间。社会行动必须具备两个前提：一是必须有多元社会行动主体存在；二是行动主体必须有足够的行动力量。要实现第一个条件，意味着社会必须是经过多元分化的社会，因为社会只有经过分化后，才能形成多元利益主体，才能形成多元社会行动主体；要满足第二个前提，又要求多元社会主体必须组织起来，因为只有组织起来的社会力量才是真正具有影响力的力量。一方面要分化，另一方面又要组织起来，这看似矛盾的两个前提，其实并非真正矛盾，二者统一在主体利益一致性上，或者说，利益一致基础上的多元主体能够组织起来，并且才能成为社会行动的重要力量。由于历史和现实的多种原因，我国的社会力量不仅发育不足，而且组织化程度低。尽管有学者认为"改革开放以来，政治国家与市民社会之间的界限变得明晰起来，一个相对独立的市民社会正在中国逐步出现"[1]，甚至有学者认为正在形成和发展的城市社区就是国家与社会分离的产物，改革开放以来我国城市社区建设过程中正在形成的以共同利益和特定亚文化为联系纽带的城市居民生活共同体——社区，实质上就是具有中国特色的市民社会[2]。何包钢认为中国将孕育和发展一个"半市民社会"[3]。然而，更多的学者对中国市民社会持一种质疑的态度，认为市民社会在中国很长时间内将是一个"难圆之梦"[4]，"中国市民社会面临三大阻力：传统专制主义、社会自主领域畸形化和国家政权的'软化'、国家本位主义，建构市民社会的前景并不容乐观"[5]，"因统一的中央集权的政治权力结构的存在，使得中国市民阶层走上了另外一种完全相反的道路，即最大限度地和现实社会政治结

---

[1] 俞可平：《增量民主与善治》，社会科学文献出版社2005年版，第183页。
[2] 李学春：《城市社区自治的社会基础》，《西北师范大学学报》2002年第3期。
[3] He Baogang, *The Democratic Implications of Civil Society in China*, Mac Millan Press Ltd., 1997, p. 13.
[4] 夏维中：《市民社会：中国社会近期难圆的梦》，《中国社会科学季刊》1993年第5卷。
[5] 萧功秦：《市民社会与中国化的三重障碍》，《中国社会科学季刊》1993年第5卷。

构融为一体的道路,也就是说它要尽可能地表现出和现实社会及政治结构所代表的制度模式及生活方式的同质性"[1]。这些无不表明着中国社会力量的孱弱,而社区建设的重要力量却依靠社会力量,当其弱小时,必将影响到社区建设的水平和结构性特点。

同时,我国社会力量孱弱的原因,是社会力量的组织化程度低。我们曾经一度经历过"同质性"的"整体性"社会,因为是"同质"的,也是最容易组织起来的,但随着社会发展和改革开放的推进,一旦社会从"同质"走向异质与多元,其分裂是必然现象,于是,现代城市在社会高度分化、利益日益多元的背景下,矛盾与冲突充斥着社区,城市社区的一个个"个人"再一次陷入了"原子化"的状态,社区建设的开启,力图在单位解体之后重新寻找到一种新平台或载体来组织和凝聚社会力量,但在开放和流动性的社会中,再也无法建立起那种类似个人对单位的依附关系和依恋情结,从而使重新将个人组织起来面临巨大困难。因其组织起来的困难,导致其行动力量的有限与弱小。于是,在现实中呈现的是:社区中存在着多元利益、多元诉求,但因其组织程度低,在社区的舞台上,社会力量活动身影甚少,其力量与社会影响甚弱。社会力量组织化程度低,一方面导致各种利益诉求往往无法在社区中被有效"放大"并实现;另一方面因组织化缺乏使社区呈现一种"凌乱"甚至"崩溃"的局面。于是,在本来社会力量多元的社区,没有形成有组织的行动力量。

社会力量孱弱和组织化困难,一方面,直接导致社会力量在社区建设领域行动的困难,而社会力量却是社区建设的重要力量,一旦此力量的行动受阻,必将影响到社区建设开展及其水平;另一方面,社区内社会力量是来自社区自身或社区内部的社区建设力量,这种力量更多体现着社区各自不同的需要,也决定着社区建设行动的不同方式,将会对社区建设内容和效果产生不同的影响,这将使社区建设体现更多的非平衡性,或者说,社区社会力量对社区建设的影响主要在于其非平衡性。而一旦其力量行动不足,也必将影响到社区建设非平衡性的发展。

2. 政府主导下的社会行动,诱发我国社区建设的同构性的同时,也加剧着社区建设的非平衡性。如上所述,我国社会力量孱弱及社会行动的

---

[1] 方朝晖:《对90年代市民社会研究的一个反思》,《天津社会科学》1999年第5期。

困难，导致社会行动力量在社区建设中的缺席或不足。然而在社区建设舞台上，当一支重要的主体和力量缺席时，不仅为其他主体和力量占据该空间与舞台提供了可能，而且使社区本身因其需要产生了对社区外力量进入社区建设领域的接纳，甚至渴望，因此必须有力量开展社区建设来满足居民和社区需要。而社区社会力量外的重要力量，也是最根本的力量，就是国家政府的力量，于是，社区社会力量和行动不足，必将导致国家和政府力量在社区中的扩展与膨胀。当然，理论与实践都证明了政府和社会力量均是社区建设中的重要力量，社区是政府和社会共在、共同起作用的领域。但因在我国当前阶段，政府和社会力量在社区中并不均衡，社会力量弱小，其行动不仅困难，甚至可能依赖或依靠政府力量，总体上形成了政府主导下的社会行动局面。这种政府主导下的社会行动，政府一方面会将自己的意志和目标灌输或传递到社会行动中，导致社会行动被注入了相当程度的"官方色彩"，甚至成为"官方行动"的一部分。而政府意志与目标决定了其行为的普遍性和统一性，而无法周全地考虑到各个地区不同的具体情况，这种一致性的行为必将使社会行动的统一性与同构性的可能性加大；另一方面不同地区和不同层级的地方政府有着不同的行动能力与行动欲望，都会根据自己的实际情况和偏好，采取非统一的、非平衡性的行为，于是，各地政府肩负着一致性的目标和普遍性的行动决策，但在实践中却可能采取非平衡性的行动，其结果是一方面将社会行动拉入政府趋同性的行动中来，使社区建设多样性和个性降低，增加社区建设同构性的可能；另一方面各地政府非平衡性的行为却加剧着各地社区建设的非平衡性。另外，因社区内社会力量和行动不足，导致我国城市社区建设力量主要来自社区之外，而不是社区之内，这也反映了我国社区建设外生型的特征。

五 悖论与宏观制度环境

城市社区建设的内容实际上包含着政治、经济、文化与社会各个领域和部分，因而城市社区建设是整个国家政治、经济和社会发展的一部分，已经融入整个国家建设与发展的全局与过程当中。因而，城市社区建设的整个过程是在一个既定的政治、经济和社会体制和制度的框架下进行的，一个国家或社会现有和既定的宏观政治、经济、社会和文化的制度环境规制着城市社区建设的制度供给、社区建设主体行为逻辑、城市社区建设的内容和路径等多方面内容，从而对城市社区建设同构性与非平衡性产生着重要影响。

1. 宏观制度环境与社区建设制度供给

因为城市社区建设是整个国家建设与发展的一部分，一方面，社区建设的制度必然成为整个国家建设和发展制度的一部分；另一方面，国家建设与发展的宏观制度是社区建设制度的基础或背景，或者说，社区建设制度奠基于政治、经济和社会制度基础之上，一个地区的社区建设制度与一个国家政治、经济及社会制度有着紧密不可分割的联系。如我国社会的社会主义性质决定着我们社区建设理想目标根本在于满足人们利益和需求，同时意味着我国社区建设与西方国家社区建设在目标上存在本质差异，这种社区目标统领着社区建设制度设计的全部；我国政治政权组织体系设置及其运行机制不仅直接制约着社区建设与管理的制度设计，甚至成为社区建设制度设计的"模仿"样板或参照系；我国经济体制和财政体制决定着社区建设资金的来源和投入，直接影响到社区建设制度的规划与设计……正是在宏观制度环境与社区建设制度供给有着紧密关系的背景下，宏观制度的价值取向、内容设计及其效果都会影响到社区建设中来。例如，我国"单一制"的体制在宏观上定下了中央与地方关系的基本基调，从而在根本上决定着中央和地方各级政府在城市社区建设中决策和制定社区建设制度的范围、能力及其地位，即中央和地方关系的制度设置决定着中央及各级地方政府的社区建设制度供给能力与范围。在每一个行政层级层面，其制度是具有统一性的，因而其产生的效力和影响很可能具有相当的一致性，这意味着社区建设同构性的制度供给是城市社区建设同构性结果的重要原因；同时，在一定区域内各级政府所拥有的相对自主性，或者是上级政府给下级政府留下的制度供给空间，将更多体现的是各级地方政府的特殊性与具体性，这种制度供给的特殊性与具体性，是各地社区建设非平衡性的重要渊源。总之，我国宏观的政治、经济或社会的制度环境，决定着城市社区建设制度供给的一致性与差异性，这种制度供给的一致性与差异性是社区建设同构性与非平衡性的重要原因。

2. 宏观制度环境与社区建设主体行为

社会主体都存在于一定的社会环境当中，一个国家或社会的政治、经济与社会的宏观制度框架与环境,直接决定着社区建设主体行为逻辑与模式。社区建设主体不仅有政府,还有单位、社会组织以及居民个人,每一主体都是理性的行为主体,主体之行为基于其自身利益与需求的理性考虑,但更为重要的是这种理性考虑及其实现必须依托一定的制度环境,或者说现有的客观制度环境确定了社区建设主体行为的基本空间与行为模式。如前述我国城市社区建设的中央引领与地方创新行为,均是在现有的政治体制框架前提之下产生的,还有前述中央和地方政府、地方政府与地方政治之间的合作与博弈行为,无不受制于现有的政治、经济与社会制度。于是,在一定区域和层级内,处于同一或相似的制度环境下的城市社区建设主体,其行为具有某种相似或一致性,而不同的制度环境是导致社区建设行为主体行为差异与多样的重要原因,而行为主体的一致性与差异性直接影响到社区建设的同构性与非平衡性。

3. 宏观制度环境与社区建设内容

国家宏观的政治、经济与社会制度环境同样制约着社区建设的具体内容,我国城市建设的发展与变迁本身就是在国家宏观制度发展与变迁的背景下进行的,国家政治经济与社会制度改变的背后是社会需求和社会环境与形势的改变,一方面社会需求和社会环境影响着城市社区建设的内容;另一方面一定的宏观制度环境又制约着社会需求与社会环境的改变。因而,在更为直接和直观的意义上来说,一定的制度环境影响着社区建设的具体内容,以及社区建设内容的侧重点。因此,制度环境的一致性与差异性也必然影响到社区建设内容的同构性与非平衡性。如国家主权能力建设是现代国家的重要内容,而巩固和加强主权能力建设的重要内容之一就是基层政权建设,因而基层政权建设是当前我国政治制度的重要内容,正是这一制度环境决定着我国城市社区建设肩负着基层政权建设的重任,于是我国城市的重要内容——社区组织体系的建设深受基层政权建设逻辑的影响。于是,我们就不难理解全国相当地区的社区领导组织体系具有相当程度的同构性。

总之,宏观制度环境与社区建设的同构性与非平衡性之间有着紧密关系,这种紧密关系源于社区建设都是在一定宏观制度环境下进行的,因而宏观制度的一致性为社区建设同构性提供了可能,而宏观制度给社区建设主体留下的自主性制度空间,则为城市社区建设的非平衡性埋下了诱因。

第四章　模式反思：外生型城市社区建设模式的逻辑与现实

第一节　外生型城市社区建设模式内涵

一　模式与社区建设模式

名词概念"模式"的基本含义有二：一是某物的代表与模型，或标准样式；二是堪称别人学习的典型。作为学术概念的"模式"，是对客观事物存在方式的高度概括，是在前人积累经验的抽象和升华，或者说是从不断重复出现的事件中发现和抽象出规律，揭示或表明事物之间隐藏的规律关系，是解决问题的经验的总结，具有认识论和方法论的双重意义[①]。人们重视模式的重要原因在于人们可以利用已有模式，不仅可以深化对研究对象的认识，还可以重复使用已有的解决问题方案，无须重复相同工作。同时，模式不仅是一种实施或操作理论，也是一种实践样式或榜样，因而具有实践意义和理论意义的双重意义[②]。美国著名社区专家罗斯曼认为，模式是较为具体、详细和紧促的内在形式或典范，模式处于较为松散的一般性取向和较为严谨组织的"理想类型"之间的位置[③]。

社区建设模式同样是社区建设本质特征的表现形式或反映。由于西方很少用及"社区建设"这一用语，而采用更多的则是"社区发展"或

[①] 王青山、刘继同：《中国社区建设模式研究》，中国社会科学出版社2004年版，第41页。

[②] 夏学銮：《社区发展的理论探讨》，《北京行政学院学报》2001年第4期。

[③] Rothman, J. & Tropman, J. E.. Models of community organization and macro practice perspectives: Their mixing and phasing, In F. M. Cox, J. L. Erlich, J. Rothman & J. E. Tropman (Eds.), *Strategies of community organization: Macro practice*, Itasca, IL: F. E. Peacock, 1987.

"社区实践"的表达，于是，在西方语境中，更多表现为社区实践模式或社区发展模式。按照美国社区专家韦尔的界定，社区实践包括组织、规划、发展和变迁的过程、方法和实践技巧[1]。社区实践模式是对某类社区实践共同特征的理论概括和概念化抽象，是对社区实践活动的类型化概括，是对社区实践本质特征的理论化说明，既源自社区实践，又指导社区实践。每一社区实践模式都有自己独特的价值基础、政策目标、服务对象和行动策略，各种实践模式之间不能兼容并包。对于西方的社区发展而言，我国有学者认为，从社会学概念出发，社区发展有社会体系模式、社会冲突模式和社会场域模式；从城市社区发展概念出发，社区发展有计划变迁模式、政府授权模式、社会参与模式、文化创新模式。前三个模式是从社区的存在状态切入进行研究，所以叫作社区发展的存在模式，后四个模式是从社区发展变化切入进行研究，所以叫作社区发展的功能模式[2]。而在国内理论界，有学者总结认为一般是在以下四个层面上来使用社区建设模式这一概念的：①标准样式，模式就是某种事物的标准形式或使人可以照着做的标准样式。②社区建设形态与运行机制，即社区建设是如何和通过什么途径提供的[3]。③模式包含"模型"和"范式"两层意义。从模型的角度看，模式具有理论意义，它是一种实施理论或操作理论；从范式角度看，模式又具有实践意义，它是一种榜样或样式[4]。④模式即工作模式，如何推进社区建设，社区实践的操作化工作模式。可见，对社区建设"模式"的理解因研究主体和研究目的、视角等因素的不同而存在差异，因而对"模式"一词的使用似乎有点"滥"的感觉。于是，社区建设达到什么标准，或发展到什么程度才能在理论或实践中称为一种"模式"就显得格外重要了。国内有学者认为衡量某社区建设实践是否形成"模式"的标准有五个：①地域范围比较大，至少超过市辖区的范围；②层次较高，是市以上单位；③有一套可供评估的政策和文件；④既符合社区建设总原则，又有自己鲜明特色；⑤运行机制和推进过程看得见、摸

---

[1] David N. Weil, *Appropriate Technology and Growth*, Brown University, Department of Economics, 1996.
[2] 夏学銮：《社区发展的理论探讨》，《北京行政学院学报》2001年第4期。
[3] 郭崇德：《中国城市社区服务发展道路》，中国社会出版社1993年版。
[4] 夏学銮：《社区发展的理论探讨》，《北京行政学院学报》2001年第4期。

得着，已被大家所公认。并认为"自发式模式"、"上海模式"、"石家庄模式"、"青岛模式"、"沈阳模式"、"重庆模式"等均符合这种标准要求[①]。笔者以为，某种社区建设实践能够称为严谨体系上的"模式"，基本特征有四个：一是高度的理论概括；二是具有相对的稳定性，形成相对稳定的结构模式；三是具有相当大的代表性；四是具有强烈的排他性和有效的区分性。

如何区别不同的社区实践模式，或根据什么标准从不同的实践中抽象出不同的模式？因模式是由一系列的模式构成要素组成，所以一般多以模式构成要素来区分。美国著名社区专家罗斯曼认为有11个实践变量可以作为模式区分的标准：这些实践变量分别是社区行动的目标类型、关于问题结构和问题状况的假设、基本的变迁战略、变迁策略和技术的特点、实践者的主要角色、变迁的媒介、对待权力结构的取向、社区服务对象系统或构成人员范围、关于社区一部分利益的假设、服务对象人群或组成人员的概念，以及服务对象角色的概念[②]。1985年，美国、加拿大和中国香港学者划分社区实践模式的标准有：①模式的基本特点；②主要的历史发展；③有关社会和变迁过程性质的假设；④政治、社会、经济和行为科学的基础；⑤总体目标和具体目标；⑥参与群体和个人的招募与选择；⑦过程和结构；⑧原则、方法和技术；⑨社区实践与个人和群体的联系；⑩尚未解决问题十个方面讨论和分析社区实践模式[③]。1995年，英国学者波普尔在社区工作的意义上认为社区实践模式的主要标准有四个：社区工作战略、社区工作者的主要角色和称号、工作机构的类型和活动、代表性人物与著作。[④] 1996年，美国学者魏尔认为社区实践模式标准主要有5个实践变量：期望的结果、系统的目标或变迁的目标、社区的主要组成人员、关

[①] 马学理、张秀兰：《中国社区建设发展之路》，红旗出版社2001年版，第85页。

[②] Rothman, J. & Tropman, J. E. Models of community organization and macro practice perspectives: Their mixing and phasing, In F. M. Cox, J. L. Erlich, J. Rothman & J. E. Tropman (Eds), *Strategies of community organization: Macro practice*, Itasca, IL: F. E. Peacock. 1987.

[③] Taylor, S. H. & Roberts, R. W. The fluidity of practice theory: An overview. In S. H. Taylor & R. W. Roberts (Eds.), *Theory and practice of community social work* (pp. 3–29), New York: Columbia University Press. 1985.

[④] Popple, *Analysing community work: Its theory and practice*, Open University Press, Buckingham and Bristol, Pa. 1995.

注的领域、社会工作的角色。我国有学者认为社区建设模式的构成要素或实践变量可以从宏观上的三个方面来考察：社区环境；国家、市场和社区关系；社区实践。具体为以下七个方面：①社区环境与结构特征。这是社区建设模式的背景，将社区建设模式放在特定时空关系中动态考察；②党的领导和政府职能，主要说明国家与社区关系，从国家与社区关系角度分析社区建设过程；③市场作用与影响，主要说明市场与社区建设关系，从市场与社区关系角度分析社区建设实践活动；④社区民间组织的地位与角色，主要说明民间组织在社区建设中所处地位与扮演角色，从民间组织与社区关系角度分析社区建设运行机制；⑤社区工作者作用与角色，主要说明社区工作者在社区建设中发挥的作用与扮演的角色；⑥社区服务对象、服务内容和范围，主要说明社区建设实践活动与工作过程，分析社区建设实践活动的基本特征；⑦社区资源结构与状况，主要说明社区建设物质基础与资源结构状况[①]。不同的实践变量组合可以形成不同的社区建设模式。

　　本书讨论的中国城市社区建设模式并非是在理论上外延和内涵都高度严谨、规范的一个概念，也并非符合前述有关学者所提出的"五个标准"的要求，因为本研究目的并非在我国社区建设实践上抽象出完备严谨的社区建设模式理论体系，也并非在理论上建构一个严谨完备、专门的、"模式化"的"理想模型"来指导我国城市社区建设的实践。这样宏大的目标对于中国城市社区建设的研究而言似乎是不可能的企图，中国城市社区建设实践的丰富性注定这种企图是不现实，注定失败的。因为社区建设模式是社区建设的本质特征的表现形式或反映，因而这里借用"模式"这一概念的核心旨意在于表达我国城市社区建设的现状、路径及内在关系的特点与规律。但因所要研究对象的特点、规律与规范意义上的社区模式的"实践变量"或构成要素有着紧密联系，在内在本质上体现着我国社区建设的内在属性与本质规律，在对外比较上显示着我国城市社区建设的特点与特殊性，也具有相当的"模式"要素特点，所以，用"模式"这一概念重在表达我国城市社区建设的本质、特性与规律，是一种在宏观上、

[①] 王青山、刘继同：《中国社区建设模式研究》，中国社会科学出版社2004年版，第57—58页。

"宽泛"意义上的使用，此种"模式"之意义和"江汉模式"、"沈阳模式"等具体的社区建设实践模式之"模式"有着根本区别，不是在同一层面的使用，当然其间存在实践上的必然联系。包括研究中提到的"外生型社区建设模式"和"内生型社区建设模式"都不是建构一个完整的、规范的、严谨的社区建设模式理论体系，而更多的是对某种社区建设的描述，表达其特征与规律之意，这种"非严谨"、"非规范"的操作并不影响本研究的论述过程及结论。

二 外生型社区建设模式

在不同层面、从不同视角和根据不同研究需要，学界对我国城市社区建设过程中具体的实践模式有着千差万别的理解，其差别的主要原因在于对选取解读或界定"模式"的"实践变量"或构成要素的不同或侧重各异所致，并且无所谓孰是孰非，都是对城市社区建设具体实践一定程度、一定范围的研究与表达，都是具有价值与意义的。如有学者从社区治理历史发展变迁的角度认为我国城市社区治理模式的发展与演变可以概括为三种模式或三个阶段：一是行政型社区——政府主导型的治理模式；二是合作型社区——政府推动与社区自治结合型的治理模式；三是自治型社区——社区主导与政府支持型的治理模式[1]。有的学者根据社区发展路径不同将社区建设分为四大模式：一是组织构建模式；二是行政推进模式；三是提升功能模式；四是自我革命模式[2]。有学者依据社区自治程度将社区建设模式分为以下几种类型：社区服务升华模式、政府体制改革牵引模式、自治社区建设模式、地域功能社区模式、创建文明社区模式[3]。甚至有学者通过社区建设的应然性的基本内容来界定我国城市社区建设模式，认为社区建设中国模式的基本内涵为：第一，重新调整定位社区，还社区以其固有自然人文本质。第二，改革现行管理体制，构建新型社区组织管理运行机构。第三，开展大众社会动员，建设基层居民参与治理的新机制。第四，推动

---

[1] 魏娜：《我国城市社区治理模式：发展演变与制度创新》，《中国人民大学学报》2003年第1期。
[2] 胡宗山：《全国社区建设模式评析》，《中国民政》2000年第6期。
[3] 王青山、刘继同：《中国社区建设模式研究》，中国社会科学出版社2004年版，第208—216页。

中介组织发展，形成国家和社会间的良性互动关系。第五，培育社区自身力量，将社区自治作为社区建设的最终目标[①]。很明显，此乃是一种对社区建设应然性的，以社区建设内容为视角的理想勾画。

笔者这里所要表达的我国城市社区建设模式，此"模式"表达具备以下几个特点：一是如前所述，"模式"是一种"宽泛"性的使用；二是"模式"是宏观层面意义上的使用，和上述具体实践模式相区别；三是"模式"重在表达社区建设的某些特点与规律，而不是完整内容体系的构建；四是"模式"要能够体现或反映社区建设的特点与规律，并且此特点与规律必须是内在的、本质性，而非外在表象。据此，在前述研究的基础上，笔者将我国城市社区建设模式定位于外生型社区建设模式。何为"外生型社区建设模式"？我国有学界曾有过"外生性社区建设模式"的研究，认为"外生性社区发展模式，是指以政府选择为主，以社区管理和服务体制改革为重点，以国家对社会整合为目标的社区发展过程"。与之相对应的是"内生性社区建设模式"，"所谓内生性社区发展模式，是指以社区选择为主，以扩大居民自治为重点，以满足社区需求为目标的社区发展过程"[②]。注意，该学者使用的是"外生性"的概念，其概念在其内涵与外延上与本书所谓的"外生型"有着一定的联系，但笔者认为"外生型"的话语表达不仅在内容上更具周延性、更具解释力，"型"更多地蕴含着"模型"之意，是社区建设经过相当长的时期之后的积累与沉淀的结果，因而能更好地与"模式"这一概念相对应。前述已言，社区建设模式是社区建设本质特征的表征，其构成要素或"实践变量"构成其模式并区分不同模式的重要依据，笔者在此用"外生型社区建设模式"这一概念来表征我国社区建设，或者将我国城市社区建设模式称为"外生型社区建设模式"的原因，主要是在满足上述四个特点要求的基础上，囿于以下构成要素或"实践变量"的考虑：一是国外环境与力量是我国城市社区建设发展的重要诱导与影响力量。我国城市社区建设是在我国处于后现代化阶段的社会背景中产生的，其后现代化性意味着国外现代

[①] 王青山、刘继同：《中国社区建设模式研究》，中国社会科学出版社2004年版，第45页。

[②] 于海东：《外生性社区发展模式研究——对湖北省"十五"期间大中小城市社区发展趋同性的实证分析》，硕士学位论文，华中师范大学，2008年。

性对国内现代化进程有着极为重要的影响与冲击,使中国的现代化过程呈现一定的"回应性"与"被动性"特征。中国现代化历程所具有的"被动性"与"回应性"深刻地影响到中国现代化进程的每一个足迹,自然,城市社区建设也被打上深深的烙印,"后发型"社会转型使国外环境与力量成为我国城市社区建设重要的诱发与影响因素,或者说外界(国际)因素的影响使我国城市社区建设具有了"外生型"的特征[①]。二是我国城市社区建设目标存在着"基层治理单元"与"生活共同体"的纠葛,在实践中前者似乎被摆在更为重要的地位,使城市社区建设的目标具有"外在性",这种目标的"外在性"使我国城市社区建设具有了"外生型"的目标特征。三是我国城市社区建设动力存在着政府需要与社区居民需求的交织,在实践中前者对于社区建设发挥着更为明显的效果,这种社区建设动力来源的外部性使我国城市社区建设具有了"外生型"的动力特征。四是我国城市社区建设主体存在政府、市场、社会、社区成员的合作与错位,在实践中政府扮演着主体性的角色,这种社区建设主体的主要角色错位使我国城市社区建设具有了"外生型"的主体要素。五是我国城市社区建设内容存在硬件设施与精神培育的失衡,在实践中前者成为建设的重点,这种社区建设内容重点的失衡使我国城市社区建设具有了"外生型"的结果。六是我国城市社区建设路径存在国家建构与社会自治的张力,在实践当中前者更为重要,甚至是主要路径,并制约着后者,这种社区建设路径的选择使社区建设具有了"外生型"的建设路径。这些构成要素或"实践变量"在不同层面、不同程度反映了我国城市社区建设的特点与规律,也是决定我国"外生型"社区建设模式的基本要素。这些要素同时体现着我国外生型城市社区建设的逻辑。

第二节 外生型城市社区建设模式的逻辑

逻辑(logic)一词最早由清末的严复翻译成汉语,其表达的意思是在形象思维和直觉顿悟思维基础上对客观世界的进一步的抽象。所谓抽象

[①] 对于我国城市社区建设的国际背景与环境,及其对我国城市社区建设影响,前文已有论述,在此不再赘述。

是认识客观世界时舍弃个别的、非本质的属性，抽出共同的、本质的属性的过程，是形成概念的必要手段。在此基础上，现代学术界所使用的"逻辑"主要有以下五种不同的用法：①思维的规律、规则；②研究思维规律的科学，即逻辑学；③客观事物的规律；④观点，主张；⑤指处理事情的方式、规矩。笔者以为，"逻辑"所表达的一方面是指一种思维推理过程；另一方面表达的是该思维推理是通过事物或"命题"间的"关系"来认识事物或"命题"间的本质、规律。据此，本书所谓的城市社区建设的生成逻辑，既是笔者的研究思维过程，即通过对社区建设过程中若干"关系"的分析来认识和把握社区建设的本质与规律的逻辑思维过程，更意欲表达的是通过"关系"思维推理出社区建设的内在本质、规律与特点。

我国城市社区建设的逻辑是什么？我国学者王思斌借鉴社区发展的思路，认为社区建设逻辑也是社区建设的基本原则，是有效推进社区建设必须关注的方面，将其归纳为十个方面：①社区建设的基本含义是建设社区，它是改善社区成员的生存环境并有利于他们发展的活动。②社区建设是经济与社会发展在社区层面的反映，它是一个经济、政治和社会过程。③社区建设是政府支持下的社区自我组织过程，是经济力量支持下的社会过程，是设施建设背景下增强社区成员的共同体意识的过程。④社区建设的主体是社区成员（包括驻区单位和居民），他们是社区建设的主要力量和成果的享用者。⑤社区建设的社会基础是社区成员的参与，社区建设是参与和共享的体系。⑥社区参与的动因来自社区成员的相互需要和共同需要，激发他们的需要和促使其相互结合是社区建设的心理的和文化的基础。⑦社区设施或社区活动项目是社区参与的物质载体，社区建设需要必要的物质基础。⑧社区建设的关键是挖掘、动员和整合社区内部资源，同时也需要外部支持，包括经济支持，但外部支持应以满足社区成员的需要为目标。⑨在社区建设中社区外部组织（包括政府和其他组织）与社区组织是合作关系，为了推进社区建设，建立由相关各方组成的社区建设委员会（或类似组织）是必要的。⑩社区建设、社会团结可能会遇到阻力或破坏性力量，社区建设要通过持续投入去增强社区要素并促进其整合[①]。可

[①] 王思斌：《体制改革中的城市社区建设的理论分析》，《北京大学学报》（哲学社会科学版）2000年第5期。

见，该归纳更多的是对社区建设的要求和原则的一种归纳，而如前所述，笔者认为社区建设逻辑重在通过社区建设内在关系来追寻社区建设的本质与规律，及其对该本质与规律的表达外生型社区建设逻辑，即外生型社区建设形成及发展的内在本质与规律及其特点。因而，笔者从以下几个与社区建设紧密相关的方面或关系进行对外生型社区建设本质、规律与特点的把握。

一 外生型城市社区建设模式的逻辑起点：秩序

一般认为，逻辑起点是指研究对象（任何一种思想、理论、学说、流派）中最简单、最一般的本质规定，构成研究对象最直接和最基本的单位[1]。黑格尔在《逻辑学》中所提出的三条规定性为研究者广泛认同：①逻辑起点应是最简单、最直接、最抽象的范畴，但逻辑起点是细胞形态，包含的内部矛盾是以后整个发展过程中的一切矛盾的胚芽[2]；②逻辑起点应揭示对象的最本质规定；③逻辑起点发展和其所反映的对象在历史上的起点上的辩证统一（或称为逻辑的开端应该与历史的开端相一致，逻辑起点与终点是辩证统一的——笔者注）[3]。很明显，黑格尔这种逻辑起点的理解是抽象的，当然这与他"脚手倒置"的唯心世界观是一致的。后来马克思在颠覆或倒立黑格尔"脚手倒置"世界观的同时，对逻辑起点做了唯物性的理解，他认为逻辑起点是概念——这个概念是"物"的概念[4]。笔者认为马克思这里所使用的"物"的概念指的是"客观存在性"概念，而非具体化的物质或物体的概念，当然"客观存在性"概念的基础或前提就在于其存在于客观物质世界之上[5]。以此论述为基础，我

---

[1] 翟昌民：《试论邓小平理论的逻辑起点》，《天津师范大学学报》2000年第5期。

[2] 有学者将"包含的内部矛盾是以后整个发展过程中的一切矛盾的胚芽"的规定性单独作为一个规定性，于是黑格尔的关于逻辑起点的规定性论述就成为四个规定性了。四个规定性的论述参见弓孟谦《攀登者的探索——〈资本论〉的理论、方法与实践》，北京大学出版社1992年版，第17—18页。

[3] 黑格尔：《逻辑学》（下卷），杨一芝译，商务印书馆1977年版，第505页。

[4] 《马克思恩格斯全集》第13卷，人民出版社1965年版，第522—524页。

[5] 但我国有学者认为马克思认为的逻辑起点是"物"的概念，表明了逻辑起点既不是关系，也不是矛盾，更不是问题，是在这些关系、矛盾、问题中的一个物的概念，是一个以"关系"和"矛盾"为实质的"物"的概念。笔者认为这种差异或许不仅仅是理解的差异，也部分来自对马克思原著翻译过程中"语译"的影响。笔者认为马克思原著中"物"的概念必须放到其马克思主义整个思想体系中去理解，尽管马克思讲"商品"作为资本主义关系的逻辑起点，但将其"物"的概念理解为"客观存在性"概念或许更能与其整体思想保持一致。

国学者景天魁和吴鸿雅分别将之与具体研究对象结合起来，分别提出了作为逻辑起点的"三要素"①和"四要素"说②，冯振广、荣今兴进一步将逻辑起点的特点具体为5个特点③，周越、徐继红等将之论述为6个要素④，但冯振广和周越等的论述基本是对上述论述的具体化与扩展，没有实质性的差异。

　　逻辑起点的确定，对于研究对象的展开和主体的研究过程具有重要意义，在遵循上述黑格尔的"三条规定性"的逻辑起点要求基础之上，笔者认为我国外生型社区建设的逻辑起点是"秩序"。"秩序"这一范畴能够有效满足逻辑起点的基本要求：首先，"秩序"是外生型社区建设内容与过程中最简单、最直接、最抽象的范畴，而且同时满足逻辑起点"是细胞形态，但包含的内部矛盾是以后整个发展过程中的一切矛盾的胚芽"的基本要求，一方面，"秩序"范畴是当前我国城市社区建设过程中的核心范畴，当前我国外生型城市社区建设实践不仅将"秩序"置于核心位置，而且"秩序"概念本身是对外生型城市社区建设本质的抽象，而且其抽象度既能最简单、最直接地反映社区建设本质，而且也不"抽象过度"；另一方面，"秩序"这一范畴包含着我国外生型社区建设实践的一切矛盾或关系的胚芽，或者说通过"秩序"可以展开外生型社区建设过程中诸多矛盾与关系，能将社区建设的全貌得以展示，社区建设的启动、行动过程与结果均与"秩序"紧密相关。其次，"秩序"揭示了当前我国外生型社区建设实践的最本质性规定，或当前社区建设实践的最为本质的规定性在于对秩序的追求，对秩序的追求制约着社区建设主体的行为过程与逻辑，决定着社区建设的结果。最后，"秩序"和"外生型社区建设"在历史起点上辩证统一，即从外生型社区建设的一开始，"秩序"始终是

---

①　景天魁：《社会发展的时空结构》，黑龙江人民出版社2002年版，第4页。

②　吴鸿雅：《朱载堉"新法密率"的科学抽象和逻辑证明研究》，载《自然辩证法研究》2004年第10期。值得注意的是其主张的逻辑起点四个要件稍有不同，分别是：第一，最基本、最简单的质之规定；第二，构成该理论的研究对象之基本单位；第三，其内涵贯穿于理论发展全过程；第四，其范畴有助于形成完整的科学理论体系。可见，他强调了逻辑起点对于理论体系的重要地位与意义。

③　冯振广、荣今兴：《逻辑起点问题琐谈》，《河南社会科学》1996年第4期。

④　周越、徐继红：《逻辑起点的概念定义及相关观点诠释》，《内蒙古师范大学学报》（哲学社会科学版）2006年第5期。

其追求目标与实践基础,并将贯穿于外生型社区建设历程始终。

二 外生型城市社区建设目标:基层治理单元与生活共同体的纠葛

我们开展社区建设的目标或目的是什么?一些理论工作者和实践工作者对城市社区建设的目标问题展开了多视角、多方面的解读。有学者从社会变迁与社区建构角度提出,社区建设实质是街居组织体系建设,目标是建构自主与能动性的"地方性社会"。[1] 有学者认为,可将社区建设看作是城市化的继续,它既是城市发展的继续,也是市民现代化的继续。[2] 有学者从城市基层管理面临的基本矛盾与现代社区管理体制建设的角度,提出城市社区建设是加强基层政权和基层民主建设,探索社区管理新形式与基本手段。[3] 有学者从社区参与和基层民主政治角度,提出城市社区建设的目标是社区居民自治。[4] 有学者从社会关系质量下降、社会冲突增多的现状出发,从社会秩序的角度,提出城市社区建设的双重目标模式是走向"善治"和"重建社会资本"。[5] 有学者从国际比较的角度,提出我国社会转型期城市社区建设的目标应是以发展社区福利为主、培育文化共同体为辅;以任务目标为主、过程目标为辅,任务目标与过程目标的有机结合,是发展社区福利、提升社会意识和能力建设目标的高度整合。[6] 有学者从发挥社区服务功能的角度,认为市场、政府、社区三种不同形态的组织正在形成,市场机制、再分配机制、互惠机制在各类组织的形成过程中发挥着不同的作用,协调这些组织的各自功能为居民的共同利益服务,从而提高居民的生活质量,才是社区建设的主要目标。[7] 有学者将社区发展目标分为短期与长期两类,短期目标主要是有形的社区组织建设与制度建

---

[1] 项飙、宋秀卿:《社区建设和我国城市社会的重构》,《战略与管理》1997年第6期。

[2] 费孝通:《对上海社区建设的一点思考》,《社会学研究》2002年第4期。

[3] 王振耀:《论我国城市基层管理体制改革》,《城市街居通讯》1997年第2期。

[4] 徐勇:《论城市社区建设中的社区居民自治》,《华中师范大学学报》(人文社会科学版) 2001年第3期。

[5] 赵孟营、王思斌:《走向善治与重建社会资本:中国城市社区建设目标模式的理论分析》,《江苏社会科学》2001年第4期。

[6] 刘继同:《国家话语与社区实践:中国城市社区建设目标解读》,《社会科学研究》2003年第3期。

[7] 卢汉龙:《社区服务的组织建设》,《学术季刊》2002年第2期。

设；长期目标是无形的社区文化建设与人文环境的"社区发育"。[①]

实际上，在相当长的时期内，我国城市社区建设一直肩负着两种使命，朝着两种不同、但紧密联系的目标前行：一种是力图通过城市社区建设，把社区建设成能够实施有效控制的基层社会治理单元；另一种是希望通过城市社区建设，营造出理想化的社会生活共同体。这两种目标预设着社区建设研究一直隐含着理论上的二元张力，即无法整合社区建设的两大基本诉求：发展基层社会的自治能力和形成国家对基层社会的管理和动员机制。两种目标不仅往往为不同主体所持有或主张，而且因二者有着紧密的联系，同一主体在社区实践过程中会同时融入两种目标，只是根据不同情况，在不同阶段会将二者置于不同的轻重主次位置，有时更强调对社会治理单元的追求，有时则突出对社会生活共同体的追求。在我国社区建设实践中，两种目标并非截然对立的，而是在一定程度上交融或纠葛在一起的，社区既是生活"共同体"，又是一种基层社会治理单元，社会治理单元与社会生活共同体在理论上并没有必然的排斥关系。这也是城市社区的价值所在：一方面城市社区在城市社会发展、管理和运行中发挥着越来越突出的综合性功能：一是它们的政治平台功能。二是它们的经济发展功能。三是它们的文化教育功能。四是它们的情感培育功能[②]，这些功能的发挥不仅是社会治理单元的需要，也是社会共同体塑造的需要；另一方面可以通过它们复兴当代社会所缺乏的传统社区精神、价值和情感，用社区共有原理或社区人文精神来建设大社会的客观要求，使整个大社会变成一个人际关系和谐，充满亲情、友情和人情的温馨社区[③]，这种社区的本身也是基层社会治理的最佳单元。但二者间更存在着紧张张力，前者是现代化的必然要求和结果，是现代国家主权延伸与主权治理的需要；后者是人类对理想生活方式与状态的追求，现代生活共同体的社区建设目标是对基层社会治理单元的社区建设目标的超越与扬弃。

其实，二者间具有的张力在滕尼斯对社区的理解中已经显露，在滕尼斯的视野中，Gemeinschaft的含义十分广泛，不仅包括地域共同体，还包

[①] 孙立平：《社区、社会资本与社区发育》，《学海》2001年第4期。
[②] 曹绪飞：《社区制基本问题再研究》，博士学位论文，上海大学，2007年。
[③] 夏学銮：《中国社区建设的理论架构探讨》，《北京大学学报》（哲学社会科学版）2002年第1期。

括血缘共同体和精神共同体。"地缘共同体可以被理解为动物的生活的相互关系，犹如精神共同体可以被理解为心灵的生活的相互关系一样。因此，精神共同体在同从前的各种共同体的结合中，可以被理解为真正的人的和最高形式的共同体。"① 滕尼斯通过社区和社会表达了传统乡村社会与现代都市社会的两种迥然不同的人际关系和社会整合方式。在滕尼斯的理想中，虽然他对"社区"抱着美好的情结，但他也深知，现代化的大潮最终将把"社区"推入"社会"的旋涡之中，于是他说，"对于我来说，共同体和社会是标准类型，真正的社会和生活运动于这两种类型之间"。② 有研究者指出，滕尼斯对社区及对传统社区精神的呼唤表达了向传统的乡村社区模式复归的愿望。③ 但笔者认为现代社会所要培育的社会生活共同体的"社区"是经过现代化转换的"社区"，融入现代性的社区，是对社会的超越与扬弃的结果，而非一种简单的传统社区精神的呼唤和传统乡村社区模式的复归。但现代社区其内在的本质依然是人们社会生活共同体，正如有研究者指出，"一群人临时凑到一起居住并不是一个典型的社区，一群人长期居住在一起但几乎没有什么社会交往也不能算是一个社区。"④ 总之，"共同体是一种持久的和真正的共同生活"⑤。

但现代化洪流的巨大力量在冲击、撕裂着传统社会，并按照现代化的模式重构着社会，民族国家就是现代化的必然要求和结果，也是现代社会的一个基本标志，为了实现民族国家的构建，在政治统治上，首先就要摆脱韦伯所言的传统国家"有边陲而国界"的局面，必须将现代性政权力量渗透到社会的各个角落，保证主权权力延伸和在疆域内的有效控制，进而确立其主权的象征与地位，于是，寻找并确立合适的基层治理单元成为构建民族国家的当务之急。同样，我国在经历"总体性社会危机"之后，如何确立城市基层治理单元也摆上了日程，成为紧迫的政治难题。最初国家力图通过"单位"来承担这一职能，把居民分布在封闭的、"块"状的单位里面，让"单位"成为城市的基本治理单元，但改革开放的巨大冲

---

① ［德］滕尼斯著：《共同体与社会》，林荣远译，商务印书馆1999年版，第65页。
② 同上书，第42页。
③ 袁乘达、孟临：《社区论》，中国纺织大学出版社2000年版，第2页。
④ 陶传进：《环境治理：以社区为基础》，社会科学文献出版社2005年版，第10页。
⑤ 《布莱克维尔政治学百科全书》，中国政法大学出版社1992年版，第490页。

击和社会结构的巨变，使单位作为基层社会治理单元的功能日渐消失，为应对这一局面，社区以"类单位"性质[1]的面目，成为国家政权建设的特殊基层单元。或者说在当前我国城市社区建设的实践中，作为国家基层政权建设单位意义，作为基层治理单元的"社区"，其实质主要只是承载了Gemeinschaft中的"地域共同体"的含义，并且是将这种"地域共同体"置于现代民族国家建构的背景下所具有的含义，而相对忽略了血缘共同体和精神共同体的意义，或社区"生活共同体"意义没有得以应有的表现空间。或者说，当社区被界定为一个相对独立的地域社会之后，社区被作为国家基层治理单元之后，社区的内涵已经与滕尼斯所提出的作为具有紧密联系和亲密关系的共同体的Gemeinschaft概念有了很大的偏离，这种偏离带来的结果是"对价值信仰、社区纽带、社会声望的强调转化为对社区组织或正式制度的诉求"[2]。

在我国城市社区建设实践中，因两种目标间存在着内在紧张张力，在不同历史阶段和具体国情下，二者必然被置于轻重主次的不同位置。其目标的差异，注定了其建设路径与方法的差异，反映在实践中，就是不同的国家、不同的社会发展阶段、面对着不同国情和形势下，会对两种目标有所取舍。而从前述我国城市社区建设同构性与非平衡性特性中看出，反映了"基层社会治理单元"社区建设目标的侧重。作为基层社会治理单元，社区建设首先要建构和完备的是其组织体系和办公设施，这是其实现对基层社会控制与管理的前提保障条件。而且，不论在领导人的讲话中，还是具体决策中，社区建设都将维持基层社会稳定放在重要地位，而社会稳定是基层社会治理的基本要求。我们可以明显发现政府对社区建设的诉求：支持和保障企业体制改革，化解社会压力，保障城市社会稳定；同时实现城市社会组织方式、社会管理方式的转换[3]。这种对社会治理单元目标的偏爱，导致在一定程度上忽略了社区内在人文精神与共同体精神的培育，对社区的社会共同体目标与价值的认识不足，于是，社区共同体精神的匮

---

[1] 郭圣莉：《城市社会重构与新生国家政权建设——建国初期上海国家政权建设分析》，博士学位论文，复旦大学，2005年。

[2] 陶传进：《环境治理：以社区为基础》，社会科学文献出版社2005年版，第13页。

[3] 王思斌：《体制改革中的城市社区建设的理论分析》，《北京大学学报》（哲学社会科学版）2000年第5期。

乏成为当前社区建设的重要桎梏。

总而言之,我国城市社区建设实践,因其存在社区建设目标的纠葛与偏移,导致其过多关注外在的、具有工具性的要素和目标当中,而没有将社区内涵与精神的目标培育置于应有的高度,形成了外生型社区建设的重要特征。反过来,因为社区内在人文精神和共同体精神的缺乏,导致其作为治理单元目标的实现也出现诸多困难,影响和制约着城市社区建设的效果和进一步深入发展。

三 外生型城市社区建设动力:政府需要与居民需求的交织

我国城市社区建设的动力从根本上说主要有两个来源:政府需要和居民需求,二者紧密相连,既具有一致性,又有一定的差异。更为重要的是在外生型社区建设情况下,政府需要和居民需求二者对社区建设的推动力及其效果并非均衡,前者对社区建设的推动力更为直接,影响也更为深远。这种推动力非均衡的背后实际上存在着国家利益与社会利益或居民利益的深层次张力,如何处理二者的关系成为理论和实践中的难题,对二者不同的制度安排将产生别样的社区建设局面和结果。

从政府需要看,尽管社区建设的根本目的在于服务于人们生活水平的提高和经济社会的发展,而政府开展社区建设需求最直接、最现实的着眼点主要有两个:一是通过社区建设来维护基层社会秩序和社会稳定,巩固和加强基层政权建设;二是改革城市基层管理体制以适应经济转轨、社会转型的新形势需要。其实这两方面在本质上是一致的——重塑基层社会秩序,维持基层社会稳定,稳固政权基础。也正是因为这种压力和需要的存在,才出现上述我国政府将社区作为城市基层治理单元的社区建设目标。因而,解决基层社会秩序问题是催发政府积极推动城市社区建设直接而又重要的原因,这可以从江泽民同志早在1996年3月18日的讲话可以体现出,他指出:"要大力加强城市社区建设,充分发挥街道办事处、居委会的作用。五六十年代,它们曾经做出过很大贡献,在新的时期要进一步发挥它们在加强城市管理、维护城市秩序中的重要作用。"很明显,对政府来讲,对基层社会管理和社会秩序维持,属于国家的基本职能范畴之内,社区建设是要解决社会秩序和社会管理问题的重要途径。因而,在国家维护社会秩序和实施社会管理的过程中,贯穿的是国家行为目标与行动逻辑，体现的是国家需要和国家自主性。为了满足政府的需要，政府启动社区建设，政府主导社区动员与重组社区，政府制定社区建设发展规划，出台有关政策与法规，政府拨款给予社区财力、物力、人力支持与保障，以及推动、支持和鼓励社区自治，等等。政府不仅成为推动社区建设的主体，而且成为主导力量。

居民是社区内部推进社区建设的重要力量，而居民的推动力从根本上说来源于居民需求，居民希冀通过社区建设来满足自己生活需要，提高生活水平。居民需求多种多样，随着社会生活水平的提高，其需求内容和水平日益提高，而推动城市社区建设最主要的居民需求集中体现为对社区服务需求。从前述我国社区建设历程中可以看出，我国城市社区建设经历了一个从社区服务到社区建设的演变历程，这也体现了居民需求（对社区服务的需求）是推动社区建设重要动力。正是在单位制解体之后，居民面临着服务短缺的问题，所以居民积极地推动包括便民利民在内的各种社区服务的开展，因与居民关系最为密切，也是最迫切需要解决的就是日常便民利民的服务，一旦其获得市场化的大好机会时，便民利民服务活动快速发展，所以不论是在前述全国百城社区调查还是湖北省的调查中，日常生活的服务及设施都在各个社区覆盖率非常高。但紧跟而来的是各种公共服务的短缺，如果说便民利民的服务可以在市场化的环境中满足居民需求的话，而对社区公共服务的满足，则需要政府及社会各界的努力，在一定意义上，是居民需求压力促使政府将各种公共服务深达社区，居民的需求推进了社区建设的逐步深入。而居民需求来源于居民对其自身利益的理性表达，分散居民需求集合在一起就形成了社会需求，因而，从根本上说，居民需求更多体现的是一种社会自主性。

如果说政府社会管理与秩序稳定的需要是城市社区建设外部动力的话，而居民公共服务需求则是社区建设的内部动力，正是这两种动力交织在一起，在社区舞台上演绎着社区建设的基本旋律。二者紧密相关，具有相当程度的一致性，政府为了实现有效的社会管理和稳定的社会秩序，也必须尽力保障社区民生，满足居民公共服务需求；而居民要获得满意的公共服务，也需要一个高效的社会管理和稳定的社会秩序，二者的相互依存性是显而易见的。特别是在当前我国基层政治体制尚不成熟，政府自身也不具备完全解决当时社会问题的能力，需要动员居民自治来弥补这一局限，同时民间社会对政府和党组织有着高度的认同和依赖，以社区这一传统地域为依托，以居委会等民间组织为形式，实施了向共产主义过渡的政治、社会价值目标。国家的制度空间有效地同化了社会民间力量，从而为逐步实现国家与社会在空间、组织和价值上的高度同一性打下基础[①]。但社会秩序的动力和服务满足的动力之间也存在着相当的矛盾，在其背后深层次隐藏着国家自主性与社会自主性的张力。自主性属于现代性的概念，它是以自由、自治为基础，并与独立性、主动性和创造性相关联。社会自主性来自社会的多样性，更多蕴含的是个人、团体、地方的利益，这种利益往往会与国家的统一意志相冲突。而国家自主性作为现代国家的本质属性，是指国家作为社会公共利益的代表，超越于社会利益集团，为实现社会公共利益目标而自主行事。国家自主性包括国家能力和国家对社会的超越两个因素，二者对于国家自主性来说，缺一不可。[②] 政府和居民虽然都有推动社区建设的动力，但两种动力是不同的，甚至其性质也是相异的，尽管在现代文明政治社会，国家必须服务于社会，服务型政府成为政府行为的理念。但毕竟国家是从社会中产生但又自居于社会之上并且日益同社会脱离的力量[③]，在一定领域和范围内就是对社会利益的超脱。而社会由理性主体组成，其行为是以自己的利益和考量为基本出发点，因而，不可能与国家保持高度一致。特别是在我国这个特殊的国情下，国家自主性和社会自主性之间的冲突尤为明显，有学者用民族—国家和民主—国家的建构的非同步性来解释这种矛盾，认为前者追求的是整体性和强制性，后者是基于多样性和自主性[④]。

正是因为国家自主性和社会自主性间的矛盾与对立，使政府需求和居民需求在社区建设的舞台中存在一定的差异性，这种差异性在2005年全国百城社区调查中政府对居民需求和困难的判断与居民对实际困难

---

① 薛文同：《社会资本的转换与社区建设的互动：中国经验》，博士学位论文，复旦大学，2009年。

② 叶麒麟：《国家自主性：现代国家建构的一个维度研究》，《宁夏党校学报》2007年第6期。

③ 《马克思恩格斯选集》（第4卷），人民出版社1972年版，第266页。

④ 徐勇：《现代国家建构中的非均衡性和自主性分析》，《华中师范大学学报》（人文社会科学版）2003年第5期。

和需要的判断的比较中得以较好的体现。在该次调查对城区政府的调查问卷中（调查对象为城区政府），当问及2004年政府最让居民满意的事项是什么（限选5项），政府给出的答案中，比例最高的为"帮贫济困"，居于第二、第三位的依次是"社区治安"与"社区文化"，而当问及政府认为居民生活中最大困难是哪些，政府给出的答案中，居于前三位的依次是"缺乏公共场所"、"没钱看病"和"没有工作"。基本情况如表4-1所示。

表4-1　　　　　　政府认为2004年最让居民满意的事项

2004年政府认为最让居民满意的事项（限选5项）													
内容	帮贫济困	社区就业	社区治安	社区卫生	社区绿化	社区设施维护	社区文化	投资社区教育	体育设施场所	助老托幼	未成年人教育	残疾人服务	志愿服务	流动人口保护	其他
被选次数	89	34	67	33	33	14	54	16	14	21	24	37	20	6	1
百分比（%）	92.71	35.42	69.79	34.38	34.38	14.58	56.25	16.67	14.58	21.88	25.00	38.54	20.83	6.25	1.04

表4-2　　　　　　政府认为居民生活中的最大困难

政府认为居民生活中的最大困难（限选6项）									
内容	没有工作	没钱看病	交通不便	买菜不便	就医不便	住房紧张	人际关系紧张	治安状况不好	社区不干净	缺乏公共场所	其他
被选次数	73	75	19	14	26	56	12	27	30	80	5
百分比（%）	76.04	78.13	19.79	14.58	27.08	58.33	12.50	28.13	31.25	83.33	5.21

而在对居民的调查问卷中，在对居民及其家庭生活最大的困难的调查中，居于前三位的依次是"收入太低"、"没有社保"和"没有工作"。而在问及社区服务设施对居民及其家庭帮助最大的设施与项目的调查中，居民给出的答案中，居于前三位的依次是"有线电视"、"菜市场"和

"小型超市或小卖部"。基本情况如表4-3和表4-4所示。

表4-3　　　　　　　　　　居民感觉最大困难

内容	收入太低	没有工作	没有社保	看病不便	经常断水电	生活很孤单	孩子没人照看	老人没人照顾	病残人无人照顾	没地方停放自行车	没地方停放私家车	上班路途太远	附近没公交车站	买东西不方便	附近噪声太大	找不到保姆	找不到小时工	水电修理不方便	有难事无处求助	其他
被选次数	1188	1034	1063	583	254	121	255	228	122	363	201	263	365	394	871	145	180	442	322	369
比例(%)	42.07	36.61	37.64	20.64	8.99	4.28	9.03	8.07	4.32	12.85	7.12	9.31	12.92	13.95	30.84	5.13	6.37	15.65	11.40	13.07

表4-4　　　　　　　　社区设施与项目对生活帮助大

内容	健身设施	文化设施	儿童服务设施	老人服务设施	菜市场	社区卫生站	劳动保障服务站	小型超市或小卖部	餐厅	洗衣店	美容美发	有线电视	宽带接入	停车场
被选次数	671	691	598	797	1772	1372	996	1595	936	782	1087	2111	1065	756
比例(%)	23.76	24.47	21.18	28.22	62.75	48.58	35.27	56.48	33.14	27.69	38.49	74.75	37.71	26.77

从表4-3、表4-4可以看出：首先，政府对居民需求的判断与居民自身的判断有一定一致性，但存在着明显的差异，即政府认为是居民最为困难的，而实际上居民并非真正需要，如政府认为社区居民最大困难中将没有公共活动场所置于首位，但实际上居民困难中居于前几位则没有此项。其次，政府行为与居民需求有一定联系，但政府行为并非完全依据居民需求而行动。

总之，在我国城市社区建设政府对社会秩序的需要和社区居民对社区服务需求的双重动力当中,如果二者趋于一致,或能够共存的话,二者都将能得以满足,但若各自追求各自诉求,不论是眼前需要的还是长远关切,若发生冲突的话,二者必须要做一个取舍,而这种取舍从根本上取决于二者的力量大小的对比,最终影响到社区建设内容的侧重与社区建设实施的过程,不同的力量对比将会出现不同的社区建设格局。而在我国当前政府主导的外生型社区建设模式下,政府力量一直处于主导性地位,从社区建设的推动效果而言,政府的秩序需要和居民的服务需求两个动力的"力度"和"效果"是非平衡的,甚至在一定情况下前者会湮没后者。但是,正如阿格拉沃和吉伯森所指出的,国家想要通过强制的手段来推行不受欢迎的发展与保护项目、管制人们的资源使用行为时,其能力是有限的[1],但其效果和影响还是很明显的。这种社区建设动力的非平衡性,不仅导致了我国城市社区建设具有外生型的特征,而且也是我国城市社区建设同构性与非平衡性的重要原因,在实践上也导致很难取得社区建设的可持续效果。

四 外生型城市社区建设主体:政府、市场、社会、居民的合作与错位

从宏观上看,在社区的舞台上活跃着政府、市场、社会和个人四种不同的主体,就是这四种力量共同推动着社区建设发展与深入。但这四种主体在社区建设的过程中扮演着不同的角色,承载着不同的功能,秉承着不同的价值追求,遵循着不同的行动逻辑。他们在社区的舞台上共舞,其间行为合作及其关系勾勒着社区建设乐章的基本线谱布局,这一线谱布局不仅决定着每一主体各自的功能及其发挥,而且也影响着社区建设的整个局面。在我国当前国情下,无论是形式还是内容,四种社区建设主体的力量都被注入了"中国化"的元素,其间关系也深具中国特色,政府、市场、社会、个人的合作与错位,演奏了一曲中国特色的外生型社区建设乐章。

政府在社区建设或社区发展过程中发挥着重要作用,这是世界范围内许多国家开展社区建设的共同经验与现实,而在我国这种作用更加明显。我国政府在社区建设中所具有的特殊作用与关键地位是与我国整个政治制

---

[1] Agrawal & Gibso, C., 1999, Enehantment and disenehantment: The Role of Comunnity in flat, Resource Conse, vation, *World Development*, Vol. 27, pp. 629 – 649.

度和整个改革历程息息相关的。特别是在我国这种典型的政府推动型的改革过程中，政府的角色至关重要，而我国特殊的政府管理体制和干部人事组织体制使政府领导人的思想与行为对于政府决策及执行至关重要，政府领导人的指导思想变化和政府部门政策调整对任何一项改革成败具有重要作用，政府在行动中自上而下的动员色彩和主导性地位十分明显，这一规律也深深地嵌入我国城市社区建设之中。一般认为，政府在城市社区建设中的作用可以形象地概括为"掌舵"，而不是"划桨"。其理想角色是促进者、组织者和指导者，其主要职责包括：一是提供支持。政府对社区建设提供的支持主要包括政策支持和财政支持两个方面；二是统筹规划；三是指导协调；四是监督评估。① 当然，此乃是一种宏观上理想与应然状态的设想，但理想与现实、宏观与具体总是存在一定的距离。在社区建设的不同领域和不同阶段，政府所扮演的角色是不同的，并且其角色功能的定位和其他主体的力量与存在状态也是息息相关的。值得注意的是，因为我国的共产党在我国政权体系中居于特殊的领导地位，实际上在政治系统中存在着党的系统和以人大为基础的政府系统的双重权力系统，从根本上说，党和政府的根本目的和意志是一致的，但其在社区建设中发挥着与政府不同的作用，其主要作用在于：一是发挥领导核心作用；二是凝聚社区共同利益；三是推动社区服务的开展。

市场是经济活动的主要舞台，但不是唯一舞台，市场也是社区建设的重要力量，在社区建设的舞台上，依然存在着市场的身影与印痕。运用市场化运作方式，解决人民群众的各种生活不便和消费需求，是城市现代化的一个重要标志。市场遵循的效率原则在社区建设中依然有其存在的空间与价值，利用市场机制来解决城市社区的管理和服务问题，其优越之处，一是有利于降低城市管理与服务成本；二是有利于提高管理和服务质量；三是满足社会居民多样化和不同层次的居民需求；四是可以促进政府转变职能，减轻不必要的负担。在社区建设中引入市场机制，政府要做的工作是认真做好资质认定、市场准入和依法监督管理，为市场的发育创造良好的条件。要研究制定政策，改变单纯靠政府推动各项事业的老办法，鼓励

---

① 董欢：《和谐社会视野中的我国城市社区建设研究》，博士学位论文，中共中央党校，2009年。

有实力、有信誉的大中型企业参与社区事业，鼓励发展居民自办的股份合作制服务企业，鼓励下岗职工兴办个体私营企业。要规范进入社区企业的经营行为，加强对服务质量、服务标准、服务价格的监督检查，保障社区居民的利益。要运用市场机制，盘活社区内资产、资源。

社会力量是城市社区建设的主体性力量，社会力量的主体是社会组织或群体。在我国城市社区中，社会组织呈现多样化的局面，除了具有市场性质的各种组织之外，还包括：一是深具官方色彩的群团组织，如工会、妇联、共青团等；二是各种社区正式组织[①]，包括社区党组织、社区居委会、业主委员会等自治性组织；三是各种居民活动性的民间组织，或草根组织；四是各种志愿性质团体。因为社区党组织明显是作为国家（政党）力量对基层渗透的一种延伸，因此，作为国家、市场、社会和个人框架中的社会力量，则主要指除具有官方色彩的群团组织和社区党组织之外的社区居委会、志愿者组织、民间协会和利益团体等各种非政府组织。这几类组织在城市社区建设的实践中肩负着不同的职责，发挥着不同的作用。如对于社区居委会这个法律赋予其自治性的组织，但在实践中却沦为政权体系向下延伸的"脚"的社区居委会而言，其主要作用在于：一是发挥中介作用；二是发挥协调作用；三是发挥自治作用。而志愿性社团、民间协会、利益团体等其他非政府组织，其主要作用在于：一是提供公共服务，弥补"市场失灵"和"政府失灵"；二是整合社区资源；三是培育社会资本。

社区成员不仅仅包括居民个人，而且应包含社区范围内的机关、团体和企事业单位等。尽管这种机关、团体、企事业单位等在性质上有的属于政府系统，有的属于市场领域或社会领域的力量，但当其以"个体"的身份，而不是以政府机关等"职能身份"参与到社区建设当中的时候，其具有的是"个体"属性，肩负的社区居民或个体的"参与"功能。如辖区单位以向社区投资、捐赠，提供人力、物力，提供就业机会参与社区建设活动，而社区居民参与社区政治、经济和文化活动，通过自我服务、自我管理、自我监督和自我教育，实现社区自治。

从理论和应然的理想状态来说，四种主体在社区建设过程中可以发挥

[①] 应该说这里的"正式组织"用语并非严谨，主要是为了和其他社会组织相区别而采用。

各自优势来实现和满足社区建设不同的需求,但在当前我国城市社区建设的实践中,四种主体的角色功能定位不仅与上述的理想状态存在差距,甚至发生"错位",而且四种主体间的合作关系在理论与现实间的距离似乎还比较远。在面对巨大社区现实压力情况下,政府作为改革推动者首先进入社区建设领域,并肩负起重要责任,但政府职能的宏观定位与微观操作、理论应然与实践现实之间存在诸多矛盾。一方面不仅社会对政府寄予厚望,希望政府为社会和居民提供更多的公共服务,而且政府本身也渴望渗透到基层社区中去实现基层稳定;另一方面政府在社区和社会空间的扩展和膨胀又可能会压缩社会力量的生存和发展空间,这可能使本来就孱弱的社会力量的发展受到强制性的遏制。市场因其具有的效率优势无疑为社区建设注入了活力,但其与之而来的是功利性的目标冲击着社区建设公平正义的价值追求,功利性的色彩可能给社区建设投下隐隐的幽暗;社会本应作为重要"第三部门"力量成为社区建设的主力军,但却因其发育稚嫩而力量孱弱;社区成员的参与本是社区建设的前提与基本要求,但作为每一个具有具体利益所在的理性化的个体,其对自身利益理性化的考虑使得其参与社区的行为步履蹒跚,而且个体理性化的行为并不一定意味着其必然与政府或社会理性化行为一致。于是,在当前我国城市社区建设过程中,尽管不同的主体都不同程度地参加到社区建设活动中来,但其所具有的功能和发生的作用却是不均衡的,更没有达到其理想应有的状态,在一定程度上出现的是政府的忙碌、市场的逐利、社会的孱弱和成员的消极的局面。本来以上四种社区建设主体在社区建设领域中存在着价值和功能上的互补,存在行为上合作的必要性,也具备行为合作的可能性与空间,但因四种力量的非均衡性和我国政治、经济与社会的宏观背景的制约,使其合作往往出现种种困难,或其合作的程度与最佳理想合作状态存在一定距离。也正是社区建设主体合作不足的同时而出现错位行为,导致了我国城市社区建设的"外生型"属性。

五 外生型城市社区建设内容:"硬件建设"与"软件建设"的失衡

社区建设的内容尽管纷繁复杂,但从宏观整体上而言,可以分为"硬件"和"软件"两大部分,硬件建设主要包括社区服务基础设施和组织体系的建设;而软件建设主要包括社区精神和社区网络的培育,二者密不可分，更为重要的是，从"社区"的本质和其建设的应然目标上来讲，社区应该是一个充满人文情怀、充满温情、人际关系紧密的生活共同体，其重点在于社区共同体精神的培育。费孝通先生说："社区建设硬件是必要的，但软件更重要，要使社区真正成为一个守望相助的共同体，还得依靠居民的共识。""在社区里，个人凭什么接受管理或制约，又为什么要'管闲事'？要让大家接受管、愿意管，主要还靠文化认同，在价值观、思想方法和生活方式上找到同一的感觉，共同管起来。"① 而在我国城市社区建设过程中，无论是在政策的制定，还是实践中，对社区硬件建设格外关注，硬件建设成为社区建设的第一抓手，各种有关社区建设的评比或指标体系，都将社区硬件设施状况作为首要的、重要的评比内容或指标要求。当然，这与社区硬件建设成果的可视化和评比衡量的易量化有关。于是，在社区建设的实践中，从社区办公用房的解决，到社区工作人员的配备与经费保障，这些都成了各地社区建设首要解决的问题。特别是对各级政府而言，不少政府认为政府所能够做的，或主要能够做的，也是最能取得"眼见"成效的就是加强和推进城市社区的硬件设施建设，甚至出现"人民的问题用人民币解决，人民币解决不了的问题就是问题"的声音。当然，将社区硬件设施建设摆在首要位置，的的确确存在着社区的需要，甚至是部分社区所亟须解决的，但在政府热衷社区硬件设施投入和建设的背后，也有着政府自身理性化的自主性利益的考量。因为从政府"政绩"的角度而言，这些看得见摸得着的"闪光点"更容易使人感知，而对于"社区共同体"精神的培育，或者社区意识、社会凝聚力的强化面临着社区建设目标内在的有力挑战："一是不同社区成员期望上的差异乃至冲突；二是现代化对社区意识的摧残。现代化是一个破坏传统社区（community）的力量，它以经济理性和社会流动的力量冲击传统社会中普遍存在的共同体意识和情感性联系，并造成颠覆性后果。城市重建和社会流动破坏着原有的共同体关系；西方价值观的侵入，日益膨胀的私人活动空间就同以扩展公共领域为特征的社区建设、社区发展可能发生冲突。"② 而

---

① 费孝通：《居民自治：中国城市社区建设的新目标》，《江海学刊》2002 年第 3 期。
② 王思斌：《体制改革中的城市社区建设的理论分析》，《北京大学学报》（哲学社会科学版）2000 年第 5 期。

且,在社区建设实践中,社区精神培育似乎有点"形而上"的感觉,感觉难以找到合适的载体和平台,并且对社区精神的培育,受制于传统和历史的多种因素制约,往往不是短期能取得效果的,因而从其客观现实效果来看,各级政府对其的"热情"与"建设冲动"也减弱了许多,其效果与硬件设施比起来,远远要滞后于硬件设施的建设。当然,政府和社区并非不知道社区建设的重要内容包含社区精神的培育,但往往在实践将社区精神培育的形式"单一化",将其实施"形式化"和"表面化"。如果要培育社区精神,不少政府往往能够做的就是鼓励居民开展文体活动,甚至在部分地区,将开展各类文体活动作为社区建设的"规定"动作来完成。一旦这种文体活动的开展被贴上"工作任务"或"工作指标"的标签以后,其已经失去了社区活动原有的意义和价值,与对理想的社区精神培育的效果大为降低。因为在这种依靠强力,特别是依靠行政强制力的动员式活动不仅很可能被形式化和表面化,而且可能出现某些文体活动背离社区现实与需要的情况,而当一项文体活动缺乏社区资源和社区群众基础的时候,此时的社区居民参与已经变成了"被参与",其最终的效果往往是事与愿违,与社区共同体精神的培育目的相去甚远。

六 外生型城市社区建设路径:国家建构与社会演进的博弈

受制于上述社区建设的目标、动力、主体和内容的制约,我国城市社区建设实际上是沿着两条不同的路径和思路而展开:一是国家建构的路径与思路。前面已言,我国外生型城市社区建设的目标呈现基层治理单元与生活共同体的纠葛,而基层社会治理属于基层政权建设的重要目标,因而,外生型城市社区建设模式的目标决定着外生型城市社区建设历程渗透着一种国家基层政权建构的思路、行为与逻辑;二是社会演进的路径与思路,即社区建设依靠社区内部的社会力量的逐步发展壮大,依靠社会力量来推动和实现社区发展的思路、行为与逻辑。两条路径紧密相连,甚至发生相互交织,本应是殊途同归的两条道路,但因其背后实际潜藏着国家与社会的巨大张力,使这两条路径在我国城市社区建设的历程中演绎的是一首非平衡性的变奏曲,两种路径的非平衡性也是我国城市社区建设模式具有"外生型"属性的重要原因。

"国家建构"(state building)这一概念由查尔斯·蒂利(Charsl Tilly)

及其同事提出。"现代国家政权建构"是指在新的社会经济基础之上，按照民主和法制的政治原则，建立起新的行政管理体制和政权组织网络，有效地行使其征税、维持治安、兴办教育、多种经营、发展经济、合理配置资源等基本职能，以维持社会公共秩序，增进公众利益。其包括以下几层含义：一是现代国家政权的建构需要新的强大的经济基础；二是在政治领域现代化国家政权建构必须坚持民主与法制原则；三是现代国家政权建构的目的有三：①维护国家主权和政治稳定；②促进经济社会发展，维护社会公正；③实现对国家和社会的善治。[1] 国家政权建构的目的之一在于强化国家政权治理社会职能，以达到对社会的有效治理，从这个意义上讲，国家政权建构是实现城市社区有效治理的基础，而国家建构是国家政权建构的基本形式和路径。作为国家建构，对内的首要基本目标就是实现主权在国家疆域内的体现，为了完成这一目标其基本途径主要有两个：一是国家通过从上至下建立国家政权机构和建立严密的社会组织体系直至基层，其行为逻辑重在控制与动员，以此实现有效地控制与整合社会的同时，保持对基层社会有效的渗透与动员能力。二是通过建立系列社会制度和宣传灌输意识形态，以保证国家权威的稳定与持续。如通过工作单位的人身依赖和福利依赖实现国家对个人的网络化控制，通过社会主义意识形态、户籍制度、思想教育和培养社会主义新人，改变传统社区结构与人口结构，重构社会主义的社区组织体系与社区结构，通过社区经济发展与产业结构调整，建立中央集权的计划经济体制和公有制为主体的所有制结构。这些制度和措施在于国家建构意义上，无不体现了国家在建构地域社区与功能社区相结合的新型社会单位，为社会结构转型与社会现代化奠定社会基础。就是在改革开放以后，这种国家建构的思想也明显体现在社区建设的政策和规章中，包括重要领导人的讲话和指示中，核心目标在于改造旧有的地域社区组织（主要是街道、居委会）和工作单位组织基础上，重新建构整合地域社区与功能社区功能的新型社区组织体系，以抗拒社会现代化处境下社区解体与社区崩溃的危险，服务国家稳定和发展的最高目标。

因为国家建构的首要内容就在于国家政权组织体系建设，所以我国社

---

[1] 包先康、李卫华、辛秋水：《国家政权建构与乡村治理变迁》，《人文杂志》2007年第6期。

区管理体制的改革实质上是以行政体制改革为线索。如 1949 年通过的《共同纲领》对地方政府结构、基层政权层次划分以及组织机构设置均没有明确的规定，但因建立国家政权的需要，1954 年通过的《城市居民委员会组织条例》、《城市街道办事处组织条例》和《公安派出所组织条例》成为基层政权组建的基本法律法规依据，中国城市基层街居政权组织体系雏形应运而生。其间经历 1958 年"大跃进"和"农村人民公社运动"的冲击一度遭到严重边缘化或破坏，但在改革开放以后，因社区的"承接"功能使其地位再次凸显，社区组织体系得以恢复。1989 年通过的《中华人民共和国城市居民委员会组织法》明确了居委会的组织地位。在 20 世纪 90 年代中期以来，面对着社会结构转型速度加快，经济体制改革不断深化，城市问题日益突出，传统城市基层组织体系与社会现代化之间的不适应越来越多，在社区管理体制改革迫在眉睫的情况下，中办〔2000〕23 号文件再次对城市基层政权组织体系建设与改革提供了宏观指导思路。在这历程中，社区组织及其管理体制的改革与国家政权组织体系的改革是同步的，街居组织本身是构建国家基层政权组织体系的基本构成部分，伴随着社区建设的逐步推进，其功能地位也发生着明显的改变，这种改变显示出国家基层政权建设的因子：如城市街道办事处组织体系的总体演变趋势是由区政府的派出机构发展为准政府机构，承担部分行政管理职能，街道成为"一级政权"的现象日益明显，"二级政府，三级管理"成为我国城市基层社会管理普遍现象。而居民委员会组织体系的总体演变趋势是由居民委员会演变为社区居委会，在法律和理论上居委会的群众自治组织性质日趋明确，并且具有法律依据和获得法律保障，但在实践过程中却出现社区居委会"行政化"问题。即随着居民委员会工作任务不断增多[①]，职能范围不断扩大，1989 年《居民委员会组织法》明确增加居委会的"协助"职能，成为政府"腿"的角色日益明显，"自治"性质受到冲击。可以说，城市社区建设已经成为基层政权建设的重要一环，而基层政权建设所具有的国家建构的行为逻辑也必然渗透和贯穿于城市社区建设过程之

---

① 1954 年《城市居民委员会组织条例》规定，居委会主要任务是：①办理有关居民的公共福利事项；②向当地人民委员会或者它的派出机关反映居民的意见和要求；③动员居民响应政府号召并遵守法律；④领导群众性的治安保卫工作；⑤调解居民间的纠纷。

中。而国家建构体现的是一种理性构建主义的思路与逻辑，其核心思想在于认为世界是建构的，具有理性的主体能通过其理性行为，对客观对象包括世界进行合目的性改造，或能根据主体的需求进行有目的地建构世界。这一逻辑影响到社区建设当中最为重要的体现就是政府在城市社区建设过程中的规划与建设行为，政府往往将社区建设纳入政权建设的范畴中进行理性化的构建，这恰恰是导致我国社区建设成为"建设社区"的重要原因。

而对于社会秩序的构建，仅仅靠国家建构是难以完成的。哈耶克认为，社会秩序的构建一直存在着两种不同的理论主张，即所谓的建构理性主义与进化理性主义。建构理性主义以笛卡儿为代表，进化理性主义代表是苏格兰启蒙思想家斯密、门格尔和哈耶克等，进化理性主义者认为，个人理性的有限性决定了个人无法摆脱生成和发展它的传统与社会而清醒地、无偏颇地审视和评估那种理性人自身处在其中的传统与社会。据此哈耶克认为，社会秩序可以分为两种类型：一种是人为设计的秩序，即"组织"或者"人造的秩序"；另一种是自生自发的秩序。[①] 基于两种不同的社会秩序，相应地存在人为的（唯理建构）和人之行动而非设计的（理性自生），或称为"外部规则"和"内部规则"两种不同社会秩序规则。但哈耶克指出由于"必然的无知"和"理性不及"（non—rational）状态的存在，"建构论唯理主义的极端形式总是导致对理性的反叛"。[②] 尽管外部规则是人类社会所不能或缺的治理工具，但是它却不能因此而侵扰甚或替代内部秩序得以生成并得以维系的内部规则。[③] 实际上，哈耶克所言的自生自发的秩序和内部规则指的是一种社会自身的力量所形成的秩序与规则，这种秩序与规则是国家建构所无法代替和覆盖的。这种自生自发的秩序中所蕴含的力量和规则与建构主义的规则和逻辑存在着巨大差别。同样，在城市社区的空间里，尽管国家建构力量一直处于主导性地位，特别是在我国这个具有深厚"国强民弱"传统的国家里，社会力量的活动领域基本是国家退缩或放权的

[①] [英]哈耶克：《自由秩序原理》，邓正来译，生活·读书·新知三联书店1997年版，第16—17页。

[②] [英]哈耶克：《法律、立法与自由》，邓正来等译，中国大百科全书出版社2001年版，第31页。

[③] 邓正来：《研究哈耶克法律理论的一个前提性评注》之代译序，载哈耶克《法律、立法与自由》，邓正来等译，中国大百科全书出版社2001年版，第7页。

领域，其领域范围主要取决于国家的"回缩"和"允许"的范围，当然，包括社会通过各种各样途径争取与博弈而获得的"允许"。但城市社区本身所具有的自生自发的秩序对城市社区建设而言是极为重要的，一方面社区内部社会力量是推动城市社区建设的重要力量；另一方面社区内部社会力量与国家建构性力量存在着同向合力与异向排斥的双重可能，于是，社区内在的秩序与力量对国家建构性努力与秩序存在一定程度的排斥与消解。这也是为什么尽管在民族国家的建构过程中，一方面国家要将权力的触角尽可能地延伸到基层；另一方面却在城市仅将正式的政权组织体系设置在"区"（因为严格说街道办事处不是一级政权组织）一级，而在基层设立了一个理论和法律上都是"自治性"的居委会组织体系。"将居委会定位于群众自治组织，并非完全出自财政上的限制，而与中国共产党从群众利益出发动员群众的传统息息相关。一个扎根于最基层社会的基层组织如果完全行政化，就会彻底失去社会组织的色彩，从而也就不具有社会组织在民间活动所具有的优越性。"[1] 杜赞奇认为就是因为共产党政权从基层开始建立了与国家政权相结盟的各级组织，从而避免了政权"内卷化"的困境，完成了民国政府没有完成的国家政权建设任务。[2] 这种制度上的设计，尽管存在着事实的"自治组织行政化"问题，但也体现了社会力量的存在与价值。而社会力量是形成自生自发内在秩序或"内部规则"的主要力量，遵循的是社会演进的路径。

因而，我国城市社区建设路径实际上存在着国家建构与社会演进两条路径的交融，这种交融根源于国家基层政权建设与基层社会发育是一个高度重合的历史进程：一方面，市场、民间社会的力量在制度方面获得了更大空间，初步形成了自身资源汲取、获得机制、利益表达途径；另一方面，国家基层政权建设不断加强，政权重心进一步下沉，这两个过程胶合于一体[3]。这意味着城市社区建设既离不开国家建构，也离不开社会演进。但中

---

[1] 郭圣莉：《城市社会重构与新生国家政权建设——建国初期上海国家政权建设分析》，博士学位论文，复旦大学，2005年。

[2] 杜赞奇：《文化、权力与国家——1900—1942年华北农村》，江苏人民出版社1996年版，第238—241页。

[3] 张虎祥：《社区治理与权力秩序的重构——对上海市健康社区的研究》，博士学位论文，上海大学，2005年。

国的现代国家建构是一个民族—国家和民主—国家双重建构且具有非均衡性和非协同性的过程，这决定了在强调国家建构或国家一体化时，需要的是国家对社会的"控制"；而在突出国家民主化或社会自治时，国家又需要给予社会一定的"自主性"。于是国家就会摇摆于对"社会"的"控制"与"放权"之间，形成内在的紧张关系[1]。这种内在的紧张关系，在城市社区建设过程中，则体现在如何处理国家建构与社会演进两条路径的关系，二者同样存在着内在的紧张关系。因为存在着内在紧张关系，所以在实践中呈现出两条路径的博弈，这种博弈的体现就是国家或社会对社区建设策略制定与路径选择。由于我国所具有的大一统传统和国家与社会力量的失衡，使我们的城市社区建设在路径选择上更多体现的是国家建构的逻辑，将社区过渡"客体化"和"对象化"是这一逻辑的重要表现，往往通过国家意志来对社会力量进行引导，对社会进行重新创构，社区呈现的"被建设"的局面。当然，无视甚至不承认社会演进的社区建设路径是不客观的，也是非理性的，社会演进路径往往给社区带来的是潜移默化的影响，这种潜移默化的影响对社区建设也具有重要作用。但就两条路径相比较而言，在当前社区建设布局中，国家建构路径可谓一种"显性"路径，而社会演进则处于一种"隐性"路径地位，或者说，两条路径博弈的结果是前者具有压倒性优势。总之，我国城市社区建设路径博弈的结果或对两种路径关系非平衡性安排，是我国外生型社区建设模式的重要原因。

第三节 外生型城市社区建设模式的现实合理性

黑格尔曾有一句经典名言："存在即合理。"我国外生型城市社区建设模式的形成与存在，也有其现实的合理性，这种现实的合理性来源于我国的具体国情，是由传统与现实、主观与客观多种因素共同作用的结果。

一 强国家—弱社会的传统与宏观背景

国家—社会理论分析框架的引入，尽管其对中国的适应性存在这样那样

---

[1] 黄辉祥：《"两委"矛盾：现代国家建构的内在张力——基于现代国家建构理论的尝试性解释》，《中南民族大学学报》（人文社会科学版）2008年第6期。

的争论，但如前所述，作为一种解释模式对中国问题的解释还是深具解释力的。对于一般意义上的国家与社会关系众说纷纭，然而"对国家与社会关系研究中的绝大多数歧义都是由于强调侧面不同所致"①，对于二者孰高孰低的关系上，理论逻辑上存在"国家高于社会"、"社会高于国家"、"国家社会平衡"的三种排列组合关系，在每一种排列组合的关系里均有不同的分支或不同的具体关系形式；与之相对应的，如果以在二者关系中"孰为中心"来表述的话，就会产生"国家中心主义"、"社会中心主义"和"国家社会平衡论"的理论观点；如果将传统流行的"强、弱国家"、"强、弱社会"进行排列组合，逻辑上将会出现"强国家—弱社会"、"弱国家—强社会"、"强国家—强社会"、"弱国家—弱社会"四种不同的排列形式。值得注意的是国家与社会"孰为中心"每一状态，均可以在"强弱国家、社会关系"的坐标体系中找到与之对应的坐标位置，而且，每一种理论背后都有着一定的理论基础。从理论上看，社会与国家的关系存在五种分疏②，在西方理论界中，对国家—社会关系的基本理解如表4-5③所示。

表4-5　　　　　　　　国家—社会关系的基本理解

孰为中心	孰高孰低	主要理论观点	强弱关系	代表人物	理论基础	关系属性
国家中心论	国家高于社会	国家高于市民社会；公民社会从属于国家（黑格尔）	强国家—弱社会	马基雅维利、布丹、霍布斯、黑格尔	国家中心主义	对抗性质
社会中心论	社会高于国家	社会先于并高于国家（洛克）；公民社会对抗国家（潘恩）；公民社会制衡国家（托克维尔）	弱国家—强社会	普鲁东和巴枯宁、洛克、潘恩、孟德斯鸠、托克维尔、达尔	无政府主义、自由主义、多元主义	

---

① 魏昂德：《现代中国国家与社会关系研究》，载涂肇庆、林益民《改革开放与中国社会：西方社会学文献评述》，牛津大学出版社1999年版，第57—71页。
② 周国文：《"公民社会"概念溯源及研究述评》，《哲学动态》2006年第3期。
③ 但因"弱国家—弱社会"无论在理论上，还是在实践中，都不是一理想状态，所以很少有人持此种观点。因而此对应图系里面没有将之置于其中。

续表

孰为中心	孰高孰低	主要理论观点	强弱关系	代表人物	理论基础	关系属性
国家—社会平衡论	国家社会平衡	公民社会与国家共生共强（迈克尔·伯恩哈德）；公民社会参与国家（米歇尔·麦克莱蒂）	强国家—强社会	迈克尔·伯恩哈德、米歇尔·麦克莱蒂	法团主义、多元主义	良性互动性质

如果将中国的国家—社会关系在上述坐标体系中找到确定位置的话，很显然总体上属于强国家—弱社会的关系格局之列，当然又具有自己的特殊性。强国家—弱社会的这种关系格局的形成，主要来源于以下几个方面的原因：①我国长期以来的大一统和中央集权的统治模式，形成了国家中心主义的历史传统。悠悠千年的封建王朝历史中，无数次的事实证明，在一个疆域偌大的中国实现其大一统的局面是避免分崩离析的基本路径，为了实现大一统的局面，采取中央集权的统治方式成为历史的选择，并从上而下建立垂直性的官僚组织体系和集权性的权力谱系。尽管说传统国家存在"有边陲而国界"的问题，但这种现象更多的是对西方传统国家的一种描述，而在中国长期的封建历史过程中，始终没有形成西方式的那种地方自治的传统，在中央集权的统治方式中，中央给地方的自治空间是极其有限的，在极其有限的空间里，社会的力量一直是相当孱弱的。自秦汉以后，逐步发展出一套高度中央集权的官僚体制，出现的是一种将国家地位摆得很高的思想传统。②中国民族国家建构过程中的内外压力将国家推到社会首要位置。中国的民族国家建构，或传统国家向现代国家的转型过程与西方国家有着巨大的差异，西方国家在自下而上的现代化发展过程中，国家在现代化进程中发挥的主导作用有限[①]，而中国是在内存分裂、外临侵略的内忧外患的双重压力下进行的，面对如此"总体性的社会危机"，迫切需要"利维坦"国家及其强大中央权力出现，结束这种分崩离析的

---

① ［美］詹姆斯·汤森、布兰特利·沃马克：《中国政治》，顾速、董方译，江苏人民出版社1994年版，第89页。

局面，但这一目标却因国民党政权的"内卷化"使其努力没有成功，但却形成了国家政权渗透社会的基本趋势。而中国共产党凭借其与人民群众利益一致性的优势，广泛地动员和发动群众，同时，将党和国家政权触角成功地延伸到社会各个领域，最终在完成民族独立和民族国家建构的同时，也形成国家至上和集体主义的传统。③新中国成立以后社会主义革命和建设的实践强化了国家中心主义的传统。新中国成立以后，在进行社会主义建设的同时，进行了社会主义的改造。在一穷二白、千疮百孔的基础上搞社会主义建设的现实压力迫使当政者不得不集中全国资源进行强制性、有侧重目的的再次分配，而这种强制性的资源分配模式必须依托于一定的超强的权力组织体系和集中化运行模式，只有通过集中权力的垄断才能实现对资源的垄断和再次分配。同样，进行社会主义的改造，实际上是对原有社会结构的"重新洗牌"，其面临的阻力是可想而知的，为了扫除改造的阻力，也迫切需要从上到下建立严密的组织体系和集中式的权力运行模式。加之中国共产党在社会主义的改造过程中所形成的"运动"式的组织和实施方式，实际上已经将"社会"纳入"国家"的谋篇布局当中，"国家"彻底地吸纳了"社会"，出现的是一个"总体性"的社会。④政府推动型的改革开放延续了强国家—弱社会的局面。虽然我国改革开放的最根本的动因来源于社会的需求，但将这一需求转变为实践行动的则是国家。从整个改革历程看，我国改革遵循了一条政府推动、自上而下的渐进式改革路径。政府推动型的改革模式一方面开始在一定程度上改变着国家—社会的格局，社会逐渐获得了一定发展空间；但另一方面却又强化了政府的功能与角色。中国的现代化过程，始终面临着一个严峻的结构性挑战：在学理上讲，一方面要避免基于原有结构的政治权威在变革中过度流失；另一方面要防止转型中的权威因其不具外部制约或社会失序而发生某种"回归"。从历史经验上看，上述两个条件构成了中国现代化过程中相倚的两极：政治变革导致传统权威的合法性危机，进而引发社会结构的解体和普遍的失范；作为对这种失序状态的回应，政治结构往往向传统回归，而这又使政治结构的转型胎死腹中①。中国现代化进程只能依靠政府

---

① 邓正来：《关于"国家与市民社会"框架的反思与批判》，《吉林大学社会科学学报》2006年第3期。

充当现代化进程的推进器，使得现代化进程自上而下地进行。无论是现代化整体目标的设计、现代化战略的制定，还是具体环节的实施，都要依靠政府的统筹安排。因政府在改革开放这一具有划时代转型意义的变迁中所具有的重要地位，实际上延续了强国家—弱社会的局面，只是在其"退缩"或"允许"的限度内给社会以相对空间。

这种强国家—弱社会的总体社会关系格局，影响和钳制着社会发展的方方面面，也必然影响到我国的城市社区建设，我国城市社区建设也是在这强国家—弱社会的背景中拉开序幕、展开和推进的。在强国家—弱社会的格局中，国家及其代表政府的力量在社会诸多领域呈现一种强势态势，必然将社会力量压制在一个狭小或有限的空间里，久而久之，甚至导致居民和社会力量对国家或政府力量产生"恋父"情结或依赖心理，同时，国家或政府陷入"全能"的陷阱而无法自拔，虽然苦不堪言却习以为常，甚至乐在其中。我国城市社区建设同样无法逃逸强国家—弱社会关系格局，于是在社区建设领域中出现了前述社区建设的目标存在"基层治理单元"与"生活共同体"的纠葛，社区建设动力存在政府需要与社区居民需求交织，社区建设主体的错位，社区建设内容存在硬件设施与精神培育的失衡，社区建设路径存在国家建构与社会自治的张力等多种中国特色的现象，正是在这些特殊要素的共同作用下孕育出了外生型社区建设模式。值得注意的是，在强国家—弱社会的格局中，不仅凸显的是国家与政府的力量，而且使中国国家与社会关系呈现的并非西方化的对抗性关系，而是一种胶着状态，一方面国家行动中包含着社会的需求与声音；另一方面社会行动往往被纳入国家行动框架之内，如此胶着关系虽然强化了国家与社会间互动合作的可能性，但同时也存在国家吸纳、淹没社会的风险，其结果是可能会出现国家或政府力量在社区建设空间的进一步扩张，而社区社会力量可能遭到进一步遏制。当然，此种仅仅为一种风险担心，而实践中是出现互动合作良性局面还是国家对社会的覆盖，则取决于二者力量对比和制度设计。总之，在当前强国家—弱社会的背景下，国家或政府一直是城市社区建设的主角，使整个社区建设的国家建构韵味颇浓。

二 政治经济社会发展水平与制度环境

在前述对我国城市社区建设同构性与非平衡性这一悖论解构分析中，

国家的政治经济与社会发展水平与宏观制度环境是该悖论形成的重要原因，而同构性与非平衡性的社区建设正是外生型社区建设模式的必然结果，因而，外生型社区建设模式是在具体的政治经济社会发展水平和制度环境中产生的。因为从根本上说，城市社区建设是整个国家经济、政治、社会和文化发展的一部分，社会发展的各个方面是相互联系的有机体，政治经济社会发展水平影响和制约着城市社区建设内容的方方面面。城市社区建设模式的形成一方面与一定的政治经济社会发展水平相适应；另一方面政治经济社会制度为城市社区建设提供的制度环境，制约着社区建设模式的形成。

从政治发展水平而言，经过新中国成立后60余年的发展，社会主义民主政治取得了相当大的发展，但在微观具体的城市社区民主建设过程中还存在诸多困难，而当前的民主发展水平和困难直接制约着城市社区建设的开展及模式的形成。如社区自治是社区建设的重要内容和理想目标，但社区自治的前提或基础是社区民主，而社区民主离不开社区居民的广泛而真实性的参与，因此，社区民主的发展水平不仅直接影响到社区参与水平，而且直接影响到社区建设目标和社区主体构成及其力量，最终影响到社区建设模式的形成。当前，我国社区居民的民主意识和参与的民主技巧均有待于进一步提高，而我国的民主改革又是一种"增量改革"[①]，引导人们当家做主，训练人们民主素养成为实现民主的现实路径选择，也成为政府的重要任务。总体来看，实现从"为民做主"到"让民自主"的转变，还需要很长的路要走。因而，国家或政府的"善意"引导与扩张，使城市社区民主建设具有了很强的"外生型"特征。

从经济发展水平来说，首先，我国经济发展取得了前所未有的成就，为城市社区建设提供了一定的经济基础和条件，但与人们日益提高的需求之间仍有相当距离，经济资源和基础的困难从根本上制约着社区建设的诸多方面；其次，市场企业的社会责任还有待加强，市场参与社区建设的动力还没有得以有效激发，市场参与社区建设体制与机制还不甚完善，这导致了重要社区建设主体的市场在社区建设领域的参与不足，影响到社区建设力量的分布及其关系；最后，当前我国社区各类社会组织，特别是志愿

---

① 俞可平：《增量民主：中国特色政治模式》，《上海教育》2008年第Z2期。

组织的发育和发展缓慢，其重要的原因在于经济来源困难，而经济来源困难的最根本原因还是在于经济发展水平的制约。而社区社会组织发展缓慢和力量薄弱，也影响到社区建设主体及其力量的分布，是导致社区建设内发动力不足的重要原因。因市场参与社区建设不够，社会组织经济力量薄弱，使政府成为社区建设投入的主要主体。总之，外生型社区建设与当前经济发展水平是相适应的。

从社会发展水平来说，我国社会发展严重滞后于经济发展是不争的事实，使我国城市社区建设面临着超乎寻常的压力和重任。一方面，社会力量薄弱，其发展速度不能满足现代城市社区发展的需要；另一方面，社会力量的资源匮乏，难以为社区建设提供足够的资源保证。另外，社会力量的参与机制在实践中还有待于进一步理顺。在这种情况下，社区建设的内生性资源，或内部力量明显不足，解决这种资源性的不足，特别是内在资源的不足，依靠外力和外在资源就显得格外重要，尽管外在力量与资源有可能会与内在资源发生冲突，但在特殊的历史时期内和社区建设阶段，外在力量与资源无疑是填补资源不足的有效方法。

上层建筑是经济基础的反映，制度属于上层建筑的范畴，建立在一定政治、经济社会发展水平基础上的政治、经济和社会制度，直接决定着社区建设模式的形成。城市社区建设的规章与制度本身就是整个社会政治、经济和社会制度的一部分，因此，宏观的政治、经济和社会制度与体制直接限定了城市社区建设的制度空间与发展可能。根据社会学新制度主义的理解，任何制度化模式的存在和运行都嵌合在更大的社会政治结构和价值规范之中[1]，外生型社区建设模式也是嵌合在我国宏观的政治制度环境与社会主义的主流价值规范之中的。如在政治和社会文化上，社会主义国家不仅要将国家权力延伸至社区，而且要树立社会主义意识形态在社会中的主导地位，于是，城市社区建设在完成国家政权组织体系在社区延伸的同时，还要对城市社区进行意识形态和主流思想的灌输，于是，进行社区文化建设成为社区建设制度的重要内容，而在官方看来，社区文化建设的重要内容就是社会主义主流意识形态；又如中国官僚系统政治权力运行的

---

[1] Powell, Walter & Paul Dimaggio, *The New Institutionalism in Organizational Analysis*, Chicago: University of Chicago Press, 1991.

"压力型"体制也深刻影响着城市社区建设模式的形成,在"压力型"的政治环境中,中央和上级政府的决策与引领行动对社区建设至关重要;又如市场经济的宏观制度从源头上影响和决定着社区建设中经济资源获取可能性与途径,这也制约着社区建设模式的形成。总之,外生型城市社区建设模式是在当前的政治、经济和社会制度基础上形成的,或者说在当前的政治经济社会制度环境中,外生型社区建设是必然结果。

三 国家宏观发展战略的现实需要

从前述我国城市社区建设历程可以看出,城市社区建设发展的每一个足迹都与整个国家宏观发展战略息息相关,城市社区建设本身已经成为国家发展战略的重要组成部分,已成为国家宏观发展战略运转机器上的一个齿轮,而且,该齿轮的运转伴随着国家宏观战略的调整而随之调整着自身的运转节奏与方向,城市社区建设本身必须满足国家发展战略的需要。在以单位制为主体时期的"街居"制时期,社区的功能与地位是属于一种拾遗补阙的角色,但在20世纪80年代开始到90年代末,当时国家最大的发展战略就是进行经济体制改革,在城市里,以国有企业改革为中心的经济体制改革成为政府的中心工作,城市的各项决策也都围绕该中心工作而布局。而随着国有企业改革,"单位制"的解体,单位人员的流动和服务功能的外溢,迫切需要一个承接载体来解决城市的服务短缺和社会管理问题。于是,城市社区被作为"单位"的承接载体,其地位日益重要,而且,因城市居民服务短缺是最为紧要的问题,于是,最早在城市社区开展社区服务活动。总体来看,在这一时期的城市社区建设是在为经济体制改革(主要是国有企业改革)保驾护航,其奏出的每一个音符也随着经济体制改革的前进步伐而跳动。而到21世纪以后,我国整体发展水平进入了一个新的阶段,社会和谐与公平正义成为社会重要目标,建设社会主义和谐社会成为国家的宏观发展战略,这时的改革重点从经济领域开始转向了政治和社会领域的改革。在政治领域改革有一个重要的目标就是建设服务型政府,在社会领域就是要保障基本公共服务均等化的同时,保证社会秩序的和谐与稳定。"保民生、保发展、保稳定"成为当前国家的宏观发展战略的重要目标,于是,公共服务下沉与服务社区化、建设和谐社区成为城市社区建设的重要内容,在城市社区建设历程中每一次重要性的发展或转折的背后，都蕴含着国家宏观发展战略的调整。

城市社区建设与国家发展战略的同步，意味着我国的城市社区建设具有很强地服从于国家宏观发展战略需要的色彩，或具有很强的"务实性"，即为国家整体发展和大政方针政策执行保驾护航。很显然，这种服从于宏观国家战略发展需要的特性，虽然给城市社区建设提供了强大的政策支持力量和发展空间，但同时也存在国家发展战略"绑架"城市社区建设的可能性。这种"绑架"可能表现为两个方面：一是内容上的"绑架"。尽管国家发展战略的制定与实施，从根本上说来源于社会的需要和人民根本利益的需求，其目标在于满足社会和人民的需要；城市社区建设从根本上来说也是来源于社会和居民的需求，其目标也在于满足社会和居民的需要。但这种宏观上的一致性，并无法消除在微观具体领域的二者的不一致性，甚至现实矛盾。这种不一致性或矛盾来源于三个方面：第一，抽象的社会和人民利益无法简单地同具体的个人或居民利益相等同，或相对接。因为作为整体的社会和人民内部并非是"均质"的，其内部也存在着利益的多元与目标的分歧；第二，眼前利益和长远利益并非任何时候保持绝对一致，其间的冲突倒是一种常态，如国有企业改革符合国家长远利益，但为了解决单位制解体所留下的服务短缺和管理空白的问题，让社区来承担这种"沉重的包袱"，对社区而言是一种在强力压制下，不得不承担的任务，或许与社区本身利益并非一致；第三，如前所述，国家和社会都存在一定程度的自主性问题，国家宏观战略与社区建设二者都有着自己的自主性。但是，在社区建设服从于国家发展战略的时候，首先得以确保的是国家战略需要，消解或放弃的往往是社区利益与需求，于是，社区建设的内容被打上了深深的国家需要的印记。也正是这种国家需要，导致在城市社区建设诸多内容呈现"同构性"的现象。二是主体上的"绑架"。当社区建设服从于国家发展战略的时候，社区建设将被纳入整个国家发展体系当中，整个国家发展战略的主体体系必将影响到社区建设的主体。因为要保证整个发展战略的实现，国家或政府作为国家发展战略的制定和倡导者，一方面将不遗余力推进发展战略的实施，包括城市社区建设，于是我们看到了上述社区建设过程中国家和政府在社区忙碌的身影和职责与权力的膨胀；另一方面尽力将社区建设的各方主体及其行为拉入国家行为中来，以满足国家发展战略的需要。于是，出现城市社区自治组织的"行政化"和社会组织的"官方化"就成为一种必然的结果。而这种社区建设主体本质属性的流失及其改变,使本来就发育不良的社区内部社会力量及其发挥空间更加狭小。总之,因为社区建设服从于国家宏观战略,因出现国家发展战略对城市社区建设内容和主体的双重"绑架",导致社区建设的内容具有很强的国家意志色彩,而社区自身特性被覆盖或压制的同时,国家和政府自然成为社区建设的主要主体和力量来源,本应是社区建设力量重要来源的社区内部社会力量不是十分弱小,就是成为"鼓掌者",甚至"吹鼓手"。总之,当前外生型社区建设与我国国家宏观发展战略紧密相连。

四 社区建设资源的分配现实

资源是开展任何活动的前提与保障,著名的社会学家安东尼·吉登斯在谈到民族国家建构时,认为民族国家建构的基础在于通过工业化联系起来的两种资源:配置性资源和权威性资源。所谓配置性资源指的是物质资源,它表现在国家的现代组织形态建构上所需的各种物质资源从基层社会中的汲取;而权威性资源指的是行政力量的源泉,即指现代国家组织机构向下延伸至基层,把国家的正式权威以机构作为载体下渗到基层社会,并塑造和维持、控制基层社会秩序[1]。可以看出配置性资源与权威性资源对于国家建构的重要意义和实质。对于城市社区建设的开展,同样必须依赖一定的资源进行。从宏观上而言,开展社区建设需要的资源包括三种:组织资源、权力资源和经济资源。组织资源包括组织机构体系和组织人员;权力资源包括主体的权能与行为能力;经济资源即物质性资源,三种资源对于社区建设必不可少,组织资源是前提,权力资源是关键,而经济资源是基础。各种资源的社会分配情况及掌握资源主体情况,不仅直接决定着社区建设资源的来源,而且最终决定着社区建设的实施及其效果。

现阶段我国外生型社区建设模式是与三种资源的主体分配状态紧密相连的,首先,就组织资源而言,政府具备超越其他任何主体的组织优势。为了解决历史上一盘散沙受人凌辱的局面,在现代国家建构的过程中,中

---

[1] 贺东航:《现代国家建构与近代中国乡村政治变迁》,《读书·生活》2006年第1期。

国共产党及其领导的政府通过"政党下乡"、"政权下乡"① 等多种方式，在实现政权组织现代科层化的同时，更是史无前例地从中央到基层建立了最为完备的政权组织体系，而且这种政权组织体系并没有陷入"内卷化"和"营利性"的窠臼之中。同时，在如此庞大而完备的组织系统上，依附着庞大的组织人员队伍，而且这些人员大部分都是通过精英式的筛选而出②。可见，政府所拥有的政权组织资源是空前的，如此组织系统所拥有的社会渗透和动员能力是可想而知的，并且在我国相当长的历史时期，国家政权组织资源具有压倒性的优势，也就是说，是国家或政府掌握着强大的组织资源。在此种背景下，一方面，开展社区建设所需组织资源不得不从国家或政府那里获取；另一方面，国家或政府所掌控的组织资源也能够在一定程度上满足社区建设需要，或者说国家或政府掌控的组织资源具备了社区建设的能力与条件。其次，就权力资源而言，政府所拥有的权能与行动能力也是各类主体中最强的。一方面，因为政府是行政权力的唯一享有者，政府权力是依靠暴力保障的强制力，其执行力，或其行动能力必然是最强的；另一方面，如前所述，由于我国社会力量发育缓慢，社会力量一直处于无法与政府抗衡的地位，政府的优势地位使其权能也最强，即其职能最为广泛。这样，无论是国家或政府的权能，还是其行动能力，均为社区建设提供了最为便捷的基础或条件。最后，就经济资源而言，本来在一般意义上，经济资源主要为企业所掌握，主要由市场进行配置。而在我国相当长的历史时期，由于受到计划经济体制的影响，"权力经济"现象十分明显，甚至出现权力主体与经济主体交融，甚至合而为一。而导致此种现象的主要原因就是我国经济资源的配置过程当中，政府及行政权力起着重要的影响因素，甚至在一定范围和程度上，经济资源的配置是行政权力配置的需要和结果。就此我们也不难理解我国现在的经济中心与政治中心高度重叠的中国城市分布格局，而政府在对城市资源，包括经济资源的配置中仍占据着主导性地位。另外，近几年在经济高速发展的同时，国家各级政府的财政税收都取得巨大增长，各级政府的财力逐渐雄厚起来，这

---

① 徐勇：《现代国家乡土社会与制度建构》，中国物资出版社2009年版，第214—231页。
② 当然，笔者并非认为所有组织系统人员均是精英，也并非绝对完全认可当前的人员选拔模式，在此笔者仅是一种理论上的相对意义上的表述。

为政府开展"政事"提供了基本经济保障。也就是在此种情况下,政府不仅具备影响经济资源分配的能力,而且其自身也具备投入社区建设的经济基础或经济供给能力。这种政府对经济资源分配的影响及其占有,必然使其成为社区建设的重要投入力量。

由于当前我国国家或政府掌握着社区建设的重要资源,导致国家或政府必然成为社区建设的主要主体,而如前所述,国家或政府力量在社区建设领域的膨胀与扩张,是我国当前外生型社区建设模式形成的重要原因,或者说现阶段我国以政府为主导的外生型城市社区建设模式是与我国政府掌控大部分社区建设资源和基于此拥有的强大行动能力相一致的。

五 城市社区建设的阶段性规律

任何事物的发展都是一个历史性的过程,有一个从产生到发展、再到壮大,从不完善到完善的逐步发展过程,而且,在发展的历史过程中呈现阶段性的特点,当然,这种阶段性的特点同整个社会发展的阶段性紧密相连。纵观我国城市社区建设历程,也明显体现出阶段性的特点。因为对城市社区建设历史发展的线索,或着眼点不同,不同的学者对社区建设的阶段有着不同的归纳。我国政府主管社区建设的官员曾指出社区建设大致分为三个阶段:第一阶段,改革城市基层管理体制,完善街道和居委会的管理、服务功能,增强社区意识;第二阶段,发掘社区资源、发展社区事业,提高居民生活质量;第三阶段,建成居民自治体制。第一个层次是强化社区功能;第二个层次是建设文明社区;第三个层次是推进社区民主。当然,这三个层次的目标并不是简单的递进关系,它只表明了社区建设工作的基本层次和总的发展方向。[1] 王思斌认为社区体制也有一个逐步发展的过程,"社区建设前期,街居基层组织成为社区运行的行政主体,并以此为基础去动员、组织社区居民参与社区建设;社区建设的发展期,街居基层组织与社区成员在服务和管理层面共同建构合作关系,社区中的社会因素明显成长;社区建设成熟期,形成较强的社区自组织体系,作为政府代理人的街道办事处同作为自治组织的居民委员会相对分离,并形成街道(政府)—居委会(自治组织)—社区民间组织(经济、文化及服务组

---

[1] 李宝库:《夯实城市基层基础积极发展社区建设》,《城市街居通讯》1999年第6期。

织)—社区成员(居民与驻区单位)既合作又相互制约的关系体系。社区建设的结果是形成由政府(或其代理人)依照法律为社区成员进行服务和管理,社区成员自我服务、自我约束和自我管理相结合,并以后者为主的社区运行体制"[1]。而陈伟东教授从社区建设主体力量及其关系的角度认为:任何一个国家的社区建设和社会发展都是政府行动和社会行动互动的过程,不存在单方行动。从行动战略看,欧美发达国家的社区建设和社会发展经历了阶段性转移:最小政府时期("守夜人"政府),社区建设和社会发展更多的是社会行动,但存在不均衡发展问题;"二战"后的福利国家时期("保姆国家"),社区建设和社会发展更多的是政府行动,但又存在效率不高的问题;20世纪90年代以来,欧美发达国家掀起政府改革、新公共管理、新公共服务浪潮,开展社区重建行动——从国家主导的政府行动转向国家倡导的社会行动。我国在吸收世界社区发展经验的基础上,结合国情,也选择了党和政府领导下的社会行动的社区建设战略,即社区建设是指在党和政府的领导下,依靠社区力量,利用社区资源,强化社区功能,解决社区问题,促进社区政治、经济、文化、环境协调和健康发展,不断提高社区成员生活水平和生活质量的过程[2],但我国社区建设的现实却是"政府在决策、政府在行动"而不是"政府在决策、社会在行动"[3]。在"强政府、弱社会"的现实状况下,我国社区建设将会出现阶段性转变:从国家(中央政府)主导的政府行动向国家主导的社会行动转变。[4]

实际上,不仅是上述有关学者论及的社区建设力量转换呈现阶段性特征,而且包括社区建设目标、内容、路径等在内多个方面的发展均具有阶段性色彩,在笔者对新中国成立以来社区建设历程的描述中,社区发展的阶段性依稀可见。这种阶段性一方面与整个社会发展和社会建设的阶段性

---

[1] 王思斌:《体制改革中的城市社区建设的理论分析》,《北京大学学报》(哲学社会科学版) 2000年第5期。

[2] 中办发〔2000〕23号文件。

[3] 对于出现政府决策、政府行动的原因,陈伟东认为有两个方面原因:一方面,社区建设任务的阶段性决定着社区建设行动的阶段性;另一方面,政府组织、社会组织的发展阶段性也影响着社区建设行动的阶段性。

[4] 陈伟东、卢爱国、孔娜娜、谢正富:《中国和谐社区:江汉模式》,中国社会出版社2010年版,第8—9页。

相一致，或者说城市社区建设随着社会建设和社会发展的总旋律而飞舞；另一方面这种阶段性是社区内在本质所决定的，事物发展过程历史性决定了社区建设不可能一步到位，事物发展过程的螺旋上升以及发展过程的"质""量"交替矛盾规律，预设了社区建设本身必然是从一个阶段到下一个阶段的不断前进的过程。因而，外生型社区建设是我国城市社区建设历程中所经历的一个具体阶段而已，是在前述国内外多种具体因素和现实条件的作用下形成的社区建设特殊时期。同时，发展的阶段性预设着外生型城市社区建设模式的存在进一步发展变迁的空间，孕育着进入下一发展阶段的可能性和力量。

第四节 外生型城市社区建设模式的实践困境

尽管我国当前阶段的外生型城市社区建设模式具有现实合理性，但同时，我们无法忽视此种模式在实践中产生的诸多实践难题。

一 刚性社区管理消解政权建设目标实现

如前所述，对于政府而言，城市社区建设肩负着基层政权建设的使命与角色，甚至将城市社区建设纳入基层政权建设工作当中，将之作为基层政权建设的一部分看待，在社区建设的实践中贯穿着政权建设的思维与行动逻辑。的确，社区作为最基层的社会单元组织形式，其必然成为基层政权建设的平台，而作为基层政权建设的基本目标，也是最为根本目标，就是要实现基层社区的稳定与和谐，对秩序的追求一直是国家政权建设的首要任务，尤其是基层政权建设更肩负着责无旁贷的艰巨任务。特别是在当前我国这种社会转型时期，社会因转型出现诸多矛盾，社会秩序稳定显得尤为重要，而社会秩序稳定的基础在于基层，于是，基层政权建设的重要目标在于维护基层社会稳定，而社区是城市基层社会的基本平台，社区建设自然成为实现该目标的重要战略行动。然而，在外生型社区建设模式下，形成的却是"刚性社区管理"体制与机制，所谓刚性社区管理，在管理目标上实现秩序决定稳定，在管理主体上主要依靠政府力量，在管理载体上主要依托政治权力，在管理方式上主要采取行政控制，在管理策略上权威性压力与诱导并施。在此种刚性社区管理体制下，社区秩序是一种刚性秩序，社区的稳定是一种刚性稳定，于建嵘研究员曾认为："刚性稳定是以政治权力的排他性和封闭性为基础的政治稳定，以社会绝对秩序作为管治目标。"[①] 并且，他认为刚性稳定是压力维稳机制的结果，压力维稳将造成基层官员不堪重荷；财政支出越来越大，影响经济社会发展；矛盾不解决，压力越大反弹越大。[②] 社区刚性秩序或刚性稳定往往仅仅具备了稳定秩序的外在形式，但因缺乏社区社会秩序稳定的社会基础，社区管理主体的单一和社区管理体制的刚性化，一方面，使社区秩序对社会的"抗风险能力"或"承受能力"比较弱，一有"风吹草动"往往导致基层政府和社区组织人员"高度紧张"，而且，最容易将基层社区矛盾"上传"或很容易传导给政治系统和行政组织中去，使社区作为"矛盾过滤器"，协助政府的功能锐减；另一方面，刚性化的社区管理体制使社区组织，包含社区社会组织在内的社会力量在基层社会秩序中的角色与功能减弱，从而使社区自治能力及其发挥受到严重制约，使社区自治陷入更为复杂的境地。

总之，国家或政府为确保基层的稳定和对基层社会的动员和控制能力，不得不尽力将权力和意志向社区延伸，渗透到社区，但在外生型的社区建设模式的刚性管理体制下，这种延伸与渗透仅仅取得了外在或形式上的效果，并未真正形成对社会的有效动员与控制能力，形成的也并非是一个动态的、充满活力的社区社会秩序，因而在本质上并未达到基层政权建设的理想目标与效果。可以说，社区建设的"外生型"使社区管理体制呈现"刚性化"特征，最终导致国家基层政权建设目标在一定的程度上消解。

二 社区参与不足引发社区治理困难

西方国家在经历过"市场失灵"和"政府失灵"双重考验后，发现"最好的政府，最少管理"与"最好的政府，最大服务"两种方案都无法适应现代社会需求，从 20 世纪下半叶到现在，西方很多国家政府管理指导思想变为"最好的政府，用市场机制与非政府组织合作等方式提供最

[①] 于建嵘：《变刚性稳定为韧性稳定》，《人民论坛》2010 年总第 303 期。
[②] 同上。

大的公共服务",治理理论应运而生。从直接因素来看,治理理论的产生,一是由于西方福利国家出现管理危机;二是与市场和等级制的调节机制发生危机有关;三是与众多社会组织集团的迅速成长密切相关[1]。罗西瑙(J. N. Rosenau)在其代表作《没有政府统治的治理》和《21世纪的治理》等文章中将治理定义为一系列活动领域里的管理机制,治理指的是一种由共同的目标支持的活动,这些管理活动的主体未必是政府,也无须依靠国家的强制力量来实现[2]。治理是一种内涵更为丰富的现象,既包括政府机制,也包含非正式、非政府的机制。"治理是只有被多数人接受(或者至少被它所影响的那些最有权势的人接受)才会生效的规则体系;然而政府的政策即使受到普遍的反对,仍然能够付诸实施。"[3] 联合国全球治理委员会对治理的定义具有很大的代表性和权威性。在《我们的全球伙伴关系》报告称:"治理是个人和公共或私人机构管理其公共事务的诸多方式的总和。它是使相互冲突的或不同的利益得以调和并且采取联合行动的持续的过程。它既包括有权迫使人们服从的正式制度和规则,也包括人民和机构同意的或以为符合其利益的各种非正式的制度安排。"治理意指由许多不具备明确等级关系的个人和组织进行合作以解决冲突的工作方式,灵活地反映着多样化的规章制度甚至个人态度。它有四个特征:治理不是一整套规则,也不是一种活动,而是一个过程;治理过程的基础不是控制,而是协调;治理既涉及公共部门,也包括私人部门;治理不是一种正式的制度,而是持续的互动[4]。俞可平教授认为,"治理一词的基本含义是指官方的或民间的公共管理组织在一个既定的范围内运用公共权威维持秩序,满足公众的需要。治理的目的是在各种不同的制度关系中运用权力去引导、控制和规范公民的各种活动,以最大限度地增进公共利益。所以,治理是一种公共管理活动和公共管理过程,它包括必要的公共权

---

[1] 汪向阳、胡春阳:《治理:当代公共行政理论的新热点》,《复旦学报》2000年第4期。
[2] 罗西瑙:《没有政府统治的治理》,剑桥大学出版社1995年版,第5页;《21世纪的治理》,《全球治理》1995年创刊号。转引自俞可平《治理和善治引论》,《马克思主义与现实》1999年第5期。
[3] 詹姆斯·N. 罗西瑙:《没有政府的治理》,江西人民出版社2001年版,第5页。
[4] 联合国全球治理委员会:《我们的全球伙伴关系》,牛津大学出版社1995年版,第23页。转引自俞可平《治理和善治引论》,《马克思主义与现实》1999年第5期。

威、管理规则、治理机制和治理方式"。并认为治理的理想目标是善治,而善治包括:①合法性;②透明性;③责任性;④法治;⑤回应性;⑥有效性;⑦公民参与;⑧稳定;⑨公正;⑩廉洁。①

现在,治理越来越多地被当作一个既提供一种广阔的视野又描述社会自我管理方式的概念,"参与"、"谈判"和"协商"是治理的三个关键词,通过它们,"治理社会"被披上了"民主"的外衣②。"'治理'是在众多不同利益共同发挥作用的领域建立一致或取得认同,以便实施某项计划。"③ 概言之,治理的主要特征"不再是监督,而是合同包工;不再是中央集权,而是权力分散;不再是由国家进行再分配,而是国家只负责管理;不再是行政部门的管理,而是根据市场原则的管理;不再是由国家'指导',而是由国家和私营部门合作"④。社区治理就是借鉴治理的核心内核与内容进行社区管理的一种管理方式或模式,也是在当前"治理"浪潮下的对社区管理路径的选择。史伯年将社区治理的含义归纳为以下几个方面:首先,社区治理的行为主体是多元化、多样化的,政府行为具有决定性影响作用的因素,但不是唯一的和具有最终决定权的因素。其次,社区治理的行为指向是社区公共事务,它包括关系社区成员切身利益的范围广阔的领域。最后,社区治理目标更注重社区基本要素的培育,其中包括社区组织体系的发育完善、社区成员参与公共事务积极性和能力的增长、社区中正式和非正式制度规则的形成、社区中不同行为主体交往互动方式和机制的磨合等。此外,社区治理的权力运行是多向度和上下互动的。它主要通过合作、协商、伙伴关系、确立认同和共同目标等方式实施对公共事务的管理,所需要的社会秩序和权威,主要依靠人们的接纳和认同而形成⑤。社区治理重在强调了社区治理过程的"参与"、"谈判"和"协商"。社会力量自然是社区建设重要力量,在某些西方国家,社会力

---

① 俞可平:《全球治理引论》,《马克思主义与现实》2002年第1期。
② 唐贤兴:《全球治理与第三世界的变革》,《欧洲》2000年第3期。
③ [法]辛西娅·休伊特·德·阿尔坎塔拉:《"治理"概念的运用与滥用》,《国际社会科学杂志》1999年第1期。
④ [法]弗朗索瓦-格扎维尔·梅理安:《治理问题与现代福利国家》,《国际社会科学》1999年第2期。
⑤ 史伯年:《治理:社区建设的新视野》,《社会工作》(学术版)2006年7月下半期。

量甚至是社区发展（建设）的主要力量，在一定意义上，社区建设的根本性力量在于社区内部力量，或社会性力量。当前我国城市社区建设，自然需要多元主体与力量，同样离不开社会力量的参与，只有社会多元主体力量参与的情况下，才能形成"治理"格局。但在当前我国外生型社区建设模式下，社会力量参与社区治理明显不足，从而影响到社区治理的格局与社区治理效果。

首先，社会力量参与不足，使社区治理格局难以形成。治理，意味着多方的参与，并且是实质性的参与，笔者这里所谓的实质性参与，一是指此种参与是主体基于自身利益的理性判断而做出的自愿行为，而非被动参与；二是指这种参与能够取得客观效果，或者说能够影响到事物发展或社会行动开展。社区参与具有多方面的重要意义：有利于维护和扩大公民权利，提高社会主义民主水平；有利于社会空间的形成，在国家和社会之间建构起良好的互动关系；社区参与有利于各类社会资源的整合，促进社区成员的共同利益。但自我国政府提出城市社区建设以来，社区建设却一直未能摆脱"一头热、一头冷"——政府和学界热、老百姓冷——的尴尬局面，在社区建设的过程中，社区居民参与不足，而导致这种状况的主要原因是：社区建设行动过于行政化，基层政府（或基础政府部门）利益和居民利益不一致。[①] 在当前我国社区社会力量参与不足的情况下，难以形成社区有效的治理格局就是必然了。社区社会力量参与不足的主要原因在于：一是社会力量本身相对弱小；二是社会力量组织困难；三是社会力量行动制度空间狭小；四是社会力量行动路径有限。

其次，社会力量参与不足，使社区治理陷入困境，治理效果大为降低。在社会力量参与不足的情况下，政府必然成为治理的主要主体，本应由社会力量发挥作用的空间此时也被政府所覆盖，尽管这种覆盖有时是"不得已"或"不情愿"的覆盖。而政府的覆盖及其行为，在实践当中并非能解决社区的所有问题，或者无法取得利用社会力量解决的同样效果。特别是对于社区矛盾或问题的化解与解决而言，社会力量参与的缺少或不足，结果必然是政府过早地、直接性地介入，但是因为基层社会矛盾的复杂性，往往可能出现"清官难断家务事"局面，行政手段并非最佳手段，

[①] 周业勤：《互动论视角下的我国当代城市社区建设》，博士学位论文，上海大学，2008年。

依靠政府或行政力量并非能有效解决社区矛盾与问题。同时，如此国家或政府过多力量介入，可能使政府陷入社区矛盾当中而不能自拔，这一方面影响到政府力量在其他领域工作的开展；另一方面政府过多介入也增加了政府的行政成本，造成有限行政资源的浪费。更为严重的是如果政府参与其中而又不能有效化解社区矛盾，或不能使相关主体满意，必然导致利益相关主体对政府的埋怨，甚至失信，而民众对政府的"失信"或"积怨"如果继续扩散或放大，将会反过来影响到政府行为以及政府在居民中的形象与地位，长此以往，可能引起政府和民众间关系疏远，甚至恶化，并且恶性循环，政府处于"出力不讨好"的尴尬境地。造成此种局面的根本原因其实就在于社会力量参与不足，而政府单方或主导性行动却无法达到应有的治理效果，关键在于其背后潜藏着的国家力量与社会力量冲突的深层矛盾，存在着政府遵循的行政行为逻辑与社会力量遵循的社会行为逻辑间的巨大张力。

三 社区公共服务供给主体与方式单一导致供给不足与失衡

社区建设的重要内容或目标就是满足居民对社区公共服务的需求。随着社会发展和人们生活水平的提高，居民对社区公共服务需求的层次和水平愈来愈高；伴随着近年来城市化以惊人速度推进，大量人口涌入城市，城市居民对社区公共服务的需求总量呈现快速增长趋势。而影响社区公共服务给的主要因素有两个方面：一是供给主体；二是供给方式。

就供给主体而言，按照三个部门划分理论，一是政府部门，二是市场部门，三是社会部门，它们构成了人类结构系统；与此对应，政治发展、经济发展、社会发展构成了人类活动基本内容，政治发展注重政治民主，经济发展注重经济效率，社会发展注重公平正义。社会部门、社会发展属于非政治、非营利领域，诸如教育、医疗、社会保障、社会救助等公共服务领域。而公平正义是政府和社会组织共同的价值取向，公共服务是政府和社会组织的共同事业，因而在社会部门和社会发展过程中，政府与社会组织是天然的合作者[①]。美国著名学者莱斯特·M.萨拉蒙在《公共服务

---

① 陈伟东、卢爱国、孔娜娜、谢正富：《中国和谐社区：江汉模式》，中国社会出版社 2010 年版，第 14 页。

中的伙伴——现代福利国家中政府与非营利组织的关系》明确指出在公共服务中政府和非营利组织间应该建立的是一种合作性的伙伴关系。三大部门均应在社区公共服务的供给中承担相应责任,扮演着相应的角色。但在外生型社区建设模式下,一方面,社区公共服务供给主体相对单一,政府成为公共服务的主要供给者,市场和社会主体参与不多;另一方面,参与社区服务供给的市场和社会主体提供社区服务的力度不大,或远未达到应有水平。市场主体参与社区公共服务较少的主要原因在于动力不足,或激励机制缺失,而社会主体参与社区公共服务不足的主要原因在于力量弱小与资源匮乏。

就社区服务的供给方式而言,包含着两个方面:一是每一公共服务的主体作为单独供给主体时,其采取的供给方式。在此意义上,上述各个主体供给方式比较单一,一般均采取直接供给方式;二是各类公共服务主体在联合供给社区公共服务中存在的相互关系。因为政府、市场和社会主体在社区服务中肩负不同的职责,相互间具有功能互补的关系,如果社会组织不能自我管理,那它就不是社会组织而是政府组织;如果没有政府调控,社会组织则可能演变为营利性组织,那它也不是社会组织而是经济组织;如果没有政府与社会组织的合作,公共服务就会失去效率[①]。在此领域应该是一种合作伙伴关系,伙伴关系或合作具体形式的选择直接影响着社区公共服务的供给的"质"与"量"。在外生型社区模式下,一则由于上述各种主体参与社区公共服务提供失衡;二则由于我国长期受到政府管理和社会管理体制的影响,使我国政府、市场和社会主体在公共服务领域中的合作存在制度和操作上的难题,其合作形式尽管近些年出现了多种合作形式,如政府购买服务、政府主导产业化等多种模式,但彼此间合作伙伴关系还很全面,也不牢固。在联合供给的过程中,往往出现的是各主体出自各自利益的考量而采取的博弈行为,这种相互间的博弈行为极大影响服务的供给效果,甚至使合作行为夭折。

因为上述社区公共服务供给主体和供给方式单一,导致社区公共服务出现不足与失衡并存的局面。一方面是社区公共服务存在"质"的不高

---

① 陈伟东、卢爱国、孔娜娜、谢正富:《中国和谐社区:江汉模式》,中国社会出版社2010年版,第14页。

与"量"的不足。这种不足既有"量"的不足，也有"质"的不足，即服务水平比较低；既有绝对不足，也有相对不足。导致这种供给不足的原因，既有供给主体单一，供给主体力量薄弱的原因，也有各主体出于自身利益考量的"自主性"行为的因素。另一方面是在社区公共服务"量"的供给不足的同时，还存在不平衡问题，在一定意义上违背了社会部门对公平正义的价值追求。这种公共服务供给的不平衡，既包括区域间配置的不平衡，也包含区位间配置的不平衡；既有公共服务内容的不平衡，也有服务对象的不平衡。而导致社区公共服务不平衡性的原因除了地区经济发展水平客观制约因素之外，重要原因在于社区公共服务供给制度的非平衡性，或者说主要是制度的非公平性带来了社区公共服务供给的非平衡性。而出现制度性的非平衡性，是外生型社区建设的必然结果。

四 社区精神培育不足导致社区本质流失

社区的本质是什么？在滕尼斯的视野中，Gemeinschaft 不仅包括地域共同体，还包括血缘共同体和精神共同体，这三种共同体体现了不同的发展阶段，"血缘共同体作为行为的统一体发展为和分离为地缘共同体，地缘共同体直接表现为居住在一起，而地缘共同体又发展为精神共同体……地缘共同体可以被理解为动物的生活的相互关系，犹如精神共同体可以被理解为心灵的生活的相互关系一样。因此，精神共同体在同从前的各种共同体的结合中，可以被理解为真正的人的和最高形式的共同体"[①]。从此可以看出，社区最为本质的东西就在于那种广泛存在于社会人际关系中的特定的精神、价值和情感，社区从本质上来说就是渗透着这些精神、价值和情感的社会生活共同体。

如前所述，外生型社区建设模式下，社区建设主体在社区建设内容的选取上往往注重的是社区硬件，而对于社区软件，或社区精神培育重视不够，对于此种选择的原因，前面已有论述在此不再详述。而社区精神的培育对于社区共同体塑造或培育至关重要，甚至是核心要素。社区的本质应该是共同体，而共同体的社区精神是社区的核心内核。当社区建设缺乏核心内核时，其取得的效果必然是形式上的、外在的，或者是外延式的结

---

① [德] 滕尼斯：《共同体与社会》，林荣远译，商务印书馆1999年版，第65页。

果。因而，社区精神培育的不足，必然导致社区共同体本质的流失，或者说我们社区建设的实际行动及其效果在一定程度上偏离了社区的本质要求。尽管从中央到地方都在呼吁和推动城市社区建设，但社区共同体本质却在我们大张旗鼓的社区建设中悄无声息地流失。这种流失，首先，给社区建设带来困境。社区共同体本质的流失使当前社区建设面临巨大困难，社区设施和服务取得明显效果，但社区参与和社区精神发展却步履蹒跚，陷入社区资本匮乏、社区组织困难的困境；同时，社区本质的流失也制约着未来社区的建设模式与发展方向，自然影响到未来社区建设的效果。其次，社区本质的流失影响到居民生活和社会和谐。因为共同体精神培育不足，人与人之间的关系并没有因社区建设而出现传统"社区"扬弃性的回归，人际关系亲密程度并没有明显改变，人与人之间的交流也并未出现明显增加。而这些均潜在地影响到每一个社区居民生活的幸福感。因为社区本质流失使人际关系距离和谐社会的社会理想或目标还存在较大差距，从根本上讲，社区本质的流失直接制约着和谐社会局面的形成。最后，社区本质流失影响到居民对国家的认同。因为社区本质是共同体，既然是共同体，即意味有相对一致的价值观念和政治认同，社区共同体首先是对社区的认同，但社区认同的作用却不仅局限于社区，认同感和认同精神具有扩展性，居民对社区的认同是对国家认同的基础，因而，社区共同体本质的流失在一定程度上影响到居民对国家的认同程度。从另一个方面而言，居民对社区和国家认同程度如何，直接决定着居民在国家与居民、社区与居民的关系中的行为选择，认同程度越高，居民越会积极参与到社区或社会建设中去，反之亦然。这进而影响到整个社区和社会的建设。所以，社区本质流失不仅影响居民生活，也影响到社区和社会建设。

第五章 未来展望:内生型城市社区建设模式的理论架构

在我们谙熟黑格尔经典名言"存在即合理"的同时,我们绝不能忘却这句名言的下半句:"合理即存在",完整结合在一起的整句话才彰显着黑格尔辩证思想的精髓:存在的东西必然有其相应的合理性,但具有合理性、符合事物发展规律的东西最终要在现实中存在。这句充满辩证思想的经典名言告诉了我们事物螺旋上升发展的道理:现实存在合理性的事物并不意味着一劳永逸地具有合理性,永恒不变的存在,但具有合理性、符合事物发展规律的东西必将在社会中产生并存在。我国城市社区建设同样遵循着这一辩证逻辑:虽然外生型城市社区建设具有一定的现实合理性,但同时出现一定的实践与理论难题,外生型城市社区建设模式的"现实"存在并不能证明其绝对的合理,并非意味着其没有发展的空间,而更具有合理性、符合事物发展规律的城市社区建设模式,必将扬弃外生型城市社区建设模式。从另一方面来说,"实然"与"应然"、"现实"与"理想"间总是存在着一定的距离,外生型社区建设模式的现实合理性,并不能消除人们对理想社区建设模式的期盼与希冀。当然,这种理想绝非异想天开,而是基于现实基础之上的理想,或是一种具有现实性的、可预期的理想。那么,未来我国城市社区建设应该是何种模式?

第一节 模式选择:内生型城市社区建设模式

一 城市社区建设模式的比较与选择

人类的一切实践均是能动性的主体改造世界的对象化和目的化的过程,同样,社区建设也是具有能动性的主体进行目的性的社会改造过程,这一过程一方面贯穿和渗透着主体性和能动性，同时也奠基在对象现实客观性的基础之上，或者说社区建设过程交织着主观性和客观性。而城市社区建设模式的选择是城市社区建设的前提性内容，也是主观和客观多种因素共同作用的结果，对社区建设模式的选择，一方面体现着社区建设主体对未来社区的主观性的判断与理想诉求；另一方面这种选择又必须奠基于现实基础——包括理论现实基础与社区建设实践基础之上。

城市社区建设是一个历史性过程，在这历史过程的实践中，城市社区建设的已有实践和成果是我们选择未来理想社区建设模式的实践基础，而已有学者对建设实践进行的理论归纳与总结为我们选择理想社区建设模式提供了丰富的理论基础和理论资源。这些理论基础与资源既有对已有实践的总结，也有对未来模式的勾勒，对我们选择理想社区建设模式均有着重要启发意义。有学者认为，当前在我国城市社区发展实践中已产生出若干典型的管理模式，如"青岛模式"、"上海模式"、"沈阳模式"、"江汉模式"、"百步亭模式"等。[1] 有学者认为我国城市社区建设可以分为四大模式：一是组织构建模式；二是行政推进模式；三是提升功能模式；四是自我革命模式。[2] 有学者把我国现阶段城市社区建设概括为：社区服务升华模式、政府体制改革牵引模式、自治社区建设模式、地域功能社区模式、创建文明社区模式。[3] 也有学者根据城市社区管理活动的主体不同，将社区管理模式分为政府导向型、市场导向型、社会导向型三种类型。[4] 还有学者把加强城市社区管理，创建和谐社区概括为活动创建型模式、组织创新型模式、标准创制型模式、管理创优型模式四种类型。[5] 而更具普遍性、影响也更为深远的归纳方式是从社区建设主体及其在社区建设中的地位与作用进行的概括，如有学者把我国城市社区建设模式概括为三种模式或三个阶段：一是行政型社区——政府主导型模式；二是合作型社区——

---

[1] 任远、章志刚：《中国城市社区发展典型实践模式的比较与分析》，《社会科学研究》2003年第6期。

[2] 胡宗山：《全国社区建设模式评析》，《中国民政》2000年第6期。

[3] 王青山、刘继同：《中国社区建设模式研究》，中国社会科学出版社2004年版，第208—216页。

[4] 韦克难：《社区管理》，四川人民出版社2003年版，第188—190页。

[5] 许益军：《和谐社区创建模式扫描》，《社区》2007年第13期。

政府推动与社区自治结合型模式；三是自治型社区——社区主导与政府支持型模式。① 而王思斌教授将我国社区建设理论模式归纳为"三个主体，三个层面"：政府、社区组织、社区成员三方合作；经济、政治、社会文化三种资源（层面）共同支持的社区建设的理论模式，社区建设是由三大行为主体在三个层面互动的过程。政府（及其派出机构）、社区组织（自治组织和其他社会组织）和社区成员（驻区企事业单位和居民）是社区建设的共同推动者②。而夏学銮教授认为我国社区管理拟采用三个实施模式，即社区重建模式、政府授权模式和社区自治模式。这些模式是相互关联的，在某种意义上代表着社区管理的不同水平或阶段，可以在一定时期以使用某一模式为主，也可以交互使用或同时使用。③

由上可以看出，学者从不同角度、不同层面对我国现有社区建设模式的归纳和对未来社区建设模式的构想有着不同的见解，因学者所采取的分析视角和表达重点不同，甚至无法做出"孰是孰非"、"孰优孰劣"的"非黑即白"的判断，每一种社区建设模式的归纳与设想，都承载着研究者的研究目的诉求，或者说都是围绕着其研究目的而展开，在此意义上，任何一种社区建设模式都是在相对意义上而言的，或是在与有关对象进行比较的意义上的归纳或设想。但每一种归纳与设想都加深了我们对我国城市社区建设的认识，都为我们选择未来社区建设道路提供借鉴与参考。可以从模式的多样性透视城市社区建设诸模式的阶段性，从模式的个性透视城市社区建设模式的共性，从模式的共性透视城市社区建设的规律性④。笔者认为，对未来我国城市社区建设实践模式的选择，至少要符合以下标准：①选择的社区建设模式奠基于客观现实基础之上。这种客观现实主要包括两点：一是我国的具体国情，即政治、经济和社会发展水平及其制度环境；二是我国城市社区建设的现有模式和水平，因为每一种制度的变迁

---

① 魏娜：《我国城市社区治理模式：发展演变与制度创新》，《中国人民大学学报》2003年第1期。

② 王思斌：《体制改革中的城市社区建设的理论分析》，《北京大学学报》（哲学社会科学版）2000年第5期。

③ 夏学銮：《中国社区建设的理论架构探讨》，《北京大学学报》（哲学社会科学版）2002年第1期。

④ 王青山、刘继同：《中国社区建设模式研究》，中国社会科学出版社2004年版，第221页。

都受制于已有制度。②选择的社区建设模式满足社会和居民需要。这一方面预示着社区建设模式具有主观理想性,必须能满足社会和个人对未来生活的理想与期盼;另一方面意味着未来社区建设模式不仅要满足社会整体的需要,而且要满足居民个人需要。③选择的社区建设模式符合社会发展和社区建设的本质性规律要求,或者说顺应未来社会发展和社区建设的方向与要求,王思斌曾深刻地指出:"从社区建设的本质和社区持续发展的角度看,它是一个内在发展过程,其中包括社区成员的社区意识的增强、社区资源的挖掘与合理配置、社区成员参与社区公益活动的积极导向、社区成员对于社区的责任感和承担力的增强等等。"[①] 以此三个标准,根据前述对我国外生型城市社区建设的研究与反思,从社区建设主体力量来源及其关系的角度上,笔者认为我国未来城市社区建设的理想模式应是内生型社区建设模式,该模式及其构建路径符合上述三个基本要求:不仅具有现实性,与我国国情和社区建设基础相适应,而且具有理想性,符合社会和居民的理想需求,更为重要的是能够满足社区发展的本身规律性。

二 内生型城市社区建设模式内涵

如前所述,任何一种社区建设模式的归纳与构想都是在相对比较意义上的一种表述,笔者这里所言的内生型城市社区建设模式,也是相对于外生型城市社区建设模式而言的。内生型社区建设的建设在力量来源上,主要依靠社区内部的社会力量;在社区建设的目标上,将生活共同体作为主要目标来实现社区本质的回归;在社区建设动力来源上,社区居民需求是社区建设决策的主要依据;在社区建设主体上,各主体在分工的基础上实现功能的回归与合作;在社区建设内容上,更注重社区精神的培育;在社区建设路径上,经过国家主导下的社会行动发展阶段,最终达到社区自治的理想状态。内生型社区建设最为突出的特征在于其动力和力量来源的内部性和社会性,以及建设主体间关系的多元性与合作性,当然,内生型社区建设的结果是社区内涵式的发展,是对社区本质的靠近与回归。

[①] 王思斌:《体制改革中城市社区建设的理论分析》,《北京大学学报》2000年第5期。

第二节　合作主义：内生型城市社区建设模式的理论基础

社区建设模式的选择与构建是一个社区重组、重新构建新型社区结构与社区功能的过程，而这一过程的主要内容在于社区体制的确立，而社区体制的核心问题在于社区建设各主体职责功能的分配及其关系的确立。在宏观上体现为国家与社会关系的定位与构建，因为国家与社会关系的基本格局决定着社区体制的基本格局与发展方向；在微观上体现为各社区建设主体在社区建设领域的相互关系。而不论何种社区体制的构建，其必须建立在一定的理论基础之上，必须有一定的理论为其提供理论支撑，同时，也为实践提供理论指导。笔者以为，在当前我国现实国情下，合作主义理论所蕴含的意义与价值适合作为未来我国内生型城市社区建设模式的理论基础，或者说未来内生型城市社区建设模式应奠基于合作主义的理论基础之上。

一　合作主义的内涵

合作主义在最宏观意义上，实际上就是对国家与社会关系的一种表达。在政治哲学中，国家与社会关系一直存在着两大知识传统：一是洛克式的"社会先于国家"的观念；二是黑格尔式的"国家高于社会"的架构。在政治模式上：一是社会制约国家的多元主义（pluralism）；二是国家制约社会的全能主义（totalism）（又称国家主义）。全能主义与多元主义分属于国家与社会关系理论的两个极端，前者提倡"国家中心"，后者提倡"社会中心"。"国家中心"论强调国家组织资源、推进发展的自主"行动者"角色，国家是统治的、控制的一方，社会是被统治的、被控制的一方。"社会中心"论则认为发展的动力存在于社会之中，国家对于社会是一种限制性力量，主张伸张社会权利而限制国家的干涉，主张个体权利而限制公共权威的侵袭[1]。显然这两种观点都有其自身的局限性，它们将国家与社会对立起来，认为国家与社会是一种此强彼弱的零和博弈关

---

[1]　张静：《法团主义》，中国社会科学出版社1998年版，第15页。

系，而这种"零和博弈关系显然是不稳定的"。正是在对多元主义和全能主义的批判和否定的过程中产生了法团主义（corporatism）。它取代了任何一方"独立"解释社会转型的做法，是一种新的建构国家与社会关系的新取向。法团主义相信，只有某种强制性的政治联合结构才能避免冲突带来的社会分割或分散。[1] "intermediation"（中介）和"regulation"（调整）是法团主义使用最多的两个概念，它认为国家是影响利益构成和团体作用的决定性力量，应当寻求在利益团体和国家之间建立制度化的联系通道。[2] 从建构"国家—社会"关系模式的角度讲，它既不过分强调国家的绝对至上和独断专行，又给予各种社会团体以有效和有序的渠道表达利益，可以说不失为一种操作可行的较理想的"国家—社会"关系模式[3]。所以，截至目前，在宏观上，理论界对国家与社会的关系主要有三个较为流行的模型：国家主义（全能主义）、多元主义、合作主义。相应的，国家与社会关系变革的路径主要有三种：第一种是公民社会反对国家的路径，其中社会团体不遗余力寻求独立于国家的自主性，是国家与社会关系转型的推动力[4]；第二种是国家中心论的路径，亦即国家根据自主的理性选择在推动自主性社团空间的成长中发挥各种积极和消极作用[5]；第三种是国家与社会相互赋权的路径，亦即国家与社会双方主动寻求建立公私伙伴关系以治理公共事务[6]。

在我国大陆最早用合作主义研究国家与社会关系的是康晓光，他提出了建设合作主义国家模式的设想，认为"合作主义国家"，第一，这是一

---

[1] 张静：《法团主义》，中国社会科学出版社 1998 年版，第 16—18 页。

[2] 同上书，第 23 页。

[3] 孙双琴：《论当代中国国家与社会关系模式的选择：法团主义视角》，《云南行政学院学报》2002 年第 3 期。

[4] Arato, Andrew, 1981, "Civil Society against the State: Poland 1980—1981." Telos, No. 47, Bertilsson, Margareta, 1991, "The Welfare State, The Professions and Citizens" in Torstendahl & Burrage (eds.), *The Formation of Professions: Knowledge, State and Strategy*, Newbury Park, C. A.: Sage Publications, pp. 23 – 47.

[5] Evans, Peter, Dietrich Rueschemeyer & Theda Skocpol (eds.) 1985, Bring the State Back In. New York: Cambridge University Press.

[6] Migdal, Joel S., 2001, *State in Society*, New York: Cambridge University Press; Migdal, Joel S. Atul Kohli &Vivienne Shue (eds.), 1994, *State Power and Social Forces: Domination and Transformation in the Third World*. New York: Cambridge University Press.

种"理念"。这一理念所推崇的是一种有效、公正、稳定的社会合作秩序;第二,这种理念进一步体现为一组"原则",即"自治"、"合作"、"制衡"与"共享";第三,这些理念和原则又进一步体现为一系列"制度",即"权威主义"、"市场经济"、"法团主义"、"福利国家",保证了四大阶级①的分权制衡;第四,"现代仁政论"② 提供了合法性理论论证;第五,有效的合法性理论必须有民族文化渊源,"文化民族主义论"提供民族文化渊源论证③。尽管他认为"合作主义国家"是具有特定的理念、原则、制度、合法性理论、文化渊源,而"合作主义"仅仅相当于"合作主义国家"的制度体系的一个组成部分,"合作主义国家"与社会学和政治学中流行的"合作主义"不可混为一谈,但在其勾勒的合作主义国家中,也完成了对"合作主义"基本规定性的界定。合作主义最为核心的要旨在于强调主体间的合作与协商,而非对抗,当然,置于合作与协商的具体渠道和制度,不同的学派和学界在不同的环境下会做出不同的判断与选择。

二 合作主义的选择与适用

为什么我们要选择合作主义作为未来城市社区建设模式的理论基础?从其形成的背景来看,合作主义是作为在资本主义世界占正统地位的多元主义出现危机之后产生的一种替代性理论④。康晓光认为,中国走合作主义道路是一个现实可行的选择,主要基于以下原因:第一,前提性的判断是中国的多元社会秩序必将形成;第二,中国的传统和现实共同确立了国家或政府的主导地位,在短期内建立一种具有高度竞争性的国家与社会关系几乎是不可能的;第三,中国目前已经形成了高度集中的具有高度垄断性的职能性社会团体结构,真正发挥"第二行政系统"的作用;第四,

---

① 康晓光认为社会主要由统治阶级、资产阶级、知识阶级、劳动阶级四大阶级构成。
② "现代仁政论"规定了权威主义政府的价值取向(民本主义)、行政原则(富民教民)、权力更替规则(禅让制)和社会理想(大同世界)。"现代仁政论"一方面为合作主义国家提供了合法性支持;另一方面也为社会批判提供了"参照系"。
③ 康晓光:《对王思睿〈合作主义与国民意识形态〉的回应》,http://www.rujiazg.com/detail.asp?nid=1022。
④ 孙双琴:《论当代中国国家与社会关系模式的选择:法团主义视角》,《云南行政学院学报》2002年第3期。

现行的"双重管理体制"已经为行政机构与社团的联系建立了制度上的保证;第五,对于中国这样一个内部差异性很高的"巨型社会"来说,高度竞争性的国家与社会关系以及高度竞争性的多元主义模式,可能不但不会发挥有效的利益集中作用,相反却很有可能因无法达成政治共识而导致社会分裂。[①] 我国有学者认为,合作主义与我国国情与现实有着相当的契合性:第一,中国长期地方法团组织传统[②];第二,新中国的共产主义体制造成国家吸纳社会现状,形成了强国家模式的法团组织;第三,中国的渐进式改革使得精英的延续性很强,许多所谓的社会精英其实都有体制内的背景,他们所创办的社会组织自然与政府联系密切;第四,当前中国处于社会转型时期,政府仍然掌控着主要资源。[③] 有学者认为可以借鉴合作主义的理论,主要是基于以下几个理由[④]:①社会主义基本观念体系下的全体人民共同利益的一致性与法团主义强调合作的主题具有某种契合性;②后发外生型现代化的演进逻辑表明,中国的现代化必须借助国家的力量来推动社会的整体发展,这就决定了国家的不可"缺席";③我国多元的社会格局初步形成,而多元主义的制度安排显然与我们的社会主义政治理论与实践不能兼容,合作主义给我们提供了借鉴的可能性;④在当前社会阶层分化的过程中出现的诸多问题使社会面临着分裂的危险,为了实现对社会的有效整合,建立新政治局面可以求助于合作主义的结构安排;⑤在我国已经具备了某些合作主义的制度安排。我国已经形成了垄断性的社会组织,如全国总工会、全国妇联、全国青联等,还形成了社会团体"双重管理体制"。管理体制塑造了中国社会组织的"双重性格"即半官半民,确立了政治组织支配社会组织的地位。[⑤]

当然,我国有学者同时意识到用合作主义解释和应用到中国可能存在

[①] 康晓光:《权力的转移:转型时期中国权力格局的变迁》,浙江人民出版社1999年版,第195页。

[②] Kelliher, Daniel 1992, *Peasant Power in China: The Era of Rural Reform*, 1979—1989, New Haven : Yale University Press.

[③] 陈家建:《法团主义与当代中国社会》,《社会学研究》2010年第2期。

[④] 赵辉:《社会分层新走势与新政治局面的形成》,《南京市行政学院学报》2003年第2期。

[⑤] 谢岳:《组织结构的制度化重建:开放社会的政治整合》,《天津社会科学》2002年第2期。

的问题。如有学者认为四个方面的问题需要注意[①]：第一，合作主义，特别是近代的合作主义理论与实践背景是多元主义。合作主义是在多元主义的体制下提倡国家与社会团体合作，它的实践基础是社会发达、国家权力界限清晰，是在分立基础上的合作，而我国的现实是国家与社会，包括国家内部、社会内部的分立并不明显[②]；第二，在中国社会各领域出现的法团组织虽然都有国家与社会融合的特征，但其形成的原因和组织结构都有极大的差别。中国社会实际上存在着多种法团形成机制；第三，应用法团主义理论研究中国社会还不能忽略变迁的维度；第四，利用合作主义理论研究中国"社会"的时候不能光看其"形"，也应该注重其"神"。很多自发的组织常常被捧到了"市民社会"的高度，然而它们虽然有"非政府"的外形，但其内在的运作却往往缺乏公民权利精神。甚至认为合作主义在我国具有不适应性：一是与我国政治、经济环境不符；二是我国社会组织的发展还未成熟，与合作主义的诸多特征不符；三是我国相关法律、体制还不够健全，难以保障法团主义的健康发展。[③] 归纳起来，理论界对于合作主义应用于中国的质疑主要有两个方面：一是质疑该理论分析框架在中国的适用性和解释力。如郁建兴、吴宇认为合作主义也是建立在国家—社会二分的基础上，是先分化后整合路径，而中国分化还没有完成，在中国应采取"国家在社会中"的折中取向，国家和社会"基于合法承认的基础上互动"，"通过交换界定相互的关系"。[④] 康晓光后来也修正自己的合作主义观点，提出"分类控制体系"的分析框架："政府管理社会组织的手段不是'单一的'，而是'多元的'，即对不同的社会组织采取不同的管理方式。"[⑤] 二是质疑合作主义理论指导实践的有效性。如孙立平担心："合作主义的社会结构导致了这样一种局面：只有强势群体能有效地影响政策、造成有利于其利益格局的局面；国家机构无法在所有

---

① 陈家建：《法团主义与当代中国社会》，《社会学研究》2010年第2期。
② 张静：《法团主义》，中国社会科学出版社2005年版，第175—176页。
③ 刘昱伶、李向渊：《我国国家与社会的关系模式探析——一种法团主义的视角》，《成都大学学报》（社会科学版）2007年第5期。
④ 郁建兴、吴宇：《中国民间组织的兴起与国家——社会关系理论的转型》，《人文杂志》2003年第4期。
⑤ 康晓光、韩恒：《分类控制：当前中国大陆国家与社会关系研究》，《社会学研究》2005年第6期。

社会群体面前保持公正性,更缺乏自主性。这种状况如果延续下去,国家机器就可能异化为强势群体实现、保护其利益的工具。"[1] 谢岳和葛阳也认为,国家合作主义模式下容易形成权力与资本的结合。"国家合作主义可能会进一步加深国家主义的政治传统,社会资本的缺失可能是政治转型面临的长期问题,政治转型的成功也因此可能是一件遥遥无期的事情。"[2]

应该说这些理论的质疑不无道理,但笔者认为,将合作主义用于中国实践或对中国问题的解释是具体的,是有条件的,只有在此前提下,合作主义用于中国问题的解释与实践才是可行的。首先,中国具体的特殊国情是任何实践活动的基本前提,这一前提决定着我国实践活动的特殊性,同时是决定某一理论是否适用中国的根本因素,选择何种社区建设模式的最基本的要求就是要与中国国情相适应。其次,具体国情不仅会对任何实践产生钳制作用,而且也影响着制度产出及其制度的具体内容,同时也将对输入性的外来理论进行整合与揉捏。特别是因具体国情的此种钳制与整合作用,外来理论在我国适用的前提是必须融入既有的制度框架与制度环境之中,在融入的过程当中,外来理论本身也必将发生"中国特色"的改变,注入了中国元素,甚至其成为中国制度体系理论的一部分。因而,对于任何一种西方理论适用于中国,我们既不是机械照搬,也并不是盲目引进,是经过过滤和转换后的适用。其实,具体国情与实践本身将会使任何一种制度,特别是输入性的制度在长期的实践过程中发生潜移默化的制度变迁。因而,合作主义用于中国城市社区建设实践,这种合作主义可能会因被注入中国色彩而与西方经典理论存在一定的差距,但或许就是这种经过揉捏后形成的差距,保证了输入性理论在中国适用的可能性。最后,笔者这里所言的外生型社区建设模式,是对未来的一种构想。其建立在以发展的眼光去动态地把握我国国情的基础之上,是着眼于未来的构想,意味着合作主义的适用不仅要考虑当前实际情况,更要考虑未来发展状况。而上述质疑合作主义理论在中国的适应性最致命的软肋就是合作主义在西方的盛行,是因为西方社会是在经过市民社会高度分化以后,是对社会中心

---

[1] 孙立平:《90年代中期以来中国社会结构演变的新趋势》,《当代中国研究》2002年第3期。

[2] 谢岳、葛阳:《社会资本重建中的政治命题》,《上海交通大学学报》2006年第3期。

主义和多元主义的一种反叛而出现的,而我国尚是一个未经高度分化的社会,因而无法适用。其实,高度分化的社会仅是合作主义理论产生的原因,而非合作主义理论本身的必备要素,合作主义理论需要的是与其应具有的社会分化程度相一致的社会分化,而未必重返或"重修"西方社会高度分化阶段。而且,随着社会发展,我国的社会发育程度也逐步在提高,在未来的发展中,具备合作主义所需要的社会发育程度是可能的,也是现实的。

但根据上述三个解释,笔者认为合作主义能够作为未来外生型城市社区建设的理论基础主要基于以下四个方面的考虑:一则,我们对西方合作主义并非全盘接受和机械照搬,而是必定被注入中国特色之后的适用。二则,中国国情具有了合作主义的某些实质性条件。合作主义适用于中国的精华,或实质在于主体间的合作、协商、制衡与共享模式。中国市民社会的独立性是非制度化的、非正式的,没有国家法律的保障,这样一种社会独立空间的存在依赖于国家的默许,可能因为政治形势的改变而消失[1];中国的民间社团始终不能完全脱离官方势力,并不能像多元主义所描绘的那样与国家形成分立并对政府施加压力,还常常要借助政府来谋求发展[2]。很多社会组织,包括很多非政府组织,都通过自愿的倚靠政府,形成了"庇护性的国家法团主义"[3]。可见,中国现实国情具有了合作主义的某些基础。三则,在未来的发展过程中,中国社会力量可能逐步壮大,国家与社会之间可能形成更为良性的互动强国家—强社会模式关系[4],这为合作主义提供了宏观社会基础。我们不能因为缺少西方合作主义发生的社会背景——国家与社会高度分化,而开历史的倒车让国家与社会再进行高度分化。我们借鉴的是西方合作主义在现实实践中的精髓,而不是西方合作主义的社会背景。四则,笔者所主张的合作主义是在城市社区建设这

---

[1] Whyte, Martin K. 1992, "Urban China: A Civil Society in the Making?" In Arthur Lewis Rosenbaum (ed.), *State &, Society in China: The Consequence of Reform*. San Francisco: Oxford.

[2] White, Gordon, 1993, "Prospects for Civil Society in China: A Case Study of Xiao Shan City", *The Australian Journal of Chinese Affairs*, 29.

[3] 张钟汝、范明林、王拓涵:《国家法团主义视域下政府与非政府组织的互动关系研究》,《社会》2009年第4期。

[4] 林尚立:《上海市居委会组织建设与社区民主发展研究报告》,《政治学研究》2001年第4期。

一舞台上的具体化适用，而城市社区的空间及其未来发展为合作主义提供了基本支撑力。新的城市社区是"以市场为基础、契约为中轴、保护成员基本权益的非官方领域"①，在社区中国家与社会是"我中有你，你中有我"的相互融合②，中国长期的官治传统使得即使在新型社区中国家的力量也不可能退出，区别在于国家的"抽象治理"增多，具体的干预减少，而且从实践角度说，国家的退出不一定有利于社区自组织的生长，反而是国家的参与会扶助市民社会的发育③。

第三节 主体界定：功能分化理论与内生型城市社区建设主体

如何构建或形成未来我国内生型城市社区建设模式？其关键在于社区建设主体的行动，而社区建设主体行动主要关涉两个方面：社区建设主体功能与社区建设主体间关系，前者是分工的结果，后者是合作的需要。而内生型社区建设主体应包括哪些，则必须从社会功能分化说起，就是因为社会不同领域有着功能上的差异，才会出现对主体不同功能的需要，才会出现不同的行动主体。

一 功能分化理论

著名社会学家尼克拉斯·卢曼（Nikla S. Luhmarm）在其现代化理论中提出了著名的功能分化理论。卢曼认为人类社会的演进过程实质上只有三种形态：一是区隔分化社会；二是阶层分化社会；三是功能分化的现代社会。现代化社会就是一种功能分化的社会，现代社会分化成政治、经济、法律、教育、科学和艺术等不同的、独立自治的功能系统，每个系统都有自己明确的边界……每个系统都有自己独立而不同于其他系统的运行

---

① 邓正来：《国家与社会——中国市民社会研究的研究》，《中国社会科学季刊》（香港）1996年总第15期。

② 徐中振、李友梅等：《生活家园与社会共同体——"康乐工程"与上海社区实践模式个案研究》，上海大学出版社2003年版，第159—160页。

③ 陈伟东：《社区自治——自组织网络与制度设置》，中国社会科学出版社2004年版；刘伟：《当前中国社会的自组织问题之思考》，《绿叶》2007年第8期。

机制和运行逻辑，每个系统都为整体社会履行独特的、不能由其他系统来替代的功能。他并且认为一个国家的基本社会制度是否实现了现代化的关键在于其能否实现功能分化。功能分化的社会具有一些突出的特点：首先，功能分化的现代社会中各个系统比如政治、经济、法律、教育和科学是开放的系统，每个人都可以进出不同的系统，而且可以同时在不同的系统范围内活动。其次，功能分化的现代社会中各个功能系统独立运作，各自为社会履行其独特的功能，因此每个系统的功能都是不可替代的，都不可能由其他系统来代行其功能。再次，功能分化的现代社会中各个系统独立运作，而且每个系统都是自我指涉、自我描述、自我观察的，也就是每个系统都在用自己的视角来解释和审视世界，也在用自己的视角来解释自己。根据卢曼的现代化理论，边界明确、权力清晰、功能分化是现代化社会的重要标志，建立现代化国家的一个重要任务就是确定社会各个基本系统的独立边界，然后朝向一个功能分化的社会演变[1]。刘涛在此基础上认为，现代化国家里最需要界定清楚的是国家、市场和社会的关系，也就是卢曼所提到的政治系统、经济系统和民间组织的关系，能否明确区分国家、市场和社会关系是判断一个国家政治制度是否是现代文明的政治制度的重要标志，不能明确三方的关系则会大大加重社会运行负担，也无法从根本上遏制腐败、权钱交易和权力滥用，进而让政府合法性受到质疑，不断给国家带来矛盾和危机[2]。很明显，卢曼及包括前述《中国崛起策》的作者刘涛，都是将其观点建立在柯亨、阿拉托提出的"市民社会—经济—国家"三分法[3]基础之上的。由于在诸多场合，"政府"常常取代国家，"市场"也常常取代"经济"，于是"政府"、"市场"、"社会"三分

---

[1] 关于尼克拉斯·卢曼（Nikla S. Luhmarm）功能分化理论有关理论转引自曹绪飞《社区制基本问题再研究》，博士学位论文，上海大学，2007年。

[2] 刘涛：《中国崛起策》，新华出版社2007年版，第126—147页。

[3] 童世骏：《"后马克思主义"视野中的市民社会》，载于《中国社会科学季刊》1993年第4期。当然，对于比较典型的三分法除此以外，还有哈贝马斯提出的"公共领域—经济—国家"三分框架，参见［德］哈贝马斯《公共领域的结构转型》，学林出版社1999年版，第35页；莱斯特·W.萨拉蒙提出的"政府部门—营利部门—非营利部门"三分框架，参见康晓光《权力的转移》，浙江人民出版社1999年版，第15页。

的局面开始形成①,也成为解释中国诸多问题一个深具解释力的框架。而后,又有学者在此框架基础上,衍生出了"国家—市场—社区"②或"政府—市场—社区"的三元结构分析框架③。

二 内生型城市社区建设主体界定

根据上述功能分化理论,在社区的舞台上,活跃着哪些主体在推动着社区的建设和发展呢?有人认为"社区建设的主体包括政府法人、企事业法人、社团法人和全体社区成员"④;有人进一步提出,"中国城市社区建设主体包括政府组织、企事业法人、社团法人以及全体城市社区居民";⑤还有人认为,"社区建设的主体包括:街道、各城市管理职能部门,社区居委会、社区内的企业事业单位和其他组织以及全体社区居民、外来人口等"。而有学者从社区发展意义上认为,"社区发展的主体是指,在社区范围内,发起、参与或维持社区发展进程的组织和个人。……主要包括四类:政府、居委会、物业公司和社区成员"⑥。有学者从社区参与意义上认为,"社区参与的主体除了作为自然人的社区居民之外,也包括社区内的政府、单位、社会团体三种法人";⑦有人提出,"社区参与的主体大体可分为四类:社区民众、非营利组织、专业人士及专业机构与其他社会组织和企事业单位"⑧。的确,社区建设主体不仅在理论上是一个意义包含很广的概念,而且在实践中也是一个包含很多主体的概念。在这些众多的社区建设主体中,如何做出科学性的归纳与分类,对我们研究社区与社区建设实践均有重大意义。基于以上功能分化理论以及上述对广义国

---

① 白瑞、邹静、沈卫、张雪峰:《论城市社区自治的缘起与发展及对我国城市社区自治的建议》,《成都教育学院学报》2005年第4期。

② 刘继同:《从依附到相对自主:国家、市场与社区关系模式的战略转变》,《毛泽东邓小平理论研究》2003年第3期。

③ 曹绪飞:《社区制基本问题再研究》,博士学位论文,上海大学,2007年。

④ 李正东:《关于我国城市社区几个发展趋向的思考》,《浙江社会科学》2001年第6期。

⑤ 任宗竹:《社会发展与建设主体研究》,《西北大学学报》(哲学社会科学版)2002年第2期。

⑥ 罗鑫:《中国城市社区发展主体及社区组织模式选择》,http://www.sociologyol.org/yanjiubankuai/xueshuredian/shequjianshe/shequjiansheliebiao/2007-03-25/767.html。

⑦ 徐永祥:《社区发展论》,华东理工大学出版社2000年版,第227页。

⑧ 汪大海、魏娜、郇建立:《社区管理》,中国人民大学出版社2006年版,第312页。

家的结构划分，为我们解读社区建设主体提供了一个有力视角。广义的国家，包含着国家、市场和社会三大领域，三大领域依次对应的是政治系统、经济系统和社会系统，三大系统每个系统内都具有自身属性的主体，各种主体都主要围绕系统内的主要运作平台发挥自身各自不同的功能、作用和影响。政治领域的活动主体主要是国家（政府），经济领域的活动主体主要是企业，而社会领域的活动主体主要是社会组织。社区是一个社会的缩影，社会发展经由社区发展，社区建设推动社会发展，在城市社区建设的过程中，在社区的舞台上，体现出的依然是三大系统及其相应的主体，在社区建设实践中，尽管它们秉承着各自的本质，发挥着不同的作用，实现着不同的目标，但正是它们集合在一起，成为社区建设的多元推动力量，共同推动着社区建设的前行，满足着社区多元需求。有学者认为，"社区的行动领域是社会性事务，国家的行动领域是行政性事务，市场的行动领域是经济性事务"[1]。在每一领域，有着自己特殊的原则，"国家遵循权威或等级化控制原则，市场遵循交换或通过交易而实现的协调原则，而社区则遵循团结或规范性整合原则"[2]。对于三大领域及各主体在社区建设中的特点及目标，笔者以表5-1进行比较。

表 5-1

领域	活动主体	主要功能[3]	资金来源	组织目标	协调机制	价值追求
政治领域	政府组织、政治团体	垄断性公共物品	主要财政收入，部分社会捐赠	公共利益，社会福利最大化	命令机制	民主
经济领域	营利组织及经营性家庭与个人	私人物品	经营收入	私人利益	市场机制（价格竞争机制）	效率

---

[1] ZhangJing, Neighborhood—Level Governance: The Growing Social Foundation of Public Sphere, in Jude Howell ed., *Governance in China*, Rowman and Littlefield Publishers, Inc., 2004, pp. 121–142.

[2] 阿尔伯特·马蒂尼利：《市场、政府、共同体与全球管理》，《社会学研究》2003年第3期。

[3] 此处的主要功能是从提供社会产品的意义上而言的。

续表

领域	活动主体	主要功能	资金来源	组织目标	协调机制	价值追求
社会领域	社会组织	非垄断性公共物品	社会捐赠、政府资助和抵偿收费	集体利益或社会利益	协商谈判机制	公平

从表5-1可以看出，在宏观上，社区建设主体包括国家、市场和社会三大行为主体，同时，笔者认为，作为社会细胞的个人，虽然其行为基本上都融入政治、经济或社会的三大系统中，但因在此论述或研究的需要，笔者在下述社会领域的社会主体中主要讨论的是社会组织，而非包括居民个人，因此，在此出于研究论述需要的技术性考虑，将居民个人作为社区建设的单独主体来看待，并且将居民个人作为社区建设的单独主体来考察也存在着一定的客观必要性和意义：一则虽然居民的任何行为在宏观上都可归于三大领域之中，但居民个人的行为并非总是与组织行为保持一致，或者说个人对其利益的理性判断及其行为并非一直符合组织的利益与行为需要，在此意义上有必要单独考察社区建设过程中居民个人的功能与行为；二则在社区建设过程中，居民个人不仅存在参与到组织中去的组织化行为，也存在着个体性的行为，不论是其组织化的行为，还是其个体性的行为，都肩负着一定的功能，实现着一定的目标。因而，总体上，我国城市社区建设的主体包括国家、市场、社会和居民个人。值得注意的是，一般认为我国的政治体系其实包括基于宪法的宪政体系和基于党章的政党结构体系，而这两大体系中，具有主导性意义即真正具有决策功能的是执政党结构体系[1]，因此，在一定意义上，作为社区建设主体的国家，在实践中存在政府和执政党两种主体，尽管二者存在着根本利益与目的的一致性，都属于国家力量的范畴，但在社区建设中还是存在着一定的分工，其行为方式与逻辑并不相同，其功能也存在一定差异，所以在下文论述中将二者分别论述。

---

[1] 胡伟：《政府过程》，浙江人民出版社1998年版，第25—34页；康晓光：《权力的转移——1978—1998》，《中国社会科学季刊》2000年夏季卷（总第30期）。

第四节 功能回归：内生型城市社区建设主体的功能与定位

根据上述对未来内生型城市社区建设主体的界定，下面将分别对有关主体的功能及其定位进行分析。

一 党的领导

这里的党指的是执政党——中国共产党。由于中国共产党在我国处于执政党地位，在我国的政治体系和国家权力系统中处于特殊的领导地位，与宪政体系一起形成了别具中国特色的"两套权力系统"，而且党的权力系统具有主导性意义，即真正具有决策功能的权力系统，在我国的社会主义建设实践中，始终处于核心领导地位，自然，作为社会主义建设实践的一部分的城市社区建设，也必须充分发挥党的领导作用，党的领导是社区建设的政治保证。"政治稳定的先决条件在于一个能够同化现代化过程中所产生的新兴社会势力的政党制度。"[1] 加强党对城市社区建设的领导，从本质上来说源于以下几方面的需要：一是加强基层政权建设需要，即使城市社区成为我们党组织社会、整合社会、动员社会，从而实现有效领导和执政的重要工作平台[2]；二是社区建设内在需求，在当前的政治体制下，党不仅是社区建设的直接推动力量，而且社区党建本身是社区建设的重要内容，对社区文化等建设有着重要意义；三是执政党在全国从中央到社区建立了最为完备的组织体系与机构，如此强大而丰富的组织资源不仅有助于国家建构，而且更具社会渗透力[3]。同时，执政党本身具有相当优势也决定着其在社区建设中能够发挥重要作用，这种优势包括：一是中国共产党作为执政党具有强大的政治优势和力量来调整各种利益冲突，整合

---

[1] ［美］塞缪尔·P.亨廷顿：《变化社会中的政治秩序》，王冠华译，生活·读书·新知三联书店1989年版，第367页。

[2] 林尚立：《社区：中国政治建设的战略性空间》，《毛泽东邓小平理论研究》2002年第2期。

[3] 彭勃：《路径依赖与治理选择：当代中国城市社区变革》，中国社会出版社2007年版，第76页。

各种力量，协调社区各组织；二是社区外的上级党政部门与社区党组织保持直接的领导和被领导关系，社区党组织更能获得外部力量的支持；三是社区党组织覆盖面广，社区党员分布于广大居民之中，这有利于更好地发动群众积极参与社区建设[1]。

党组织对社区建设的领导作用从本质上来讲，依然是政治领导、组织领导和思想领导。但对于未来的内生型社区建设模式下的党的领导，其领导行为需要更高的领导艺术，其领导方式主要包括以下几种：一是决策，参与制定社区建设的重大决策；二是模范激励，通过党员在社区中的模范效应影响和带动居民行为；三是协调，协调社区建设相关主体间关系。特别是随着社会发展，城市社区出现的新情况对党的领导提出了更高的要求，如社区群众的物质文化需求多层次、多样化；社区利益群体与利益表达方式多样化；基层民主化趋势；社区组织结构多元化；社区治理结构复杂化，迫切要求社区党组织在社区各项工作中发挥领导核心作用，不断扩大党在城市社区工作的覆盖面，充分发挥贴近群众、贴近生活的优势来做好群众工作[2]。为了实现党的领导地位，有学者认为可以从以下几个方面着手来发挥党对社区建设的领导作用：第一，要加强党的组织建设，整合社区力量。第二，以服务群众为宗旨，在服务中增强凝聚力。第三，加强党内民主，提高党员参与社区事务的积极性。第四，实现"三个转变"[3]，加强社区党建管理。[4] 笔者认为，党在内生型社区建设中的领导地位及其实现概括为："地位要加强，行为要科学，方式要艺术"：首先，不论在何种状态下，党的领导作为政治保证不能有丝毫放松，毕竟社区建设在客观现实上承载着基层政权建设的重任，它不是西方国家单纯的社区发展；其次，执政党的领导行为要具有科学性，最根本的要求就是要遵循社区建设的本质与规律要求，满足社区本质规律需要；最后，社区作为最基层的

---

[1] 董欢：《和谐社会视野中的我国城市社区建设研究》，博士学位论文，中共中央党校，2009年。

[2] 唐忠新：《构建和谐社区》，中国社会出版社2006年版，第338—342页。

[3] 实现"三个转变"：一是党的活动的组织形态由过去封闭式转变为开放式。二是党在社区的活动方式由过去单纯内循环活动转变为丰富的内外循环相结合的活动。三是对党员的社区活动参与管理由刚性转变为柔性。

[4] 董欢：《和谐社会视野中的我国城市社区建设研究》，博士学位论文，中共中央党校，2009年。

社会单元，每一社区的社区禀赋具有很强的特殊性，党对社区建设的领导一方面要有创新性，开拓新的领域，寻找新的载体；另一方面要具有高度灵活性，与社区实际具体情况相适应。

二　政府主导

一般意义上，政府往往与国家概念相联系，在马克思主义经典作家那里，国家的本质意义是一个阶级统治另一个阶级的工具，政府是履行国家职能、执行国家权力的机构。也正是因为如此，所以在有些场合对国家和政府的概念的使用并没有作严格的区分。但在实践活动中将国家实体化后，从公共权力的角度来说，国家是一定地区范围内的公共权力，而政府就是执掌公共权力的主体，是行使国家公共权力的代表，是按照一定规则建立起来的组织机构体系[①]。1998年《国务院机构改革方案》明确了政府的基本职能为宏观调控、社会管理和公共服务；2002年党的十六大再次重申"经济调节、市场监管、社会管理和公共服务"是政府的基本职能；而在2004年党的十六届四中全会通过的《中共中央关于加强党的执政能力建设的决定》勾勒的新的社会管理模式的基本框架是党委领导、政府负责、社会协同、公众参与，可见赋予政府在社会管理的角色极为重要——政府负责。在我国政府推动型的改革过程中，政府的功能与行为对我国各方面的发展至关重要，而且，"政治统治到处都是以执行某种社会职能为基础，而且政治统治只有在它执行了它的这种社会职能时才能继续下去"[②]。自然，在城市社区建设的过程中政府也发挥着重要作用，前述我国外生型社区建设模式形成的重要原因就在于政府推动作用。在中国社区尚不可能自然生成的特定历史条件下，政府作为培育社区、发展社区的核心领域，应该具有无可争议的历史必然性与合理性。从中国当前的体制特征和改革的发展趋势着眼，城市社区生成的路径和突破口从根本上取决于政府职能转变与社会结构发育

[①] 桑玉成：《政府角色——关于市场经济条件下政府作为与不作为的探讨》，上海社会科学院出版社2000年版，第4页。

[②] 《马克思恩格斯选集》第3卷，人民出版社1995年版，第523页。

这两大基本因素及其相互关系的变动状况①。

政府不仅是城市社区建设的重要推动力量，而且是主导力量，这是由我国具体国情、社区建设现实需要和我国政府特质所决定的。第一，社区建设是复杂的系统工程，牵涉方方面面，需要最具权威性的机构从整体出发制定科学的建设规划和政策措施，并付诸实施。美国学者诺思认为，政府具有使其内部结构有序化的相应规则，并具有实施规则的强制力。② 政府作为拥有强制力的行政权力机构，是最具权威的机构，具有管理组织经济社会生活，制定政策的法定职责，因而政府具备了社区建设所需要的权力要素；第二，政府作为公共财政和公共资源的支配主体，理应成为社区建设的主要供给者；第三，社区建设内容与城区政府的工作任务具有高度一致性，政府的工作目标实际上也是城市社区建设的目标；第四，社区建设的运行机制是城区政府有效实施城区管理、促进社区整合的基本模式，政府能够进行社区资源整合与动员。就是在未来的内生型城市社区建设，"那种自治程度很高、关系稳定、运转灵活的社区在中国的出现是一个漫长的历史过程，在此过程中政府扮演重要角色"③。因为我国社区建设既不是单纯的政府行为，又不是单纯的民间行为，而是政府实施社会管理，推动社会发展和基层群众自治相结合的产物，是政府主导下的"社会化"行为，注定政府在社区建设中居于主导性地位。

在未来的内生型城市社区建设中，政府的主导作用应该体现在哪些方面？唐忠新教授认为政府在社区建设中应发挥主导性作用：一是政府是社区各阶层利益间的协调者，发挥平衡利益关系、维护社区稳定的作用；二是政府是社区建设的重要主体，发挥组织、推动作用；三是政府是公共资源和财政支配者，具有建设社区公共设施、组建社区公共服务队伍、提供社区公共服务的功能；四是政府是社会管理机构，发挥监督作用④。张志

---

① 陈小兵：《深化社区建设，促进社会全面进步——"社区建设研讨会"综述》，《社会》2001年第2期。

② [美] 道格拉斯·C. 诺思：《经济史中的结构与变迁》，陈郁、罗华平译，上海三联书店1991年版，第16页。

③ 许放明：《简论政府在社区建设中的地位与作用》，《温州师范学院学报》（哲学社会科学版）1999年第1期。

④ 唐忠新：《构建和谐社区》，中国社会出版社2006年版，第295—297页。

浩认为，政府在社区建设中应该发挥好"三个作用"的同时做到"两个不为"，"三个作用"是：社区建设的启动作用；对社区建设的组织、协调作用；对社区建设的宏观指导作用。"两个不为"是：不直接参与社区建设的实施活动；不干预基层和有关各方的实施活动。[①] 徐勇认为政府在社区建设中的主导作用表现为：培育社区、强化社区服务、鼓励社区参与、重建社区组织、加强社区规划。应该说这一理解概括了政府在社区建设中是发挥主导作用的主要领域，但笔者认为，对于内生型社区建设的政府行为，一是要注意区分政府行为的具体性，在社区建设的不同具体领域，其作用发挥的程度及方式存在不同；二是要注意政府行为在社区建设过程中的阶段性，社区建设是一个长期历史过程，在不同的历史阶段、不同的社会力量对比环境下，政府扮演着不同角色；三是政府在社区建设过程既不能"越位"，也不能"缺位"；四是政府的主导作用的宏观定位在倡导、动员、一定的经济和政策支持、监督、评价和经验推广，是用政策去促进社区建设资源的聚集和社区的持续发展。这就要求政府在社区建设过程中要有正确认识，需要有前瞻意识，准确把握社区建设的本质与规律，同时尽快实现从管理型政府向服务型政府的转变。

三 社会行动

按照前述三大部门的划分及其功能分化理论，社会部门（系统）的主体应该是社会组织。"社会组织是社会部门和社会发展领域的主体，社会发展更多体现为社会行动（社会组织在行动）。"[②] 马克斯·韦伯认为，社会组织是以一种跨越时间和空间的、稳定的方式把人类的活动或他们所生产的物品协调在一起的手段。[③] 从广义的角度来说，"作为名词的社会组织，是指人们为实现一定的社会目标，以某种方式结合而成的集体"。[④] 从狭义的角度来看，社会组织指除政府与企业外，面向社会自主提供某个

[①] 张志浩：《关于社区建设若干问题的认识和研究》，《上海社会科学院学术季刊》2000年第4期。

[②] 陈伟东、卢爱国、孔娜娜、谢正富：《中国和谐社区：江汉模式》，中国社会出版社2010年版，第9页。

[③] ［英］吉登斯：《社会学》，北京大学出版社2003年版，第438—441页。

[④] 童星：《社会管理学概论》，南京大学出版社2004年版，第179页。

领域公共服务的法人实体,可以分为准行政组织、事业组织、公益组织和中介组织四种基本类型[1],清华大学把社会组织分为民间组织、人民团体和事业单位三类[2]。这里所说的社会组织的外延大体相当于"公益组织"和"中介组织",但又有所不同,就是社区居民群众自治性组织的社区居委会,在我国居于一种特殊的社会组织地位。而对于社会组织的其他表述,如"民间组织"、"第三部门"、"非政府组织"(NGO)、"非营利组织"(NPO)等,它们之间有着一定差别,但这种差别多是定义的时空背景、语境和理论视角不同而引致[3]。

在未来的内生型城市社区建设模式下,社会力量是社区建设的主体力量,社会组织行动是社区建设的主要行动,这是因为在社区建设领域,政府和社会组织是天然的同盟军,是最佳伙伴[4]。社会组织"在参与社区管理、社区服务、社会救济等方面扮演着重要的角色,如美国、加拿大,它是'市场失灵'和'政府失灵'的一剂药方"[5]。社会组织因具有民间性、公益性、自治性、志愿性、非营利性等特征,在社区建设的舞台上,社会组织主要在以下几个方面发挥重要作用,而且具有其他主体所不具备的优势,而且下述领域也是社会组织参与到社区建设的主要行动领域:①推进居民民主自治。社区社会组织本身就是基层民主政治建设的产物,其存在的根本目的就是为社区居民提供自治的组织方式和参与公共决策、参与社区发展的渠道。②满足社区居民对社区服务的多元、多层次需要。社区居民利益的分化,必然带来多元的利益需求和多层次的需求,对这样多元、多层次的需求靠政府是难以满足的。③丰富和规范社区居民利益和意愿的诉求表达和信息反馈,充当政府与社区居民的桥梁和纽带。一方面社会组织能够凝结社区居民的意愿和利益;另一方面社会组织能够通过组织化的方式来有序地表达诉求。④监督和规范政府行为,促使政府职能转

---

[1] 张尚仁:《"社会组织"的含义、功能与类型》,《云南民族大学学报》(哲学社会科学版)2004年第2期。

[2] 赵冠军:《民生成为两会热点,用公益立法推动社会组织建设》,《公益时报》2007年3月6日。

[3] 曹绪飞:《社区制基本问题再研究》,博士学位论文,上海大学,2007年。

[4] 有关此论述参见陈伟东、卢爱国、孔娜娜、谢正富《中国和谐社区:江汉模式》,中国社会出版社2010年版,第9—10页。

[5] 张俊芳:《中国城市社区的组织与管理》,东南大学出版社2004年版,第4页。

变。社会组织作为组织化的力量，能够对政府起到个体无法起到的制约性作用，而且社会组织参与到社区建设中去，本身就促使政府职能的转变。⑤协调居民利益，化解社会矛盾，维持社区秩序。社会组织发挥着排解社会怨气、释放社会压力的作用，同时增强居民对社会的容忍度。⑥整合社区资源，将社区社会力量整合到社区建设和社区发展的行动中来。⑦增强社区凝聚力。社会组织是社会交融的"黏合剂"，对社区认同和社区共同感的形成有重要作用。

社会学家邓伟志说："我们一直说，'小政府，大社会'。'大社会'，就是社会组织要发育壮大起来……政府和社会组织之间是优势互补、良性互动的关系。从治理国家来讲，政府是主导；从管理社会来讲，社会组织是主力。"[①] 而对于未来内生型城市社区建设而言，社会行动是关键，而要形成社会行动，一则社区要具备社会行动的力量和主体，二则社会要留有社会行动的空间与途径，前者是对行动主体的要求，后者是对行动环境的要求。因社会组织管理体制、社会环境制约等多方面影响，我国社会组织发育缓慢，而且参与社区建设的行动力量弱小，必将难以胜任未来内生型社区建设对其需求。为了激发社区建设过程中的社会行动力量，一要加强社会组织自身建设，提高社会组织自身能力和水平；二要规范和提高政府对社会组织管理和服务的科学化水平，推动社会组织自主发展的同时，加强对社会组织的监督和引导；三要营造良好的公益环境和慈善氛围；四要完备社会组织参与社区建设的制度空间，积极搭建社会组织参入社区建设制度平台。一句话，就是要保证社会行动"行动有力量，行动有保障，行动有空间，行动有效果"。

四 市场辅助

经过30余年的改革开放，我国社会主义市场经济体制基本形成，成为我国根本的经济制度，市场影响到社会的各个方面，城市社区建设作为整个社会建设的一部分，不仅受制于经济体制的影响，而且从另一方面来说，市场也是城市社区建设的主体，市场力量是社区建设的重要辅助性力量。这种辅助性力量主要体现在以下几个方面：一是市场力量可以弥补政

---

① 《社会学视野中的和谐社会》，《人民日报》2004年11月30日第14版。

府和社会力量不足,满足城市居民需要和社区需要。特别是在社区服务的供给方面,市场凭借其自身的优势能够满足社区居民多样化、多层次的需求,另外,市场也可能为社区建设直接提供经济支持或经济资源,如企业捐赠;二是市场机制可以运用到社区建设的某些领域中来,发挥其效率优势。市场最突出特点在于追求效率,市场机制本身就内含着效率机制,而这一机制完全可以被社区建设所借鉴和利用,如可以通过市场机制来解决某些资源的配给问题;三是政府、社会和市场可以在社区建设领域合作,在共赢的局面中推进社区建设。政府或社会的职责可以通过"合同"或"委托"的方式交由市场完成,分担政府或社会的任务的同时,也实现了自身的利益需要。

但市场毕竟属于经济活动的领域,从根本上来说其目的在于"营利",经济利益是其首要目标,而社区建设在很大程度上属于社会建设的范畴,而社会领域的基本价值在于公平与公正,很显然二者存在着较为明显的价值目标差异,这种目标价值的差异决定了我们在社区建设过程中利用市场力量的有限性和对待市场力量的谨慎态度,或者说市场只能充当社区建设的辅助性力量。一方面要积极发挥市场力量参与到社区建设中来,特别是利用市场机制和资源解决社区建设的资源紧缺和效率不高问题,同时要创新政府、社会与市场的合作机制,拓宽合作领域;另一方面要对市场参与社区建设进行规范性引导,消除其负面影响,同时激发市场主体(企业)的社会责任。而这其中至关重要的是要建立完善的市场参与社区建设的制度化的激励机制与引导机制,一方面对公益性的市场行为进行激励,不排除采取利益激励方式;另一方面引导市场力量投入社区需要的领域中去。同时,在有必要的情况下,可以以强制性的、具有约束力的方式规定市场主体企业的社会责任及承担方式。

五 居民参与

社区居民既是社区建设的受益者,更是社区建设的主体,居民作为社会最基本的细胞,是社会实践活动最根本的主体。居民在城市社区建设过程中,是最为重要也是必不可少的参与力量。社会学家泰勒说:"不论你为社区做了多少事情,除非直到能够自主发展的群体被培养起来,社区是不会得到发展的。"① 参与，是指一定范围内的主体在一定程度上对一定领域内的事务的治理过程，包括问题认定、决策分析、实施过程、结果反馈和追踪决策等环节，它在分解的基础上予以整合，在整合的指引下予以分解②。何为社区居民参与？因为学界不少人将社区参与和民主自治结合起来考虑，从而使社区居民参与具有了一定的政治属性，但从根本意义上来说，社区居民参与不仅局限于政治性的参与，一般意义上来说，是指社区居民在一定程度上对一定领域内的事务治理过程③。有学者认为："社区居民参与是指社区居民影响社区公共事务和公益事业的行为和过程，其目的在于推动社区发展，从而最终实现人的全面发展。"④ 笔者这里所言的社区居民参与具有下述三个要素特征：一是社区居民是参与主体，仅仅指社区居民的参与，而不包括辖区单位或组织的参与；二是社区事务及其治理过程为参与客体，从其客体来看，社区居民参与领域是广泛的；三是通过参与施加一定的影响是社区居民参与的目的，参与的目的会对社区产生影响。

社区居民参与是居民社区生活方式的一种体现，在"社区建设和发展过程中，只有居民的直接参与，才能培育居民的社区归属感、认同感和现代社区意识，才能有效地整合和发挥社区自身的各种资源。从这个意义上来说，居民社区参与是社区发展的内在动力源泉，离开了居民的社区参与，就没有真正的或完整意义上的社区发展"，"一部社区发展史就是一部不断培育居民社区意识、提高参与能力、扩大参与领域、提升参与质量的历史"⑤。有研究者认为，社区参与至少有六个方面的重要作用：一是可以使社区居民学习到有关民主技能；二是可以保证政策和制度更符合社

---

① Charles Taylor, "Cross - Purposes: The Liberal - Communitarian Debate", in Nancy L. Rosenblum (ed), *Liberalism and the Moral Life*, Harvard University Press, Cambridge, Massachusetts, 1989, pp. 159 – 176.

② 潘小娟等：《城市基层权力重组》，中国社会科学出版社 2006 年版，第 340 页。

③ 注意，这里所言的是"社区居民参与"，而非一般意义上的"社区参与"，因为社区参与除了居民参与外，还应包括社区单位、社会中介组织的参与，而笔者这里所指的仅是社区居民参与。

④ 潘小娟：《中国基层社会重构——社区治理研究》，中国法制出版社 2004 年版，第 155 页。

⑤ 徐永祥：《社区发展论》，华东理工大学出版社 2001 年版，第 229—230 页。

区利益和需要；三是可以激发社区成员的积极性，提高其解决问题的能力；四是可以避免制定政策的官僚主义作风；五是可以满足社区成员较高层次的需要；六是可以提高社区居民参与社会、改造社会的意识。[①] 总体来看，社区居民参与在以下社区建设领域发挥重要作用：首先，推进居民自治。社区居民的广泛参与是社区居民自治的根本前提，通过居民参与，可以培养居民的社区意识、社区共同体观念和社区责任意识，同时扩大了基层民主，使社区居民直接参与社区公共事务的管理、决策、监督，行使民主选举、民主决策、民主管理和民主监督的权利，为居民自治提供基本保证。其次，提高公民素质，培育社区精神。一方面，居民参与的过程，也是居民经受训练与熏陶的过程，是公民素养和参与技巧提升的过程；另一方面，在居民参与过程中，可以增加社区成员间的理解，宽容程度，有利于化解社区矛盾，培育社区共同体精神。最后，解决社区建设资源不足及配置效率问题。社区建设是一项庞大的系统工程，有赖于每一个社区居民的参与。特别是对社区服务而言，居民参与符合现代社会福利基本理念和发展方向，社区社会化服务网络的建立在根本上依赖于居民参与情况。

社区居民参与水平可以从参与意识、参与人员情况和参与程度三个方面进行衡量，从我国诸多学者的研究来看，我国社区居民普遍存在着参与意识薄弱、参与率低下、参与程度不高等问题[②]。特别是在社区建设过程中，"动员式"执行参与是居民参与的主要形式，所谓动员式执行参与是指社区居民在政府和社区工作人员的动员下被动地参与执行或落实社区管理机构业已形成决定的事项，这种参与在取得一定效果的同时，却极大地降低了社区居民参与的意义与价值，失去了"参与"的本来意义。对于当前我国居民参与现状形成的原因，有学者认为主要有四个方面的原因：一是原有的"单位参与意识"阻碍了居民的"社区参与意识"；二是行政化的社区管理方式导致居民参与观念淡薄；三是社区工作者队伍的工作方法和技术老化；四是现代都市生活的规律客观上不利于居民参与行动。[③]

---

① 胡文龙、林香生：《社区工作价值观和原则》，参见甘炳光、梁祖彬等《社区工作：理论和实践》，香港中文大学出版社1995年版，第51—53页。

② 潘小娟：《中国基层社会重构——社区治理研究》，中国法制出版社2004年版，第187—188页。

③ 陈雅丽：《城市社区发展中的居民参与问题》，《科学·经济·社会》2002年第3期。

有学者认为参与率低、参与机制不完善是当前社区居民参与的主要问题，而居民参与不足的关键原因在于居民的参与期望和参与现实之间的矛盾。[①] 对于如何提高社区居民参与水平和程度，学者也提出多种对策，主要包括创新社区参与教育体制，培育社区意识；居民利益社区化，以共同需求和利益来调动居民参与积极性；居民参与组织体制创新，居民参与组织化；创新居民参与制度和机制，如激励机制、责任机制、投入机制和保障机制等[②]。

笔者认为社区居民参与水平是客观与主观因素共同作用的结果，在客观上，社区公共空间的发育程度，居民参与的制度设计等都将影响到居民参与的积极性与可行性。在主观上，一方面，社区居民参与意识取决于社区归属感；另一方面，社区居民参与行为在很大程度上取决于居民对现实利益的理性[③]判断，这对居民参与极为重要。按照理性选择制度学派的观点，任何一种制度的实施，是在特殊背景下相关行动者为了自身利益而相互作用的结果。[④] 居民是否参与到社区建设中去，往往也会基于成本—收益的考虑，因而从根本上来说，激发居民参与热情的前提是要使参与的行动与居民利益产生直接或间接的联系，或者说居民的参与行动应与其切身利益息息相关，在此基础上，才能提高居民参与的热情。有研究者认为，居民的社区参与和利益表达之间的关系是可以用乔治·霍曼斯的理性命题来解释的：某种社会参与使利益表达得到实现，居民则会更积极投身社区参与（成功命题）；社会参与得到其他居民的鼓励或有利益表达效果的可能性，居民就更积极地参与（刺激命题）；对于某次社区活动是否要决定参与或决定怎么参与，取决于能否带来利益表达的效果或达到何种程度的效果（价值命题）；如果利益表达迟迟得不到兑现，居民就会对社区参与

---

① 陆爽：《社区居民参与现状与对策》，《党政干部学刊》2003年第7期。

② 以上内容参见唐忠新《城市社会整合与社区建设》，中国言实出版社2000年版，第142—143页；杨荣《浅论社区建设中的居民参与》，《北京工业大学学报》（社会科学版）2002年第2期；叶南客《中国城市居民社区参与的历程与体制创新》，《江海学刊》2001年第5期。

③ 当然，这种理性是相对意义上的，是居民从自身现实利益考虑的理性判断，并非绝对的、永远的理性判断。

④ 胡荣：《理性选择与制度实施：中国农村村民委员会选举的个案研究》，上海远东出版社2001年版，第40页。

及现有利益表达方式放弃（攻击赞同命题）。① 这就意味着要促使居民积极参与社区活动，一方面，要在社区利益整合的基础上，使社区参与行动与社区利益，特别是和其居民成员利益建立起直接或间接的联系，在此基础上培育并增强社区居民的社区意识和归属感，使他们主动融入社区参与中来。研究表明，"个人对群体的认同感愈强烈，便愈可能涉入组织和参与政治"②。另一方面，要积极推进社区参与的体制创新，为推进社区参与的广泛化、制度化和规范化提供制度保证。只有这样居民才能从"被参与"的窠臼中走入"要参与"的理想状态。

第五节 合作互动：内生型城市社区建设模式的主体行动机制

社区建设是多元建设主体在社区的舞台上共同发挥作用、共同行动的过程，而要使各种主体最大限度地发挥作用，形成行动合力，关键在于主体间建立良好的行动机制。在我国未来的内生型城市社区建设模式下，社区建设主体间的最佳行动机制应是合作互动机制，即主体在社区建设领域协商、互动，最终达到合作共赢的目的。笔者导师将此合作互动的社区建设行动机制最为核心的内容概括为"国家主导的社会行动"。所谓国家主导的社会行动，指政府通过新的社会政策工具，将社会组织纳入政府行动，促使政府行动社会化，实现政府行动与社会行动的有机结合。一句话就是：政府行动社会化，即政府在决策，社会在行动；政府在掌舵，社会在划桨（也就是我们常说的"政府组织搭台，社会组织唱戏"），政府更多的是社会政策制定者、资金筹集者、服务监管者而更多的不是社会领域具体事务的管理者和公共服务的实干者③。这一行动机制与中办〔2000〕23号文件保持着高度一致，该文件规定"社区建设是指在党和政府的领导下，依靠社区力量，利用社区资源，强化社区功能，解决社区问题，促

---

① 杨荣：《论我国城市社区参与》，政治学文集网，http://www.wtolaw.gov.cn。
② [美] 塞缪尔·亨廷顿、琼·纳尔逊：《难以抉择：发展中国家的政治参与》，汪晓寿等译，华夏出版社1989年版，第95页。
③ 陈伟东、卢爱国、孔娜娜、谢正富：《中国和谐社区：江汉模式》，中国社会出版社2010年版，第9页。

进社区政治、经济、文化、环境协调和健康发展，不断提高社区成员生活水平和生活质量的过程"，这也说明内生型城市社区建设模式是未来社区建设发展的必然趋势。而行动机制的建立，从根本上来说是在各主体功能界定基础上对主体间关系的一种厘定和理顺。建立以"国家主导、社会行动"为核心的合作互动行动机制，"很大程度上取决于政府行动方式的转变，很大程度取决于政府能否开发和应用一系列新的社会政策工具，来把社会组织纳入政府行动框架中，不把它们变成自己的行政下属而是把它们变成自己的合作伙伴，从而使政府行动社会化"[①]。从此可以看出，政府在这一行动机制中居于重要地位，其行为方式与模式直接决定着行动机制的构成，行动机制的核心内容在于政府和各社区建设参与主体关系的理顺。因而笔者在此将从政府和社区、政府和社会组织、政府管理和居民自治几个方面来论述社区建设主体间的主要关系。而要理顺关系的前提是实现社区建设主体利益的整合。

一　利益整合：合作互动机制的基础

马克思指出："人们奋斗所争取的一切，都同他们的利益有关。"[②]"把人和社会连接起来的唯一纽带的天然必然性，是需要和私人利益。"[③]霍布斯说："在所有推论中，把行为者的情形说明得最清楚的莫过于行为的利益。"[④] 自由主义大师哈耶克认为，"如果不是与自身的利益直接相关，在生活中没有人会持久地奉献最大的努力，除非不断地从外部施加压力。"[⑤] 这些从古至今的名言揭示"利益"在社会和个人生活中所居的重要地位及其价值：利益成为个人行为的基本出发点，成为人与人合作的基本动力。尽管这些话均是在特殊的时期特殊的语境下形成的，但其蕴含的"真理"成分却不容忽视。既然人的行动都与其利益有关，那么要想使不

[①] 陈伟东、卢爱国、孔娜娜、谢正富：《中国和谐社区：江汉模式》，中国社会出版社2010年版，第9—10页。

[②] 《马克思恩格斯全集》（第1卷），人民出版社1956年版，第82页。

[③] 同上书，第439页。

[④] ［英］霍布斯：《利维坦》，黎思复、黎廷弼译，商务印书馆1985年版，第557—558页。

[⑤] ［英］弗里德里希·奥古斯特·哈耶克：《通往奴役的道路》，王明毅等译，中国社会科学出版社1997年版，第54页。

第五章 未来展望：内生型城市社区建设模式的理论架构

同的主体行动朝向一个目标，或形成行动合力，其前提是必须存在一定的共同利益，或与各自的利益有着直接或间接、这样或那样的联系。在社区建设的舞台上存在着多样化的主体，在宏观上存在国家、市场、社会和居民个人之间利益分野和需求差异，而且，在每一个主体的内部，也并非是均质化的，并非是利益一致的，其内部也存在利益和需求的相异性。现代社会是高度分化的社会，其中利益高度分化就是其根本的体现，也是高度分化的基本原因。"现代民主制社会基本的社会基础是普遍存在的众多群体和多样化利益。"[1] 利益分化必然带来其需求的分化，而要使肩负不同利益诉求的主体形成行动合力，必须对这些高度分化的利益进行有机整合，而其难度是可想而知的。而且，从每一个个人的利益和需求来看，其自身也存在着利益和需求的不同层次性和多样性，而个人对利益和需求满足的选择不同也直接决定着个人的行为。卢梭曾认为："在行政官个人的身上，我们可以区别三种本质上不同的意志：首先是个人固有的意志，它仅只倾向于个人的特殊利益；其次是全体行政官的共同意志……这一团体的意志就其对政府的关系而言则是公共的，就其对国家——政府构成国家的一部分——的关系而言则是个别的；第三是人民的意志或主权者的意志，这一意志无论对被看作是全体的国家而言，还是对被看作是全体的一部分的政府而言，都是公意"，"按照自然的次序，则这些不同的意志越是能集中，就变得越活跃。于是公意总是最弱的，团体的意志占第二，而个别意志则占一切之中的第一位。因此之故，政府中的每个成员都首先是他本人，然后才是行政官，再然后才是公民"[2]。而要使个人的"特殊的"或"个别的"利益与"公意"（公共利益）保持一致，其不经主体利益的整合也是难以完成的。总之，要使不同的主体能够在社区建设活动中有效地合作，形成互动合作机制，或使个人特殊或个别利益与社区公共利益保持一致，其前提必须整合相异的利益需求，使其成为共同利益，只有在利益一致或大致一致的前提下，他们才能采取社区共同行动，才能形成行动的合力，朝着一个目标前行。如社区建设重要内容的居民自治，指由社

---

[1] ［美］安东尼·M. 奥勒姆：《政治社会学导论——对政治实体的社会剖析》，董云虎、李云龙译，浙江人民出版社1989年版，第162页。

[2] ［法］卢梭：《社会契约论》，何兆武译，商务印书馆1996年版，第82—83页。

区的居民去共同决定和处理社区中的公共事务。但如果没有共同的交往，形成不了共同的利益，没有共同利益就没有公共事务，居民对社区的参与就会很低，也就无法形成社区自治的基础①。

如何实现社区利益整合？迪尔凯姆认为，社会团结是一种建立在共同情感、道德、信仰或价值观基础上的、人与人之间以结合或吸引为特征的联系状态，是社会共同体存在的基础和基本特征。如果说传统社会中的社区意识是内生的，那么当今城市社区凝聚力的强化就必须进行有意识的建构，即通过设计（或社区计划）有意识地激活社区成员对社区的兴趣，促进社区成员之间的互助和支持性联系②。有学者认为可以采取以下方法增强居民对社区情感：一是激活人们社区相互需要：社区共同活动的内部效益性相当重要，不是为了博得一个外在名声；二是经费保障：政府给予一定的诱导性投入（支持）是必需的；三是社区教育是促进社区整合、社区团结的重要手段。③笔者认为，社区利益整合的基本原则可以概括为"以公共需求为立足点的主体利益社区化"。我国当前城市社区建设是城市居民和组织为了维护和促进基于共处一地所形成的共同利益而发起的集体行动过程，该行动过程的基本特征是地域性、公益性和开放性④，而社区公共利益或社区利益的存在是社区行动得以发生的前提，而社区主体利益社区化是形成社区利益或共同利益的基本方式。所谓的社区主体利益社区化，就是将社区中各主体的利益整合到社区或社区建设中来，或者说社区或社区建设成为各主体实现或满足其利益的平台或渠道，这样，就使各分散的主体利益均能够聚集在社区中，贯穿于社区建设过程之中，于是，分散的主体利益与社区利益紧密结合在一起，这是利益整合的基本前提。一旦个体利益与社区利益间存在紧密联系，主体能够感知到其利益的获取与社区或社区建设存在紧密关系，其社区责任感和主人翁意识必将激增，

---

① 关信平：《我国城市社区建设与社区服务发展：成就与问题》，http://pl.cjn.cn:88/gd/article/20051110/20051110500766_1.html。

② 王思斌：《体制改革中的城市社区建设的理论分析》，《北京大学学报》（哲学社会科学版）2000年第5期。

③ 贾春增：《外国社会学史》，中国人民大学出版社1989年版，第137页。

④ 周业勤：《互动论视角下的我国当代城市社区建设》，博士学位论文，上海大学，2008年。

其参与社区建设热情必将大涨。

但这种利益社区化仅仅为主体间的合作互动奠定了前提,如何平衡和消除主体在社区平台上利益的多样性和离散性,形成社区共同利益则是社区共同行动的关键。而形成社区共同利益的关键在于以公共需求为立足点对主体利益进行整合,因为只有在公共需求的利益环节和层面上,才最容易形成社区共同利益,或者说公共需求的存在是共同利益产生的前提。而社区建设很大程度上是对公共需求的满足,而对个体不同利益的整合,使之形成共同利益,既有个体化的努力,但更为主要的是通过组织化的方式来完成的,即在主体间个体博弈互动的基础上,权威组织进行利益整合与筛选,确立和形成社区的共同利益,并以此为基础要求或促使社区建设主体的合作与互动,形成社区建设共同行动的合力。

二 平衡与协商:政府与社区

国家与社会关系的宏观格局对一个国家的社会结构和社会实践有着极为重要的作用,而且社区这一平台联系着国家与社会两端,或者说,在社区的舞台上,国家和社会力量交会在一起,因而,在城市社区建设过程中如何处理国家与社会关系至关重要,而在社区中将国家与社会关系简单化或具体化,就是政府与社区关系[1],而政府与社区关系格局又基本上受制于宏观国家—社会框架。有学者认为我国的国家与社会的关系应该是党委领导、政府主导下的社会全面合作,而此关系格局形成一是要形成相对独立的国家与社会,二是要形成国家与社会的双向沟通、互助合作机制[2]。而对于我国而言,当前最为主要的是要防止国家对社会的侵蚀,甚至吞没,"国家不能消解为公民社会,如果国家无所不在,那么它就不存在"。[3] 随着我国市民社会的发育壮大,但不可能像西方那样形成与国家

---

[1] 当然,国家—社会关系是具有丰富内涵和时代背景的概念,是一个具有具体语境化和具体内涵的概念,在此进行简单化的处理,主要是因为政府—社区关系具有国家—社会关系的本质要素与意义,政府是国家的典型代表,而社区也是社会的重要部分。

[2] 刘昱伶、李向渊:《我国国家与社会的关系模式探析——一种法团主义的视角》,《成都大学学报》(社会科学版)2007年第5期。

[3] 安东尼·吉登斯:《第三条道路:社会民主主义的复兴》,郑戈译,北京大学出版社2000年版,第88页。

分立对抗的关系,更多体现的是一种合作的可能趋势。这一趋势也深深影响着、制约着社区中政府和社区的关系,而在未来的内生型社区建设有两个原动力,一个是政府的自上而下的规划推动力,一个是社区自下而上的需求拉动力。在中国社区建设中,这两个动力相互为用,缺一不可[①]。而在社区建设中,政府和社区关系究竟该如何定位?

首先,政府与社区应该是一种平衡关系。所谓的平衡,一是指政府和社区双方地位的平衡;二是二者所处地位与其职责与功能的平衡。而不论是双方地位平衡,还是地位与其自身职责的平衡,其前提均要求双方职能权界的明确。有学者认为政府与社区之间权界的划分应以界面清晰为首要前提,以功能分化为基本取向,以地位对等为根本原则[②]。但政府和社区权界的划分,一方面存在着零和博弈的关系,"政府愈益'小'下去,社会则会愈益'大'起来,此为政府与社会之关系,或曰'政社权界论'"[③];另一方面存在着互相增权的关系。这样,我国政府在实践中处于一种非常复杂的角色,"在中国环境下构建现代国家必须面临双重任务,即在缩小国家权力范围的同时增强国家能力,在限制国家专断权力的基础上强化国家提供公共产品的能力"[④]。"政府权力的限制与国家职能的缩小,却不意味着社会公共权威的消失,只是这种公共权威将逐步以政府与公民相互合作为基础。"[⑤] 而要协调这种博弈和互相增权的矛盾,最佳选择就是将二者处于平衡地位,同时使其地位与职责相适应。值得注意的是笔者此言的"平衡"并非平等之义,如前所述,未来的内生型城市社区建设模式仍定位于政府主导,社会行动的基本格局,这就意味着政府和社区地位上是存在差异的,政府依然居于主导地位,政府的理想角色是主导者、组织者、指导者和促进者,政府在城市社区建设中是"掌舵"而非"划桨"。但二者存在着一定的平衡关系,重在职能权界上的平衡关系,

---

[①] 夏学銮:《中国社区建设的理论架构探讨》,《北京大学学报》(哲学社会科学版) 2002年第1期。

[②] 曹绪飞:《社区制基本问题再研究》,博士学位论文,复旦大学,2007年。

[③] 浦兴祖:《特大城市城区管理体制的改革走向——兼谈"两级政府、三级管理"之提法》,《政治学研究》1998年第3期。

[④] 陈祖为:《政治理论在中国》,北京大学出版社2001年版,第166页。

[⑤] 俞可平:《治理与善治》,《中国行政管理》2001年第9期。

所以关键在于使政府职能转型，转型的同时明确界定二者的权限边界，使政府和社区在职能上存在平衡关系。也只有在平衡关系下，才能保证政府主导力量的同时赋予社区力量足够的存在空间与行动能力。

其次，政府与社区应该是一种协商关系。既然社区建设是政府和社区共同发挥作用的过程，二者职能的配合和行为的交织就成为必然现象，而处理二者关系的根本原则是协商，而非命令，因为二者在社区建设上存在着共同利益，存在着合作需要，因而"必须重新构造政府与社区的关系，建立在法治基础上的政府与社区的制度性合作"。[①] 这种协商关系的构建，一方面，政府应积极回应社区的需求，当然，其前提在于政府能够对社区及居民的需求有着较为准确的判断，并在支持和推动社区自主管理社区事务的同时，加强对社区发展的引导；另一方面，社区应积极贯彻政府的意图，领悟党和国家的政策与工作思路，并在配合和协助政府开展社区建设和管理工作的同时，体现对政府的制约和监督。而在我国政府推动和主导型的社区建设背景下，政府和社区间协商关系的建立，离不开政府对社区的赋权，"向社区授权以便让他们自己翻起身来"[②] 对协商关系的建立至关重要。为了构建协商关系，一方面要更新政府管理理念，使政府从管理型政府向服务型政府的转型；另一方面要创新政府与社区协作的制度架构和协商平台。只有在政府和社区存在协商对话的可能，社区内部力量才能与外部力量形成社区建设的合力，社区建设的主体、力量来源、目标等才能更多地体现"内生型"的特征。

三 伙伴与共赢：政府与社会组织

如前所述，社会组织是社区建设中最为重要的社会力量来源，前述我国城市社区建设的历程也显示出两个基本维度：一是城市社区建设表现出"行政化主导"和"行政化推动"的痕迹，这是外生型社区建设模式形成的重要原因。二是城市社区建设的过程是社会空间不断扩大的过程，是社会力量的自我组织和自我运行，是社会力量从无到有、从弱到强的生长过

[①] 尹维真：《中国城市基层管理体制创新》，中国社会科学出版社2003年版，第229页。

[②] Bill. Clinton, Remark on White House Empowerment Conference at Edinburgh in Texas, Weekly Compilation of Presidential Document, Washington, May 31, 1999, William J. Clinton.

程，这是未来社区建设或社会发展的理想。"行政推动"和"社会发育"这两股力量是相互融合、相互推动和相互共生的，均是社区建设的重要推动力量，在未来的内生型社区建设模式下，依然如此。而二者相应的主体，政府和社会组织在社区建设的过程中应该形成伙伴与共赢的关系。

首先，在社区建设领域，政府与社会组织是天然的伙伴，是最佳同盟军。20世纪90年代，美国埃利诺·奥斯特罗姆以公共事务治理之道的新理论提出了公共服务的提供者与生产者分解的理论，拓展了传统公共事务中的主体范畴，将非政府力量拉入到公共事务的治理当中。美国著名学者莱斯特·M.萨拉蒙在《公共服务中的伙伴——现代福利国家中政府与非营利组织的关系》也明确指出在公共服务中政府和非营利组织间应该建立的是一种合作性的伙伴关系。德鲁克认为"二战"后美国40年"保姆国家"教训：美国试图通过政府行动解决社会问题的计划，没有一项产生过重大效果，这是为什么？政府必定是"行政机构"，它必定（实际上应该）使生产力服从于规章制度，必定沉浸于"繁文缛节"之中，必定把工作重点放在固有的文书工作上，而不放在效果上。[①] 而要解决这一问题的根本出路就在于引入社会力量。因为"公平正义是政府和社会组织共同的价值取向，公共服务是政府和社会组织的共同事业，因而在社会部门和社会发展过程中，政府与社会组织是天然的合作者。因此，社会组织是社会部门和社会发展领域的主体"[②]，很显然，社会组织不仅是社区建设的重要主体，而且是政府的最佳同盟。在社区建设过程中，政府享有社区建设方针政策的宣传权、社区建设规划权、社区秩序管理权与协调权、社区发展重大事务决策权以及对社区组织的监督权，其角色定位应是适当的指导、监管、控制、协调和服务，同时支持和培育社会组织，最大限度地保护公众利益，维护社会公平与公正；而社会组织由于具有民间性、公益性、志愿性等特点，在社区建设中主要是向政府如实反映社区居民的需求、充分动员开发社区内资源、提供专业化的社区服务、协调公众利益、推动社区民主自治等来弥补政府功能不足。

---

① [美]彼得·德鲁克：《后资本主义社会》，张星岩译，上海译文出版社1998年版，第170页。

② 陈伟东、卢爱国、孔娜娜、谢正富：《中国和谐社区：江汉模式》，中国社会出版社2010年版，第10页。

其次，在社区建设的舞台上，政府和社会组织能够实现共赢。一方面，社会组织可以发挥自身优势，不论是在提供社区服务，还是在组织居民等方面，都能够减轻政府在社区建设中的压力，将政府从事无巨细的工作中解脱出来，更多的力量投入本质性的工作中去；另一方面，社会组织在投入社区建设的过程中，也为自己发展获得了良好机遇和空间。因为社会组织在社区建设过程中与政府的合作，使社会组织行为披上了"合法"与"权威"的色彩，提高了社会组织的影响力和动员能力；而且，政府采取委托、外包等方式与社会组织合作解决社区服务时，能够解决当前诸多社会组织面临的资金困难问题。另外，政府也可以利用社会组织来传输或传导自己的意志。法团主义认为，利益团体是"自我组织的"，但其行动"事实上是国家正式体制的一部分……利益团体必须在社会整体的立场上表达自我利益"。[①] 而为了消解社会团体之间存在或潜在的冲突，国家拥有"相对的自主性"，即"它尽可能把整体的观念和行动方式输入给其他的社会组织，帮助它们选择和其他组织的互动方式"，并通过"推进公共强制对团体强制进行限制"。[②] 同时，社会团体也获得了制度化利益表达和参与政策制定的渠道，同时在组织领导人选择等方面受到国家一定控制的同时，在决策制定和选择领导人的过程中也具有了更多发言权和分量。正如"一个国家与社会相互增权的局面是可以期待的"[③] 一样，政府和社会组织的共赢一样是可以期待的。

最后，虽然内生型的社区建设需要政府和社会组织间建立伙伴与共赢的关系，但我们依然不能忽视政府和社会组织之间在价值追求方面存在着一种结构性的张力，即社会组织的利益与政府利益在本质上存在差异，于是在一定情况下，社会组织出于自身利益的考虑而行动，可能会降低政府行为的整合能力，成为一种与政府的离心力量而非伙伴力量。社会组织的成长对政治组织最明显的负面影响是国家权威的流失[④]，尽管这仅仅是一

---

① 张静：《法团主义》，中国社会科学出版社2005年版，第80页。
② 同上书，第99页。
③ 顾昕、王旭：《从国家主义到法团主义——中国市场转型过程中国家与专业团体关系的演变》，《社会学研究》2005年第2期。
④ 谢岳：《组织结构的制度化重建：开放社会的政治整合》，《天津社会科学》2002年第2期。

种理论上的可能。因而，在社区建设过程中伙伴与共赢的行动中，为社会组织提供空间的同时，也要构筑起社会组织对政府的信赖与依赖，建立政府对社会组织进行有效的合理化的管理与引导制度，而社会组织也应该建立自治与自律机制。

四　互补与互限：政府管理与居民自治

居民参与是社区建设的重要力量，居民自治也是社区建设的重要内容，甚至一些学者认为社区建设的最终目标之一就在于实现社区居民自治或社区自治。而政府作为社区建设的主导力量，注定要和社区自治力量相遇，而二者内在地存在着一定张力，而对此张力的解决对内生型社区建设模式构建至关重要。当然，理论界对政府管理和居民自治间存在张力的理解，部分来源于对居民自治内涵的理解，当然，此种内涵理解的差异也反映了学者对政府管理和居民自治关系的不同见解与主张。

自治，顾名思义，就是"自我管理或自我做主的状态"。《布莱克维尔政治学百科全书》的解释是："自治是指某个人或集体管理其自身事务，并且单独对其行为和命运负责的一种状态。"[1] 与自治一词相对应的词是"他治"（heteronomy），"他治意味着自我或者我们的生活处于受他人的控制而不自主"。[2] 理论界对什么是城市社区自治主要有三种观点：一是在地方自治意义上的城市社区自治[3]；二是在社会自治意义上的城市社区自治[4]；三是居民自治意义上的城市社区自治[5]。很显然，笔者这里所言的居民自治应该属于第三种意义上的自治。在社区居民自治与政府管理的关系上，也存在对立的两种观点，一种观点看来，社区自治是排斥政府管理的。如桑玉成教授等提出，社区自治是政府管理之外的社会自治，

---

[1] [英] 戴维·米勒、韦农·波格丹诺编：《布莱克维尔政治学百科全书》，邓正来译，中国政法大学出版社1992年版，第693—694页。

[2] [奥] 凯尔森：《法与国家的一般理论》，沈宗灵译，中国大百科全书出版社1996年版，第230—231页。

[3] 丁超：《城市社区管理体制改革构想》，《中国方域》2001年第6期；华伟等：《我国行政区划改革的初步构想》，《战略与管理》1997年第6期。

[4] 桑玉成：《从五里桥街道看城市社区管理的体制建设》，《政治学研究》1992年第2期。

[5] 李景鹏：《城市社区建设中的目标选择与"行政推动"》，《北京行政学院学报》2001年第1期；王思斌：《城市社区建设中的中介组织培育》，《北京行政学院学报》2001年第1期。

是"社区居民自己管理自己生活在其中的社区事务"①。但更多的学者认为社区自治并不排斥政府管理,有学者认为社区自治作为"政府、社区组织、居民合作治理社区公共事务的过程"②,"既不能简单地理解为政府管理与社区自治的简单的割裂或'冲突',也不能简单地理解为社区自治组织的自主管理,而应作如下界定:所谓城市社区自治(社区组织治理的简称),是指不需要外部力量的强制性干预,社区各种利益相关者习惯于通过民主协商来合作处理社区公共事务,并使社区进入自我教育、自我管理、自我服务、自我约束秩序的过程"③。

不可否认,居民自治与政府管理存在着一定的张力,居民自治的前提是民主,或者说是民主的结果,而"从根源上讲,民主所回应的是社会的需要,而不是国家的需要,高度的民主不能靠国家来创造,其唯一的源泉和真正的基础只能是社会本身"④。但是在社区的空间里,必须将二者协调起来,"社区自治的基础条件是各个行为主体相互尊重对方的自主权,其重点是建立协调各方权力关系的平等协商制度,其标志是各方消除分歧和取得共识,不需要外部力量的强制性干预"⑤。"社区建设与社区自治的核心问题就是:如何在国家与社区的功能分化与国家与社区的功能互补之间寻找一种平衡机制,既防止国家失灵又防止社区失灵。"⑥ 在社区建设过程中,需要架构起政府管理和社区自治间的互补与互限关系。

首先,政府管理和社区自治存在着内在的互补关系。在现代社会,国家与社会的关系以及民主政治的内在要求,决定了国家权力不可能完全直接渗透到社会的最基层、渗透到最基本的社会组成单位之中,无疑,需要通过发展社区自治来加强社会管理。尽管吉登斯认为:"现代民族—国家的产生,其目标是要造就一个有明确边界、社会控制严密、国家行政力量

---

① 桑玉成:《从五里桥街道看城市社区管理的体制建设》,《政治学研究》1992年第2期。
② 陈伟东:《社区自治·自组织网络与制度设置》,中国社会科学出版社2004年版,第127页。
③ 同上书,第140—141页。
④ [美]乔·萨托利:《民主新论》,冯克利、阎克文译,东方出版社1993年版,第10页。
⑤ 陈伟东:《社区自治·自组织网络与制度设置》,中国社会科学出版社2004年版,第130页。
⑥ 同上书,第127—141页。

对社会全面渗透的社会，它的形成基础是国家对社区的全面监控。"[1] 但"在我们竭尽全力自觉地根据一些崇高的理想缔造我们的未来时，我们却在实际上不知不觉地创造出与我们一直以来为之奋斗的东西截然相反的结果"[2]。政府力量往往遭到社区力量的阻隔与过滤，政府要想实施有效的管理，不得不借助于社会的力量。特别是在反思20世纪70—90年代"全能国家失败"和"全能市场失效"后，人们发现"自组织"是一种最自然、成本低而收益高的人类关系协调机制。[3] 自组织系统是指一个系统无须外界特定指令而自发或自主地从无序走向有序，形成结构性系统的过程[4]。而社区居民自治就是一种典型的自组织形式，恰恰可以起到政府管理无法取得的治理效果，因为单纯依靠政府或国家力量来对社会每一角落进行控制与渗透，是要付出高昂成本的，现实中也是不可能的，这也是为什么在我国封建时期一直保持着"皇权不下县"的格局，在新中国成立后也仅仅是在农村将政权正式地延伸到乡镇一级，在城市依然定位于区（县）级，而留出相当的基层社会空间，并赋予其自治的理想角色。同时，政府通过推进社区居民自治，这一过程实际也是国家建构的一个路径，在推进居民自治过程中，政府获得了社会的支持而增强其合法性和认同度。

其次，政府管理与社区自治间存在着互限关系，即互相限制着对方的领域与空间。内生型社区建设，既需要政府主导，但更需要社会行动和居民参与。社区建设参与的每一主体，都承载着一定具体功能的同时，也预设着其权力必然存在边界，这意味着，政府管理不是无限的，而社区自治也不是无限制，或者说在社区的场域中，政府管理和社区自治都是有限的，都是有相对意义的。而且，二者在一定的范围内存在着互相制约关系，社区自治空间的扩大无疑将压缩政府管理的领域，政府管理的全面渗透必然阻碍甚至消解自治力量的"自组织"化的程度，甚至消解社区居民自治存在的可能性。而这种互限关系在现实实践中"平衡点"位置的

---

[1] [英]吉登斯：《民族—国家与暴力》，生活·读书·新知三联书店1998年版，第146—147页。
[2] [英]哈耶克：《通往奴役之路》，中国社会科学出版社1997年版，第14页。
[3] 俞可平：《治理与善治》，社会科学文献出版社2000年版，第59页。
[4] 吴彤：《自组织方法论研究》，清华大学出版社2000年版，第7—8页。

确定在于双方力量的对比,即政府和社会力量的对比,而其理想的"平衡点"则在于国家与社会的平衡,或政府与社区的平衡。另外,也正是在二者互限的关系中,政府和社区才能产生真正的互动,就是因为互限,才使二者产生相互对话与协作的内在需要,进而在互动中才能发生实质性的合作。

后　记

本书是在笔者的博士学位论文基础上修改而成。博士就读于华中师范大学政治学研究院，师从陈伟东老师，给我的治学与研究提供了一个广阔的天地和开阔的视野，在读博士的三年中，陈老师渊博的学识、严谨的治学态度、扎实的实证求证作风，鞭策着我。华中师范大学及政治学研究院为我提供了良好的学习环境和氛围，令我感受到"做学问"三字的厚重，使我感受到知识的博大，体会到"学者"二字沉甸甸的分量。

多年来，我所工作的岭南师范学院、岭南师范学院法政学院的领导和同事，给我的学习和工作提供了极大的谅解、便利和支持。特别是韩明德老师，从我读硕士开始，作为恩师的他一直关注着我的成长，一直激励和帮助着我，给我工作和生活上提供了诸多关照。

多年来，我一直沉浸在家人的照顾、宽容当中，我的父母、爱人及兄弟姐妹，都为我在默默付出与奉献，儿子也是在此几年中逐渐长大，看着日益懂事的他，可谓体味着"累并快乐着"的欣慰。

正值我毕业后不久，广东省委宣传部组织开展在全省选拔2012年青年文化英才活动，笔者很荣幸地成为其中唯一的一位来自非珠三角地区的对象，此活动得到广东省财政专项资金的资助，本著作的出版，深深得益于该资金的资助。省委宣传部的各级领导，特别是省委宣传部干部处和理论处的领导，对此次人才的选拔、培养给予高度的重视和关怀。岭南师范学院党委梁英书记、党委宣传部前任陈恕平部长及现任谢应明部长等领导也给予了充分的关心和支持，在此表示深深的感谢！

张勇于岭南师范学院燕岭

2014年10月